教育部高等学校机械类专业教学指导委员会规划教材

汽车结构有限元分析

（第2版）

谭继锦　张代胜　主编

清华大学出版社

北京

内 容 简 介

本书系统地介绍了有限元方法的基础理论和基本方法,阐述了汽车结构有限元分析的内容、流程、指南及应用发展方向,论述了汽车结构设计准则与模型建立原则,列举了汽车结构分析的 20 个实例。本书面向汽车工程,注重理论与实践。

全书共分 9 章,内容完整,实例丰富,以车辆工程等工科专业本科生与研究生为读者对象,亦可供汽车行业从事有限元分析的工程技术人员参考。

图书在版编目(CIP)数据

汽车结构有限元分析/谭继锦,张代胜主编. —2 版. —北京:清华大学出版社,2018 (2021.2 重印)
(教育部高等学校机械类专业教学指导委员会规划教材)
ISBN 978-7-302-51633-0

Ⅰ.①汽… Ⅱ.①谭…②张… Ⅲ.①有限元法—应用—汽车—结构分析—高等学校—教材
Ⅳ.①U463

中国版本图书馆 CIP 数据核字(2018)第 252474 号

责任编辑:许 龙
封面设计:常雪影
责任校对:赵丽敏
责任印制:沈 露

出版发行:清华大学出版社
   网 址:http://www.tup.com.cn,http://www.wqbook.com
   地 址:北京清华大学学研大厦 A 座   邮 编:100084
   社 总 机:010-62770175   邮 购:010-62786544
   投稿与读者服务:010-62776969,c-service@tup.tsinghua.edu.cn
   质量反馈:010-62772015,zhiliang@tup.tsinghua.edu.cn
印 装 者:三河市龙大印装有限公司
经 销:全国新华书店
开 本:185mm×260mm   印 张:15.75   字 数:384 千字
版 次:2009 年 11 月第 1 版 2018 年 11 月第 2 版 印 次:2021 年 2 月第 5 次印刷
定 价:49.80 元

产品编号:079913-03

第 2 版前言
FOREWORD

本书自 2009 年出版至今已有 9 个年头,期间重印 7 次。近十年来中国汽车工业已经发生了巨大变化,正由制造大国向制造强国迈进,向着设计强国转变,这就需要培养成千上万个懂得汽车现代设计方法的人才。

今年是中国改革开放 40 周年,也是中国汽车工业改革开放 40 周年,汽车工业已经成为国民经济的支柱产业,对国民经济的发展以及对百姓的生活,影响广泛而深远。当前,中国汽车工业的发展,尤其是自主品牌汽车工业的发展,仍然面临着挑战。同样,有限元技术的发展及应用也面临着诸多问题。这其中,仿真流程的规范化与自动化问题、有限元知识的积累和传承问题、计算结果评价与全局优化问题、研发组织架构如何支持仿真驱动设计问题、有限元应用的发展方向等,都需要我们认真思考,提出对策。

本书作者从学习有限元理论到围绕其相关领域开展工作也已 40 年,这期间见证了有限元方法的发展历史及其在汽车行业的应用进程。事实上,有限元理论日益完善,一大批通用和专用计算软件为科学研究和工程实践提供了强有力的支撑。但是有限元理论博大精深,应用范围涉及各行各业,本书在内容取舍上,也只能围绕汽车结构分析,阐述有限元方法的应用。本书是以多年有限元应用经验与积累为基础,依典型产品有限元建模与分析为主线,以汽车产品设计标准与规范为指导,明确不同设计阶段的设计目标,理论结合实践,面向汽车工程。期望读者通过系统学习,获得不同的进阶;通过实例讲解,获得不同的领悟。提升核心技术能力,挖掘自身创新潜力,完善创新技术体系,助力汽车产业发展升级。

基于上述思考,在保持第 1 版结构内容基础上,针对有限元应用发展所面临的关键问题,结合汽车产品研发模式,围绕产品开发实例,指出了有限元应用的阶段发展方向,给出了相应的策略与处理原则,再版汽车结构分析实例达到 20 个。

限于作者认识水平,本书肯定存在不足和疏漏之处,还需与时俱进,共同借助有限元技术平台登上创新设计高峰。

编　者

2018 年 7 月于合肥工业大学

我国汽车工业经过近 20 年的高速发展，正面临着国内外的激烈竞争，这种竞争表面上是质量和设计理念的竞争，但实质上，技术创新才是这种竞争的核心力量，也是赢得市场竞争的关键。

有限元分析方法作为汽车数字化设计的一项核心技术，不仅可以带来产品竞争力的提升，而且也为企业的自主创新带来了新的契机。随着以有限元法为代表的 CAE 技术越来越快地融入汽车整个设计流程，各企业在产品设计流程中明确规定了分析环节，规定没有分析的设计不能进入下一个技术环节，从而真正做到基于分析的设计，实现产品设计的创新。目前有限元法正向着流程化、标准化、规模化、集成化方向发展，分析功能日益全面，应用范围不断扩大。

图书本身需要不断更新，以反映本领域的发展状况，适应汽车工程创新人才培养的教学需求。以有限元技术为代表的现代设计理论与方法已经对产品研发产生了巨大的影响，为了使读者能够学好、用好这一技术，本书比较系统地介绍了有限元基础理论，重点突出在单元分析与有限元法的实现过程上。本书以汽车结构为研究对象，系统阐述了汽车结构有限元分析流程、分析内容与分析实例，重点突出在结构建模方面。本书给出了汽车结构分析指南，为分析设计提供了思路和方法，指出了分析中应注意的问题，强调理论学习、程序运用与工程实践应紧密结合。

本书编写的指导思想与追求的目标是：力求既包含理论知识又具有工程指导意义；既可作为教材，又可作为设计分析的参考书。但是有限元分析的内容十分广泛，本书仍然在许多方面没有论述到，而只重点讨论了结构方面的问题。有限元法具有严密的力学理论基础和可靠的工程应用背景，已经形成了庞大的理论与应用体系，各种著作、教材、文章以及程序难以计数。为了尽量保证本书的系统完整及知识覆盖面，本书参考了大量文献资料，吸收了许多研究成果，有些资料直接索引自网络，在此对这些作者表示衷心感谢，参考文献可能会有所遗漏，在此也表示诚挚的歉意。

如何由传统的依赖于经验设计的简化分析方法过渡到以有限元分析为基础的优化方法，如何做好有限元分析，如何实现产品技术创新。回答这些问题首要先要从观念上解决是先做还是先算的理念。有限元分析入门容易，学精很难，而准确分析并指导设计则更需要掌握一定的理论基础与实践经验。学好有限元分析，一半在理论，另一半在实践。建议有限元分析人员要掌握力学分析及有限元法的基本理论,结合所学专业,在利用程序进行分析计算时,要勤于思考、善于思考,对分析的每个环节、对处理的每个数据仔细核对,认真负责。通过本书的学习,可以了解有限元理论,掌握有限元方法。尤其是针对汽车结构,可以了解分析流程、知晓分析对象、掌握建模方法、学习分析准则,使我们在理念上、技术上做好迎接未来分析设计工作挑战的充分准备!

全书共分9章,第1章是有限元法概述,介绍了汽车结构有限元分析的内容和流程;第2章介绍了有限元分析的基础理论;第3~7章全面介绍了有限元法,包括平面问题、单元类型、非线性及动力学问题,详细说明了有限元法的建模与分析过程;第8章与第9章则围绕汽车结构分析各个方面的问题,如分析方案制定、结构简化原则、结构建模方法、结构设计准则、结构分析指南、结构分析实例等,向读者提供汽车结构有限元分析的全面解决方案及一些具有实用参考价值的思路。

考虑到不同层次的读者需求,以及教学时数的限制,教学内容可以结合有限元软件的使用,对相关章节作适当取舍,其余内容可以自行学习。

本书第3章、第7章、第9章的9.8节由张代胜教授编写,其余章节由谭继锦执笔,全书由谭继锦统稿,陈朝阳教授认真审阅了全文。编写过程中得到许多同事及历届研究生的帮助,在此谨向他们表示衷心的感谢。限于作者水平,本书肯定存在不足和需要进一步改进之处,竭诚希望广大读者批评指正。

编　者

2009 年 10 月于合肥

目 录
CONTENTS

第 1 章

概　　论

1.1　有限单元法的概念

　　有限单元法(finite element method,FEM),简称有限元法,是以力学理论为基础的力学、数学和计算机科学相结合的产物(目前已经形成了现代计算力学这门学科),是随着计算方法和计算机技术的发展而迅速发展起来的一种数值计算方法,是一种解决工程实际问题的有力的数值计算工具,它几乎适用于求解所有连续介质和场的问题。经过近70年的发展,有限元法的基本理论已相对成熟,一大批通用和专用有限元软件纷纷面市。伴随着广泛的学术交流和大量期刊文献的出版,借助于互联网信息的传递,有限元法从高端走向普及,成为工程结构分析中最为成功、最为广泛和最为实用的重要工具。借助有限元分析技术已经成功地解决了众多领域的大型科学和工程计算问题,几乎所有工程领域都在使用有限元法,汽车工程也不例外。

　　有限单元分析(finite element analysis,FEA),简称有限元分析,是更广泛意义上的计算机辅助工程(computer aided engineering,CAE)的重要组成部分,事实上 CAE 的应用首先就是从有限元分析开始的。基于有限元技术的 CAE 软件,无论在数量、规模上,还是在应用范围上都处于主要地位。作为数值分析的代表,有限元分析已经成为继汽车结构力学分析和汽车结构实验研究之后的另一个重要手段,由此形成了现代汽车产品设计方法,即设计—计算—试验的三步法。有限元分析不仅能够解决和验证传统的汽车结构问题,而且极大地扩大了结构分析的研究范围,成为解决汽车结构问题新的主要手段。

　　作为结构分析的一种计算方法,从数学角度看,其基本思想是通过离散化的手段,将偏微分方程或者变分方程变换成代数方程求解。从力学角度看,其基本思想是通过离散化的手段,将连续体划分成有限个小单元体,并使它们在有限个节点上相互连接。在一定精度要求下,用有限个参数来描述每个单元的力学特性;而整个连续体的力学特性,可认为是这些小单元体力学特性的总和,从而建立起连续体的力的平衡关系。

　　图 1.1 和图 1.2 所示为一个圆盘和一个带孔圆柱体的单元网格划分方式,单元之间以节点相连并传递求解信息。这样通过有限个单元组合而构成的结构就可以近似代替原来的连续体结构,从而将一个无限连续体离散成有限个单元体的组合结构进行求解。

　　鉴于汽车结构几何形状复杂、连接关系多样,而且往往呈现非线性特征,很难用解析方法求出其精确解,因此借助于数值模拟技术来获得满足工程要求的数值解是极其必要的。由于有限单元的网格划分和节点配置非常灵活,可以适用于任意复杂的几何形状,处理不同的边界条件和连接关系;而且有限元法的物理概念十分清晰,易于理解,在工程设计中的

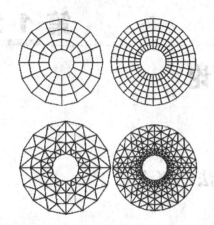

图 1.1　圆盘有限元不同网格划分

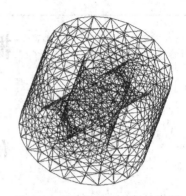

图 1.2　带孔圆柱体有限元网格

作用十分显著,使得有限元法作为一种具有广泛应用前景和效率的数值计算工具,在工程结构分析等众多领域发挥着越来越重要的作用。

　　工程结构有限元分析涉及力学原理、数学方法和程序设计等多个方面,诸方面相互结合才能形成这一完整的分析方法。工程实际的大量需求带动了有限元法的飞速发展,使得有限元分析程序早已进入了商业化阶段。当前流行的各种商业化大型通用有限元软件都具备较强的静动态分析能力,很多软件系统已开发升级成多代产品,形成了功能强大的有限元分析系统,从而也大大促进了结构静动态分析的普及。随着 CAE 融入设计过程的进程加快,立足于设计前期的 CAE 技术,将有限元软件集成于计算机辅助设计(computer aided design,CAD)环境中,面向 CAD 软件的使用者,引导用户按一定步骤完成整个分析过程,形成产品分析、设计、制造、试验一体化,这也是工业产品生产的发展方向,有限元法在其中起着重要的作用。

　　有限元分析还需要计算机软硬件平台的支持。计算机技术的发展推动了有限元法的应用,大型集成化通用有限元软件的推广与普及,使得人们逐渐将有限元分析纳入产品设计的常规环节。但也存在着对力学概念和有限元原理的理解淡化的现象,而这对于完整理解并掌握有限元法是不利的。整个有限元程序可简单看成由三大部分组成,即数据前处理、计算求解和结果后处理。目前大部分有限元软件的前后处理功能十分强大,部分替代了人工数据处理工作,通过一定阶段的学习,也容易掌握这些环节。通过建立零部件、总成或整车的有限元计算模型,或将 CAD 模型进行转换,就可以实现有限元的建模。但是一个有限元分析项目的成功与否,并不是简单地划分网格,而是取决于分析者对分析对象的把握和对有限元技术的全面理解。应用中的主要难点已经转换成如何精确的建立计算模型;如何实现计算模型中各种支承、连接与实际结构相符;如何确定载荷,尤其是各零部件之间传递的静动态载荷;如何施加载荷,以反映汽车各种行驶状态等。解决好上述问题,就需要通过学习有限元基本理论,结合专业知识,将学习有限元理论和上机实践结合起来,掌握程序操作技巧,掌握有限元技术的诀窍和原理。另外,还应注意软件只是一个工具,它提供了一个加快学习有限元法的平台。程序使用地再好,如果不懂有限元基本原理,是做不好、做不深、做不透结构有限元分析的,更谈不上为产品设计服务,这也是学习中要特别注意的问题。

　　目前有限元分析已经成为汽车结构设计与改进的重要方法和主要手段。因此,如何保证有限元分析的精度和可靠性对汽车工程应用至关重要。这其中很大程度上依赖于有限元模型建立的精准度。学习并掌握有限元法可以按照如下十六字诀去把握：即"精确建模、准确加载、正确约束、明确评价"。

精确建模就是要能够从实际问题提炼出力学模型，并且将复杂问题简化，保证有限元模型与原结构等效，单元选用恰当，网格划分合理，算法参数控制得当，从而使所建模型符合工程结构实际，有限元模型的好坏直接影响计算结果的误差和分析结论的正确性。

准确加载就是要对所研究的对象，无论是零部件、分总成、大总成或者整车，要千方百计地从分析、计算、试验等方面入手，确定载荷分布、载荷大小、载荷位置、载荷工况、载荷验证等，确保载荷值可靠。

正确约束就是要完整地理解结构边界条件及各部件之间的约束关系，明确决定连接性质的主要因素，找出约束替换的等效方式，确定连接关系的合理判据，保证计算模型中的边界条件和连接关系与实际结构相符。

明确评价就是要具备分析方案的制定能力、运算误差的控制能力、模型检验与验证的能力、计算结果的评价能力以及工程问题的研究能力，帮助指导产品结构设计。

上述四个方面相互关联，精确建模依赖于对汽车结构特性全面信息的掌握程度，这就包括了模型几何信息、载荷数据、约束条件以及检验和验证有限元模型的技术。有限元模型的建立是有限元分析的关键环节。通过力学分析，把实际工程问题简化为有限元分析的问题，提出建立有限元模型的策略，确定载荷和位移边界条件，使得有限元分析有较好的模拟结果。需要强调的是模型验证是整个分析工作中一个非常重要的环节，需要借助各种方法，从多个方面对所建立的模型加以全面细致的检验，不但要检验分析模型，还要检验分析结果，只有这样才能确保结构分析的可靠性和可用性，才能真正做好结构分析工作。

1.2　汽车结构有限元分析的内容

随着我国汽车工业的发展，设计与制造能力的不断提升，对缩短产品开发周期、降低整车开发成本、提高产品开发质量有着越来越高的要求。在提升汽车研发能力的众多因素中，CAE 技术是汽车数字化产品开发过程中极为重要的技术手段。CAE 技术是一项涉及面广、集多种学科与工程技术于一体的综合性、知识密集型技术，这其中有限元法占据重要地位。汽车设计开发过程中的 CAE 分析是多学科、多方位、多层次、多角度的，分析的对象涉及零部件、总成、系统和整车，主要包括整车多体动力学分析，整车性能分析，结构强度、刚度、模态分析，结构疲劳及可靠性分析，振动噪声（NVH）分析，结构部件动力学分析，汽车碰撞安全性分析，部件冲压成形分析，热结构耦合分析，流体力学分析等。随着计算机技术的迅猛发展，有限元分析技术已经得到了广泛的应用，并且向着普及化的方向发展。通过运用CAE 技术，无需制造大量试验样车，降低了原型车制造和试验成本，降低了汽车及零部件开发费用。

有限元法在汽车结构设计中的应用，使得汽车产品设计产生革命性的变化，现代产品设计已经进入了 CAD/CAE/CAT 等多种工具相结合的阶段，传统的设计方法已越来越不能适应产品研发的需要。设计领域正在进行一场深刻的变革，如用理论设计代替经验设计，用精确设计代替近似设计,用优化设计代替一般设计,用动态设计代替静态设计等,而有限元法正是实现上述设计变革的强有力工具。

汽车产品设计流程已经发生了变化,由传统的人工反复进行设计的过程,加入了基于CAD模型的对产品性能进行虚拟试验的过程,强调以优化驱动产品设计的全过程,形成了以有限元分析、优化设计为中心的现代产品设计新阶段,图1.3所示说明了CAE分析从无到有进入了产品研发阶段的过程。有限元法的出现,带动了汽车产品的设计,使得传统的结构分析向着分析、设计、优化、制造、试验和控制的综合化方向发展,有限元模型更接近工程实际,计算结果更加准确,分析对象形成了零部件—总成—整车的系列化模型。今天各种CAE软件系统的功能越来越强大,使用越来越方便,已经成为产品设计中的必然环节,有限元技术正驱动着产品研发及设计工作。

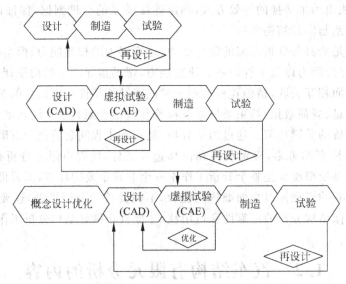

图1.3　产品研发流程变化

有限元分析已经在汽车工业得到广泛的应用。在没有建立物理样机之前采用有限元法来预测评价汽车结构性能并对设计方案进行优化,可以提高汽车结构性能并减少试验次数。按照一般汽车产品开发过程,汽车结构分析可以划分成三个阶段来看,即概念设计阶段分析、结构设计阶段分析、样车试验后的结构改进验证以及产品投产后结构改进分析等。采用部件、总成、整车多个层次的设计分析,来保证系统结构的完整性与可靠性。多层次的分析与验证有助于使部分技术难点在产品开发阶段就通过分析研究得到解决,避免整车试验的复杂性和实施困难,降低研制成本,确保整车试验验证顺利通过。

在有限元分析问题研究中,理论分析、数值计算和试验验证这三方面是相辅相成的。理论分析告诉我们问题的来龙去脉,而试验验证则是检验理论分析和有限元计算的根本手段。尽管本书着重讨论有限元法的数值计算问题,但鉴于理论分析和试验验证的重要性,本书对有限元法所涉及的基本理论还是作了全面扼要的介绍,以便读者能对有限元法的应用有一个全局性的了解。至于试验测试方法本身,不在本书讨论范畴,本书主要强调试验对模型验证的重要性,有限元分析和试验分析互为验证、互为补充,两者结合才能形成完整的结构综合分析与评价。

结构设计是指零件尺寸大小和几何外形的设计。结构零部件失效的原因往往不是单一的,而且各因素之间相互影响和关联。例如,由于对外部损害作用估计不足,零件承受应力过大,往往在受力最大而截面最弱的位置产生变形或断裂;或由于截面过渡区的圆角、开孔等几何形状和位置设计不合理,造成应力集中,成为疲劳破坏的发源地。

结构分析的目的就是根据对失效零件调查研究所取得的资料,判明失效的类型,分析内外因素与失效的关系,找出导致部件失效的主要原因。要对零部件进行结构分析、预测并提高零部件质量,就要综合运用力学、材料、工艺、性能等多方面的知识,进行综合分析,使理论和实际相结合,解决产品结构设计的具体问题。

对汽车产品性能的要求是多方面的,不仅仅是一般机械产品的失效,如过量变形、断裂、疲劳、磨损等。以车身结构为例,除了常规的强度、刚度、疲劳分析之外,还有振动、噪声、碰撞安全、车身流线等一系列相关问题。目前 CAE 技术可以对汽车结构的强度、刚度、振动噪声(NVH)、舒适性、耐久性、多刚体动力学、碰撞、乘员的安全性以及动力总成的性能等方面进行模拟(仿真)分析、预测结构性能、判断设计的合理性、优化结构设计等。此外,用 CAE 技术还可以对冲压成形、铸造和锻造的工艺过程进行模拟分析,解决产品质量问题。

由于汽车在批量生产以后改进设计的成本明显高于汽车在研发初期阶段改进设计的成本,CAE 的模拟分析主要应用在工艺设备、模具和样车制造之前,也就是从汽车产品研发初期就开始用 CAE 进行模拟分析,及时发现产品设计中的隐患,优化结构设计,使汽车产品满足国家的法规和用户的需求。通过 CAE 的优化分析,确定优化的设计方案并进行试制和试验,从而减少试制费用,缩短新产品的研发周期,使新产品早日投入市场,增强企业的竞争力。在汽车产品批量生产以后,CAE 分析主要用于解决汽车在使用过程中发生的质量问题。CAD/CAE/CAT 相互结合,显著地提高了汽车产品研发的水平。有限元分析在产品研发的不同阶段有不同的分析目的和分析内容,人们根据汽车产品研发流程将有限元分析划分成同步的 5 个阶段,即:

第 0 阶段:对样车进行试验和分析;

第 1 阶段:概念设计阶段的分析;

第 2 阶段:详细设计阶段的分析;

第 3 阶段:确认设计阶段的分析;

第 4 阶段:产品批量生产后改进设计的分析。

从结构承载角度而言,无论是车身与车架,还是悬架与车轮,都需要进行基本的受力分析,明确载荷工况与分布范围,掌握约束状态与边界条件,了解力学特性与变形特征。从结构分析角度而言,需要知晓整车、车身、悬架及车轮等力学平衡条件,分析力传递路径,绘制受力图,明确分析对象材料特性。上述分析目的是为了解决汽车结构可靠性、安全性、经济性和舒适性等一系列问题,相应与研究目的相关联的汽车结构分析内容主要体现在以下 8 个方面。

1. 整车及零部件强度和疲劳寿命分析

强度和疲劳寿命分析是汽车结构分析的传统内容,分析对象已从零部件、总成向整车发展。通过对零部件进行静态或动态分析,了解零部件应力分布状况,从而对零部件性能做出正确评价。通过对车身等总成结构分析,对车身部件选材及优化提供设计指导。通过对底盘或整车产品进行分析,以实现部件优化和轻量化设计、可靠性设计等。汽车产品设计已进入有限寿命设计阶段,要求汽车在设计的使用期内整车和零部件完好,不产生疲劳破坏;而达到使用期后,零部件尽可能多地达到损伤,以求产品轻量化,节约材料和节省能源。在分析具体结构时,要根据分析目的和分析对象的受力状态,选择代表该分析对象力学性能的应力指标,并以这个指标进行强度分析,并非一切问题都用密塞斯(Mises)等效应力。指导原则是有限元分析输出的应力或应变与试验分析时测试的应变要对应,以便于试验验证。由于结构部件可以进行静动态应力应变测试,有限元的分析结果往往需要与测试结果进行比较,这也是试验验证模型的重要方面。

2. 整车及零部件刚度分析

刚度是指结构抵抗变形的能力。车身、车桥、车架、车门、舱盖等部件及整车都有明确的刚度评价指标,通过对上述结构部件进行刚度分析,优化这些结构的刚度布局,使产品在设计阶段就可验证是否达到使用要求。一般车身结构(如驾驶室)设计的主要问题是刚度问题,其次才是强度问题。如果车身结构的刚度已满足要求,则车身结构的强度基本能满足要求。

3. 整车及零部件模态及动态分析

模态分析是结构动态特性分析的基础,其目的是为了了解和评价相关结构或部件的固有频率及振形是否合理,为汽车结构部件的动态设计提供依据。通过模态分析了解结构在某一易受影响的频率范围内的各阶模态特性,预测结构在此频率范围内的实际振动响应。汽车设计的评价是多方位多层次的。从汽车结构动力学设计角度而言,首先要提出汽车结构动态设计与分析要求,提出汽车结构试验与验证要求,确定结构动态设计原则,进行结构动特性与动响应分析,进行整车频率规划,按照频率控制设计原则、响应控制原则以及噪声控制原则等进行动力学设计及优化,通过分析并根据动力学设计要求合理选择汽车结构形式,结构布局,以确保汽车在行驶中能避开干扰频率的共振区。按照防止共振、提高动刚度和改善结构阻尼特性的原则,做到调频、减振和降幅的目的。

4. 汽车 NVH 分析

NVH 是指噪声(noise)、振动(vibration)、声振粗糙感(harshness),由于它们在汽车中同时出现且相互关联,需要将其同步研究,以判明汽车在不同激励下噪声、振动和乘员感受的变化特性。汽车在外载荷(路面激励、发动机怠速以及工作转速激励)的作用下发生振动,用模态分析方法识别汽车结构的模态参数(频率、振形和阻尼),对汽车结构的振动噪声进行分析。在带内饰的整车环境下,分析转向盘、座椅、地板和顶篷以及其他设计所关心的结构的振动响应情况。通过车身内声模态与整机模态的耦合,评价乘员感受的噪声,实现车身内的声学设计并进行噪声控制。

5. 整车碰撞安全性分析

随着汽车的普及与发展,汽车的碰撞安全性已经成为汽车产品性能的重要指标之一。从满足法规要求到碰撞星级评定;从安全带、安全气囊分析到为驾乘人员及行人提供更加安全的保障;从考虑汽车碰撞的巨额试验费用,到正面碰撞、侧面碰撞、后面碰撞等全面碰撞结构分析；汽车结构安全性已经得到大大提高。汽车模拟碰撞分析的目的就是为了提高汽车被动安全性能。对车辆结构的耐撞性及其乘员约束系统的有效性进行分析，并对车辆的被动安全法规符合性给予评价，从而有效提高车辆设计的安全性，同时大幅减少实车试验的费用。对于汽车被动安全性能的要求，一是在碰撞时，车身结构、驾驶系统、座位等能吸收较高能量，缓和冲击；二是发生事故时，确保车内乘员生存空间、安全气囊、座椅安全带等对乘员的保护功能，以保证乘员安全并在碰撞后容易进行车外救助和脱险。

6. 设计优化分析

将优化设计方法与有限元法结合可以解决任意复杂结构的优化设计问题。汽车结构的设计优化分析一般是以轻量化为设计目标，以强度、刚度或频率等为约束条件，改变设计的形状和尺寸，进行多方案比较，选择较优的设计方案。在完成初步优化后，一定要用力学分析和设计的经验进行合理的解释，还要考虑制造工艺材料等限制要求，进一步确认设计优化结果的正确性与可行性。

7. 气动或流场分析

气动或流场分析包括车身空气动力学分析，发动机室的通风，乘客室内部流动分析，空调系统气流分析等。随着计算机技术的飞速发展，应用计算流体力学（computational fluid dynamics，CFD）方法来预测汽车车身外部流场已成为可能。CFD 在汽车领域中的绝大部分应用都集中于进行汽车外流场的数值模拟。在内燃机的设计和开发中，CFD 也被作为一种重要而有效的工具加以利用。

8. 热结构耦合分析

热结构耦合分析包括发动机机体温度场分析、结构分析以及热-结构耦合分析等。

此外，还有复杂钣金件冲压成形过程分析、复杂塑料件注塑成形过程分析、刚柔耦合动力学分析等。目前有限元方法已从单纯结构分析发展到流体力学、温度场、电磁场、渗流和声场等多物理场问题的求解计算，以及求解几个交叉学科的问题，如"流固耦合""声固耦合"问题等。

现代汽车对结构设计提出了越来越高的要求，汽车结构分析已不满足于结构线性弹性分析，线性理论已经远远不能满足设计的要求。实际上汽车结构系统中存在着大量非线性结构问题，例如发动机、驾驶室橡胶支承、悬挂大变形、零部件之间连接的能量缓冲、高温部件的热变形和热应力等，只有采用非线性有限元算法才能解决。在产品要求精益设计的条件下，只应用线性分析是不够的，产品开发要求 CAE 更多地考虑非线性影响，因此有限元分析已由求解线性工程问题发展到分析非线性问题。还有前面提到的"准确加载"问题，汽车零部件结构分析的一个难点是分析载荷的不确定，大量零部件结构实际所受到的载荷到底是多大，往往很难明确给出，因而不能适应越来越高的设计要求。所以需要结合多体动力学（MBD）分析来确定各部件之间的力的传递关系，采用 MBD 与 FEA 混合的方法加以仿真。同样汽车产品有限寿命设计，也对 CAE 分析提出了使用真实载荷的要求，即需要确定汽车路谱和工作载荷谱。其他汽车整车性能，如舒适性、操纵稳定性分析也不仅仅满足于结构刚性简化，仅仅采用多体动力学模型分析，还要求考虑结构变形的影响，采用刚柔耦合动力学分析方法,进行整车非线性系统分析,以达到整车动态参数设计的目标。随着对研究问题的深化以及计算机功能的强大,扩展到对整车级别性能分析评价与预测的层次,即从整车的角度对上述汽车的各种性能进行分析和预测,包括汽车的空气动力学特性、声学特性、振动特性、操纵稳定性、乘坐舒适性、碰撞安全性等。

目前有限元法正与其他分析方法联合,与试验方法混合,与CAD模型集合,构成一个完整的CAD/CAE/CAT集成环境,为工程设计、工程分析、工程评估提供强大的服务。所有结构分析如同产品有设计标准一样,都应制定分析流程、分析标准与分析目标。这些标准将构成新研发车型的目标或指南。以竞争对手的整车、系统、总成和零部件的性能参数为研发汽车性能的参考依据,在产品研发中,将汽车性能指标分解成车身、底盘(车架)、动力总成等主要总成和系统的指标,总成和系统的指标又进一步分解为零部件与子系统的指标,从而形成汽车研发的庞大指标体系,为研发部门提供设计依据。

1.3　汽车结构有限元分析流程及应用发展

有限元法的基本研究思路是结构离散—单元分析—整体求解。有限元软件实施的过程则采用前处理—中处理—后处理三个阶段。前处理是建立有限元模型,完成单元网格划分;中处理就是构建刚度矩阵与分析计算;后处理则是分析与处理计算结果,对所分析的结构做出评价。

简单来说,有限元基本分析过程可以归纳为以下几个步骤:

(1)将连续体分割成有限大小的区域,这些小区域即为有限单元,单元之间以节点相连。

(2)选择节点的物理量(如位移、温度)作为未知量,对每一单元假设一个简单的连续位移函数(插值函数)来近似模拟其位移分布规律,将单元内任一点的物理量用节点物理量表述。

(3)利用有限单元法的不同解法,如根据虚功原理建立每个单元的平衡方程,即建立各单元节点力和节点位移之间的关系,形成单元性质的矩阵方程。

(4)将各个单元再组装成原来的整体区域,建立整个物体的平衡方程组,形成整体刚度矩阵。

(5)引入边界条件,即约束处理,求解出节点上的未知量。其他参数,如应力、应变等依次求出。

对汽车结构分析而言,其分析流程可以用图1.4简略表示,框图详细内容将在后续章节中讨论。读者在学习各章节时或是在解决实际问题时,可以参考这些流程,少走弯路。

当前有限元及CAE技术的应用发展已经进入新的阶段,建立了引领设计的CAE技术体系,主要体现在以下几个方面:

(1)形成融入产品开发的CAE分析流程;

(2)达成支持产品开发的CAE分析能力;

(3)实现多领域系统化的CAE技术规范;

(4)构建多学科与全局优化的CAE解决方案;

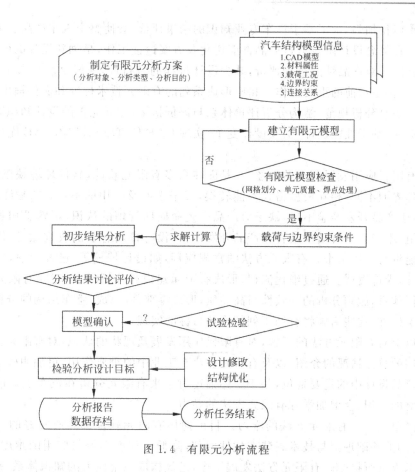

图 1.4　有限元分析流程

（5）建立多层次高效率的 CAE 组织架构。

应用层次不断发展，愈发深入。从传统的分析模拟到性能优化，从常规的设计评价到引领设计，从单一的有限元分析到集成的 CAE 创新平台，认识的提高，带来 CAE 技术应用的革命。其阶段发展的四个层次可概括为：解决问题—设计评价—性能优化—创新设计（图 1.5）。

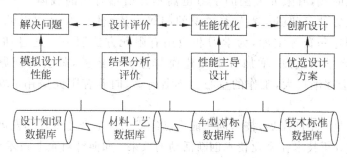

图 1.5　有限元应用的层次

这其中，分析与模拟只是 CAE 系统的基础功能，评价与改进才是 CAE 系统在应用中的价值体现。不能仅仅停留在设计后期的验证校核上，局部的修改也不能带来设计的创新，局部性能仿真和改进只能解决局部优化问题，无法解决全局优化问题。另外，CAE 知识的积累与传承亟待加强,少了基于汽车专业知识的结果评价,会使整个汽车产品建模分析工作偏离目标。在概念设计阶段进行产品性能优化及方案论证工作,是创新设计的最佳切入点。在产品设计阶段对产品性能进行评价,减少设计过程的盲目性,减轻试验环节上的压力,提高设计效率,仍是目前的重要工作。相应形成系列的有限元技术标准和文件输出规范,包括建模标准与仿真分析规范,结构分析评价体系与评价指标,建立完善的设计知识数据库与技术标准数据库,基于性能设计,引领设计变革,实现 CAE 仿真驱动设计,CAE 优化驱动产品创新设计。

目前有限元应用发展存在的问题,一是面临众多有限元软件,软件环境缺乏统一性,各自前后处理界面不同,相互模型格式不能转换,带来学习及应用的不便;二是许多 CAE 从业人员,由于产品开发经验不足,缺乏对产品全生命周期管理的认识,不熟悉相关产品设计标准和规范,不能将分析结果结合到产品开发中去,没有提出有效的改进意见,使得有限元的应用效能没有发挥出来。有限元方法的常规应用,如设计校核等,已经成熟,但指导并引领产品设计,尚待发展。通过细化流程,形成有限元建模与分析标准,建立有限元优化标准与评价指标体系,做到分析的一致性与高品质,形成零部件/总成/整车结构的分析设计技术条件和评价标准,这些措施将有助于创新设计目标的实现。

通过以上对有限元方法的了解,对有限元应用发展及现状的认识,对有限元技术在汽车工业中应用的总体情况的介绍,以及有限元在汽车工业中的重要作用,更加明确了有限元方法在现代产品设计中的重要地位,基于上述描述对未来有限元分析在汽车工业的发展及趋势有了清醒的认识,会增加学好有限元方法的动力。

最后简单谈一下有限元方法的学习。目前通用有限元软件都具有友好的人机交互界面,通过将相关基础理论与技术封装在软件内部,降低了程序学习与应用的难度,易于被广大工程技术人员所接受。有限元方法发展至今,已经构成一个庞大的知识体系,是大型复杂结构分析的有力工具,其可供参考的资料文献非常多。一方面我们需要通过教材系统学习有限元法的基本理论,了解有限元法的发展和应用,通过有限元软件手册掌握有限元程序的操作使用;另一方面我们要通过期刊和专业文献了解有限元分析在汽车工程中的应用状况,了解所研究问题的当前进展情况,做好文献综述,这是一切研究的起点。再有我们今天身处在信息时代,有限元方法的学习也离不开信息时代的载体——互联网。互联网使信息的交流既方便又迅速,是人类知识的超级宝库,使得获取知识的途径更加便捷。我们要充分利用这一资源宝库,为学习和应用有限元方法服务。通过加强信息收集,全面增长知识,提高学习进度,增加有限元建模与分析的经验,就会对问题的了解逐渐深入,研究的范围会逐渐扩大,工作的重心会逐渐转移,向着有限元应用的深度问题和广度问题进军。

随着汽车工业的不断发展,技术创新能力已经成为一个企业生存和发展的动力和源泉。如何发挥有限元分析技术在企业技术创新活动的效果;如何针对企业技术创新能力的特点制定 CAE 应用策略;如何加快制定有限元分析标准及流程,以推进汽车产业整体的发展;这些问题都需要更进一步推广和普及有限元法,需要我们更进一步学好用好有限元分析工具。随着有限元分析流程的规范和使用技巧的提高,为进一步扩展其应用范围提供了基础。

1.4 汽车结构有限元模型示例

图 1.6~图 1.19 列举了汽车结构有限元模型的一些示例,从中可以概略了解到汽车结构分析的诸多方面应用情况。

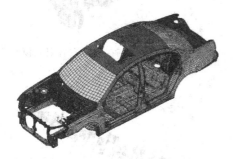

图 1.6 轿车车身有限元模型

图 1.7 SUV 白车身有限元模型

图 1.8 轿车正面碰撞分析

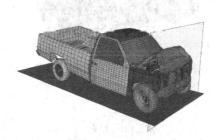

图 1.9 小货车碰撞分析

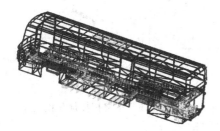

图 1.10 客车有限元模型

图 1.11 车架有限元模型

图 1.12 齿轮有限元接触应力分析

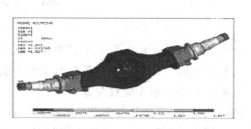

图 1.13 车桥有限元分析

图 1.14　拖车车架有限元模型

图 1.15　驾驶室有限元模型

图 1.16　发动机缸体有限元模型

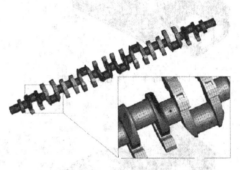

图 1.17　发动机曲轴模型

图 1.18　整车刚柔耦合模型

图 1.19　车架拓扑优化模型

思　考　题

1-1　什么叫有限单元法? 其基本思想是什么?

1-2　为什么要进行汽车结构分析? 其主要分析内容有哪些?

1-3　有限元分析的基本流程是什么?

1-4　请以关键词"有限元分析""Finite Element Analysis""FEA""汽车结构有限元分析"等上网搜索,了解有限元法的应用范围,举例说明有限元法在汽车工程中的应用实例。

第 2 章

有限元分析的基础理论

有限元法是将连续体离散化的一种近似方法,依托于力学基础理论与变分原理,将连续体划分成有限个小单元的集合,在单元内采用分片插值的方法表示力学函数的分布,求解离散后的代数方程得到力学函数的数值解。通过用较简单的概念和方法来代替较复杂的问题,然后借助计算机求解繁杂的方程,从而得到问题的解。有限元法作为最重要的数值计算方法之一,已经广泛应用于工程结构分析中。有限元法的发展与应用与计算机技术的发展分不开,没有计算机软硬件技术的支承,有限元法就无法实现。随着计算机技术和有限元分析的发展,大量有限元通用和专用程序面市,再加上有限元法适应性广,概念简单,易于理解,计算精度高,能够解决工程中的大量问题,使得有限元法迅速得到推广及普及,成为理论研究和工程领域不可或缺的工具。

从有限元法所用的力学基础理论来看,涉及弹性静力学、动力学、弹塑性力学与接触理论、疲劳与断裂力学、复合材料力学、流体力学和热力学等众多学科。但是有限元法本身仍在不断发展,各种分析软件功能越来越丰富,分析研究范围大大扩展,已经从传统的力学领域进入到物理、材料、生物和电子等众多工程领域中。虽然有限元法包括了众多方面的分析问题,但其主要的方法框架可以通过弹性力学加以说明,因而弹性力学既是一般变形体力学的基础,又是有限元法的基础;而静态有限元法则是各种有限元法的基础,动态有限元法等则是静态方法的推广。

通过学习并掌握力学基础理论,一方面加深对有限元学习的理解,另一方面也为将实际问题简化成力学模型打下了基础。

2.1 有限元分析的弹性力学基础

弹性力学是研究弹性体在外力和约束作用下应力和变形分布规律的一门学科,是材料力学课程的延续。而材料力学主要研究单个杆件的计算,材料力学除了从静力学、几何学、物理学三方面进行分析外,还要引用一些关于构件形变状态或应力分布的假定,因此得到的解答往往是近似的。弹性力学可不采用这些假定得到比材料力学更加精确的解答,除了研究杆状结构外,还将研究板、壳、实体等非杆状结构。从研究物体的主要力学特征以及求解问题的范围着手,弹性力学主要采用4点假定:①线弹性假定;②均匀连续性假定;③各向同性假定;④小变形假定。超出以上假定研究范围都有专门的学科进行研究,如非线性弹性力学、塑性力学、复合材料力学、损伤力学、大变形力学等。一般而言,在线弹性范围内,弹性力学的解认为是精确的,它可以用来校核材料力学解以及有限元分析近似解,可以作为判定截面应力分布规律,检验不同单元、不同网格划分密度的解差别的标准等。

2.1.1　空间问题

弹性力学中的基本变量有体力、面力、应力、应变、位移等。体力是作用在物体体积内的力,如重力、惯性力等。面力是沿物体表面上的分布力,如风力、流体压力、接触压力等。作用在物体上的外力主要是指这两种类型,即体力和面力。在外力作用下,物体将产生应力,物体内某点 P 的内力就是应力。沿应力所在平面的外法线方向和切线方向的应力分量分别称为正应力和切应力。P 点在不同截面上的应力是不同的,为了研究点 P 处的应力状态,在点 P 处沿坐标轴 x,y,z 方向取一个微小的平行六面体,各边长分别为 $\Delta x,\Delta y,\Delta z$。假定应力在各面上均匀分布,每个面上的应力即可分解为一个正应力和两个切应力分量,如图 2.1 所示。当微小的六面体趋于无穷小时,六面体上的应力就代表点 P 处的应力。当物体处于平衡状态时,根据相邻点的应力增量关系及微元体的力平衡条件,可得

$$\begin{cases} \sum F_x = 0, & \sum F_y = 0, & \sum F_z = 0 \\ \sum M_x = 0, & \sum M_y = 0, & \sum M_z = 0 \end{cases}$$

式中,F 和 M 分别代表力和力矩。

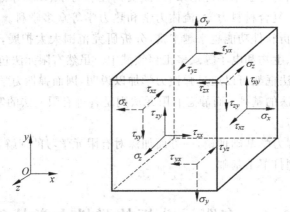

图 2.1　空间问题微元体上的应力分量

因此可以建立应力与体力的相互关系——平衡微分方程和剪应力互等定理:

$$\begin{cases} \dfrac{\partial \sigma_x}{\partial x} + \dfrac{\partial \tau_{yx}}{\partial y} + \dfrac{\partial \tau_{zx}}{\partial z} + X = 0 \\[2mm] \dfrac{\partial \tau_{xy}}{\partial x} + \dfrac{\partial \sigma_y}{\partial y} + \dfrac{\partial \tau_{zy}}{\partial z} + Y = 0 \\[2mm] \dfrac{\partial \tau_{xz}}{\partial x} + \dfrac{\partial \tau_{yz}}{\partial y} + \dfrac{\partial \sigma_z}{\partial z} + Z = 0 \end{cases} \tag{2.1}$$

$$\tau_{xy} = \tau_{yx}, \quad \tau_{yz} = \tau_{zy}, \quad \tau_{zx} = \tau_{xz} \tag{2.2}$$

即,一点处的应力分量共有 9 个,由于剪应力是成对存在的,9 个应力分量中只有 6 个是独立的。其中,$\sigma_x,\sigma_y,\sigma_z$ 为 3 个正应力;$\tau_{xy},\tau_{yz},\tau_{zx}$ 为 3 个剪应力;X,Y,Z 为单位体积的

体力。这样物体内任一点处的应力状态，可由 6 个独立的应力分量确定。在有限元法中，把一点的 6 个应力分量用应力列阵表示：

$$\boldsymbol{\sigma} = \begin{bmatrix} \sigma_x & \sigma_y & \sigma_z & \tau_{xy} & \tau_{yz} & \tau_{zx} \end{bmatrix}^{\mathrm{T}} \quad (2.3)$$

而物体内任一点 P 的应力状态，可以过该点的微小四面体 $PABC$ 斜面上的应力表示(图 2.2)，l, m, n 为物体表面外法线 v 的 3 个方向余弦，根据四体面的平衡条件可以建立斜面上的应力关系：

$$\begin{cases} X_v = \sigma_x l + \tau_{yx} m + \tau_{zx} n \\ Y_v = \tau_{xy} l + \sigma_y m + \tau_{zy} n \\ Z_v = \tau_{xz} l + \tau_{xz} m + \sigma_z n \end{cases} \quad (2.4)$$

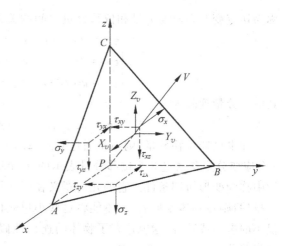

图 2.2　微元四面体的平衡

设斜面 ABC 上的正应力和切应力分别为 σ_N 和 τ_N，则有

$$\begin{cases} \sigma_N = X_v l + Y_v m + Z_v n \\ \tau_N^2 = X_v^2 + Y_v^2 + Z_v^2 - \sigma_N^2 \end{cases} \quad (2.5)$$

不难推导出

$$\sigma_N = \sigma_x l^2 + \sigma_y m^2 + \sigma_z n^2 + 2\tau_{yz} mn + 2\tau_{zx} nl + 2\tau_{xy} lm \quad (2.6)$$

即 6 个应力分量完全决定了一点的应力状态。用主应力表示则为

$$\begin{cases} \sigma_N = \sigma_1 l^2 + \sigma_2 m^2 + \sigma_3 n^2 \\ \tau_N^2 = (\sigma_1 - \sigma_2)^2 l^2 m^2 + (\sigma_2 - \sigma_3)^2 m^2 n^2 + (\sigma_3 - \sigma_1)^2 n^2 l^2 \end{cases} \quad (2.7)$$

在特殊情况下，如果 ABC 是物体的边界面，则 X_v, Y_v, Z_v 成为面力分量 $\overline{X}_v, \overline{Y}_v, \overline{Z}_v$，于是由式(2.4)得

$$\begin{cases} \overline{X}_v = \sigma_x l + \tau_{yx} m + \tau_{zx} n \\ \overline{Y}_v = \tau_{xy} l + \sigma_y m + \tau_{zy} n \\ \overline{Z}_v = \tau_{xz} l + \tau_{xz} m + \sigma_z n \end{cases} \quad (2.8)$$

这就是弹性体的应力边界条件，它表明应力分量的边界值与面力分量之间的关系。

在外力作用下，物体各点的位置将发生变化，即产生位移。如果物体各点发生位移后仍保持各点间的初始状态的相对位置，那么物体实际上只产生了刚体移动和转动，称这种位移为刚体位移。如果物体各点发生位移后改变了各点间初始状态的相对位置，则物体就同时产生了形状的变化，称为该物体产生了变形。

物体内任意一点的位移，用位移在 x, y, z 坐标轴上的投影，即三个位移分量 u, v, w 表示，相应位移分量列阵为

$$\boldsymbol{f} = \begin{bmatrix} u & v & w \end{bmatrix}^{\mathrm{T}} \quad (2.9)$$

为了研究物体的变形情况，同样假想把物体分割成无数个微小六面体，它们的变形可归结为棱边的伸长(或缩短)与棱边间夹角的变化。即物体的形状改变可以归结为长度和角度的改变。各线段的单位长度的伸缩，称为正应变；各线段之间的直角的改变，用弧度表示，

称为切应变。各应变分量和位移分量之间的关系即为几何方程：

$$\begin{cases} \varepsilon_x = \partial u / \partial x, & \gamma_{xy} = \partial v / \partial x + \partial u / \partial y \\ \varepsilon_y = \partial v / \partial y, & \gamma_{yz} = \partial w / \partial y + \partial v / \partial z \\ \varepsilon_z = \partial w / \partial z, & \gamma_{zx} = \partial u / \partial z + \partial w / \partial x \end{cases} \tag{2.10}$$

其应变分量列阵为

$$\boldsymbol{\varepsilon} = \begin{bmatrix} \varepsilon_x & \varepsilon_y & \varepsilon_z & \gamma_{xy} & \gamma_{yz} & \gamma_{zx} \end{bmatrix}^{\mathrm{T}} \tag{2.11}$$

如果已知位移分量，则不难通过对式(2.10)求偏导数得到应变分量，反之则不然。由于 6 个应变分量是通过 3 个位移分量表示的，6 个应变分量之间必须满足一定的条件，弹性力学中称为变形协调条件。它的几何意义在于如果表示单元体变形的 6 个应变分量不满足这一条件，则在物体变形后，就不能将这些小单元体重新拼合成为连续体，其单元之间会产生很小的裂缝或重叠，这就违背了物体的连续性假设。再有，已知应变分量后，并不能完全确定位移分量。从无应变状态($\varepsilon_x = \varepsilon_y = \varepsilon_z = \gamma_{xy} = \gamma_{yz} = \gamma_{zx} = 0$)的这一条件出发，可以从几何方程求出对应于无应变的刚体位移：

$$\begin{cases} u = u_0 + \omega_y z - \omega_z y \\ v = v_0 + \omega_z x - \omega_x z \\ w = w_0 + \omega_x y - \omega_y x \end{cases} \tag{2.12}$$

式中，u_0, v_0, w_0 表示物体的刚体移动；$\omega_x, \omega_y, \omega_z$ 则表示刚体转动。既然物体在应变为零时可以有刚体位移，物体在变形时，由于约束条件的不同，就可能具有不同的刚体位移。为了完全确定位移，对于空间问题，就必须有 6 个适当的约束条件来确定这 6 个常数。约束点可适当选取，但这样计算所得各节点的位移是相对于约束点而言的。不难证明，各节点之间的相对位移值以及结构内力与所设置的约束点位置无关，但约束的数目必须是静定的。对于已经有足够约束的结构，要引入边界条件进行约束处理。当边界已知位移时，应建立物体边界上点的位移与给定位移相等的条件，其位移边界条件为

$$u = u_s, \quad v = v_s, \quad w = w_s \tag{2.13}$$

式中，u_s, v_s, w_s 是边界上 x、y、z 方向上的已知位移分量。

除了上述应力边界条件和位移边界条件外，还有一类混合边界条件。即在物体的一部分边界上已知面力，此部分边界应用应力边界条件式(2.8)；另一部分已知位移，因而具有位移边界条件式(2.13)。此外，在同一部分边界上还可能出现混合条件，既有应力边界条件，又有位移边界条件。

最后考察材料本身固有的物理特性，即物理方程。对各向同性弹性材料，广义胡克定律为

$$\begin{cases} \varepsilon_x = [\sigma_x - \mu(\sigma_y + \sigma_z)] / E \\ \varepsilon_y = [\sigma_y - \mu(\sigma_z + \sigma_x)] / E \\ \varepsilon_z = [\sigma_z - \mu(\sigma_x + \sigma_y)] / E \\ \gamma_{xy} = \tau_{xy} / G, \quad \gamma_{yz} = \tau_{yz} / G, \quad \gamma_{zx} = \tau_{zx} / G \end{cases} \tag{2.14}$$

此处

$$G = \frac{E}{2(1+\mu)}$$

式中，E、μ 分别为弹性模量与泊松比；G 为剪切弹性模量。G 并不是独立的弹性常数，对各向同性材料，独立的弹性常数只有两个。有限元法中常采用矩阵表达式，理论上并没有使用矩

的必要,只是便于计算机编写程序。当用应变分量表示应力分量时,其物理方程的矩阵形式为

$$\sigma = D\varepsilon \tag{2.15}$$

其中,弹性矩阵 D 的展开式为

$$D = \frac{E(1-\mu)}{(1+\mu)(1-2\mu)} \begin{bmatrix} 1 & & & & & \\ \dfrac{\mu}{1-\mu} & 1 & & \text{对称} & & \\ \dfrac{\mu}{1-\mu} & \dfrac{\mu}{1-\mu} & 1 & & & \\ 0 & 0 & 0 & \dfrac{1-2\mu}{2(1-\mu)} & & \\ 0 & 0 & 0 & 0 & \dfrac{1-2\mu}{2(1-\mu)} & \\ 0 & 0 & 0 & 0 & 0 & \dfrac{1-2\mu}{2(1-\mu)} \end{bmatrix} \tag{2.16}$$

2.1.2　平面问题

对于平面问题,其特点是物体所受的面力、体力及应力都与某一个坐标轴(例如 z 轴)无关。平面问题又分为平面应力问题和平面应变问题。

1. 平面应力问题

平面应力问题中,考虑物体是一很薄的平板,荷载只作用在板边,且平行于板面(图2.3),即 z 方向的体力分量 Z 和面力分量 $\bar{Z}$ 皆为零。由于板的厚度很小,外载荷又沿板厚均匀分布,所以可近似认为应力沿板厚也均匀分布。这样垂直于 z 轴的任一微分面上的应力分量皆为零:$\sigma_z = \tau_{zx} = \tau_{zy} = 0$,由物理方程(2.14)可知,$\gamma_{zx} = \gamma_{zy} = 0$,但 $\varepsilon_z = -\mu(\sigma_x + \sigma_y)/E \neq 0$。

2. 平面应变问题

平面应变问题中,设有无限长等截面柱体,外载荷及体力作用在垂直于 Oz 方向且沿 z 轴均匀分布,如图2.4所示。由于任一横截面都可看作是一个对称面,所以柱内的应力、应变和位移分量都不沿 z 轴变化,只是 x、y 的函数,沿 z 轴方向的位移是零,即 $w=0$,因而这种问题称为平面位移问题。由几何方程(2.10)可知,$\varepsilon_z = \gamma_{zx} = \gamma_{zy} = 0$,只有 x,y 面内的3个应变分量 ε_x,ε_y,γ_{xy},所以这种问题也称为平面应变问题。由物理方程(2.14)可知,$\sigma_z = \mu(\sigma_x + \sigma_y) \neq 0$。

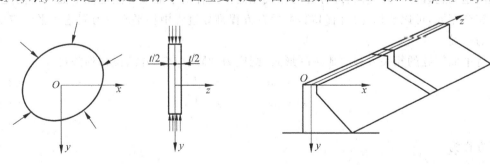

图2.3　平面应力　　　　　　　　　　　图2.4　平面应变

从空间问题的三大方程容易退化得到平面问题的三大方程。

(1) 平衡方程

$$\begin{cases} \dfrac{\partial \sigma_x}{\partial x} + \dfrac{\partial \tau_{yx}}{\partial y} + X = 0 \\[3mm] \dfrac{\partial \sigma_y}{\partial y} + \dfrac{\partial \tau_{xy}}{\partial x} + Y = 0 \end{cases} \tag{2.17}$$

(2) 几何方程

$$\begin{cases} \varepsilon_x = \dfrac{\partial u}{\partial x} \\[3mm] \varepsilon_y = \dfrac{\partial v}{\partial y} \\[3mm] \gamma_{xy} = \dfrac{\partial u}{\partial y} + \dfrac{\partial v}{\partial x} \end{cases} \tag{2.18}$$

(3) 物理方程

平面应力问题：

$$\begin{cases} \sigma_z = 0, \quad \varepsilon_z = -\dfrac{\mu}{E}(\sigma_x + \sigma_y) \\[3mm] \varepsilon_x = \dfrac{1}{E}(\sigma_x - \mu\sigma_y) \\[3mm] \varepsilon_y = \dfrac{1}{E}(\sigma_y - \mu\sigma_x) \\[3mm] \gamma_{xy} = \dfrac{2(1+\mu)}{E}\tau_{xy} \end{cases} \tag{2.19}$$

平面应变问题：

$$\begin{cases} \varepsilon_z = 0, \quad \sigma_z = \mu(\sigma_x + \sigma_y) \\[3mm] \varepsilon_x = \dfrac{1-\mu^2}{E}\left(\sigma_x - \dfrac{\mu}{1-\mu}\sigma_y\right) \\[3mm] \varepsilon_y = \dfrac{1-\mu^2}{E}\left(\sigma_y - \dfrac{\mu}{1-\mu}\sigma_x\right) \\[3mm] \gamma_{xy} = \dfrac{2(1+\mu)}{E}\tau_{xy} \end{cases} \tag{2.20}$$

事实上，在平面应力问题的物理方程中，将 E 换成 $\dfrac{E}{1-\mu^2}$，μ 换成 $\dfrac{\mu}{1-\mu}$，即可以得到平面应变问题的物理方程，二者物理方程的形式相同。这样对平面应力问题和平面应变问题，其解法完全相同，可以统称为平面问题，今后在方程推导过程中将平面应力问题和平面应变问题归为一类。

将平面问题的相关方程写成矩阵形式，则应力列阵、应变列阵、位移列阵可表述为

$$\boldsymbol{\sigma} = \begin{bmatrix} \sigma_x & \sigma_y & \tau_{xy} \end{bmatrix}^{\mathrm{T}} \tag{2.21}$$

$$\boldsymbol{\varepsilon} = \begin{bmatrix} \varepsilon_x & \varepsilon_y & \gamma_{xy} \end{bmatrix}^{\mathrm{T}} \tag{2.22}$$

$$\boldsymbol{f} = \begin{bmatrix} u & v \end{bmatrix}^{\mathrm{T}} \tag{2.23}$$

几何方程为

$$\boldsymbol{\varepsilon} = \begin{bmatrix} \varepsilon_x \\ \varepsilon_y \\ \gamma_{xy} \end{bmatrix} = \begin{bmatrix} \partial u / \partial x \\ \partial v / \partial y \\ \partial u / \partial y + \partial v / \partial x \end{bmatrix} \tag{2.24}$$

物理方程为

$$\boldsymbol{\sigma} = \boldsymbol{D} \boldsymbol{\varepsilon}$$

其中 $\boldsymbol{D}$ 为弹性矩阵。对平面应力问题为

$$\begin{bmatrix} \sigma_x \\ \sigma_y \\ \tau_{xy} \end{bmatrix} = \frac{E}{1-\mu^2} \begin{bmatrix} 1 & \mu & 0 \\ \mu & 1 & 0 \\ 0 & 0 & \dfrac{1-\mu}{2} \end{bmatrix} \begin{bmatrix} \varepsilon_x \\ \varepsilon_y \\ \gamma_{xy} \end{bmatrix} \tag{2.25}$$

弹性矩阵 $\boldsymbol{D}$ 为

$$\boldsymbol{D} = \frac{E}{1-\mu^2} \begin{bmatrix} 1 & \mu & 0 \\ \mu & 1 & 0 \\ 0 & 0 & \dfrac{1-\mu}{2} \end{bmatrix} \tag{2.26}$$

对平面应变问题，将 E、μ 替换即可：

$$\boldsymbol{D} = \frac{E(1-\mu)}{(1+\mu)(1-2\mu)} \begin{bmatrix} 1 & \dfrac{\mu}{1-\mu} & 0 \\ \dfrac{\mu}{1-\mu} & 1 & 0 \\ 0 & 0 & \dfrac{1-2\mu}{2(1-\mu)} \end{bmatrix} \tag{2.27}$$

对于平面问题，其三个应变分量间还应满足的变形协调条件为

$$\frac{\partial^2 \varepsilon_y}{\partial x^2} + \frac{\partial^2 \varepsilon_x}{\partial y^2} = \frac{\partial^2 \gamma_{xy}}{\partial x \partial y} \tag{2.28}$$

　　求解弹性力学平面问题，可以归结为在任意形状的平面区域 Ω 内已知控制方程、在位移边界 S_u 上已知约束、在应力边界 S_σ 上已知受力条件的边值问题。对于截面边界为单连域时，变形协调条件是按应力求解问题时 u,v 有解的必要而充分条件。如果以位移作为未知量求解，先解得 u,v，再计算应变分量，则协调条件自然被满足。求出位移后，由几何方程可以计算出应变分量，得到物体的变形情况；再由物理方程计算出应力分量，得到物体的内力分布，就完成了对弹性力学平面问题的分析。

2.1.3　弹性力学问题经典解法

　　解弹性力学问题总是从三个方面进行考虑，即力的平衡方程——微元体上应力形式的平衡方程；物理方面——应力-应变之间的胡克定律；几何方面——应变和位移关系。由此建立空间弹性力学问题的 15 个方程，即 3 个平衡方程，6 个几何方程，6 个物理方程。其中包括 6 个应力分量，6 个应变分量，3 个位移分量，共 15 个未知函数。基本方程的数目等于未知函数的数目，在给定边界条件时，问题是可解的。而平面问题中共有 8 个方程，即 2 个平衡方程，3 个几何方程，3 个物理方程；相应 3 个应力分量，3 个应变分量，2 个位移分量，共 8 个未知函数。弹性力学问题的提法是，给定作用在物体全部边界或内部的外力，求解物体由此产生的应力场和位移场。由于在 15 个基本方程和边界条件中，各未知量之间都

是线性关系,因此就称为线性问题。若考虑更为一般的固体力学情况,如果在问题的几何方面、物理方面、力的平衡条件和边界条件之中,只要有一个方面未知量之间成非线性关系,则称此问题为非线性问题。

按照三种不同的边界条件,弹性力学问题可分为应力边界问题、位移边界问题和混合边界问题。根据先求出的基本未知的不同,弹性力学问题有三种处理方法。

(1)应力法:以应力分量作为基本未知量,此时将一切未知量和基本方程都转换为用应力表示。求得应力分量后,由物理方程求应变分量,再由几何方程求出位移分量。

(2)位移法:以位移分量作为基本未知量,此时将一切未知量和基本方程都转换为用位移表示。求得位移分量后,用几何方程求应变分量,再由物理方程求出应力分量。目前,有限元法中多采用位移法的思想。

(3)混合法:采用各点的一部分位移分量和一部分应力分量作为基本未知量,混合求解。

这样解决弹性力学问题本质上是求解偏微分方程的边值问题。为了求解满足弹性力学基本方程的位移函数和应力函数的表达式,要覆盖整个求解区域,而且还要满足边界条件,其求解是极其困难的,因此这就促进了对各种近似解法的研究。弹性力学中的能量法可以较方便地得到近似解,它通过能量的概念将上述三大方程,即平衡、几何、物理关系所提供的解决问题的途径转变为一种极值问题,而有限元法正是可以从能量原理引出相关的概念。有限元法作为一种数值方法,具有极大的通用性和灵活性,可以用来解决弹性力学中各种复杂的边界问题。通过将连续的弹性体离散化,形成一个单元集合体,对每个单元进行分片插值,将整个区域无穷多个未知位移量用有限个节点位移来表示,这就避免了求解整个区域内的位移函数的困难。将各个单元集合成整体再分析,问题最后归结为求解以节点位移为未知量的线性方程组,这就比弹性力学解析解法中求解偏微分方程容易得多。目前工程上广泛采用的是以位移为基本未知量的位移模式的有限元法。

2.1.4　弹性接触问题

接触问题源于固体力学,在工程结构的分析中大量存在,其本身属于高度的非线性行为,由于其模型和解法的困难,接触问题解析解只有少数几个范例。利用弹性力学方法可以导出一个经典的接触问题公式,即赫兹弹性接触解。

设有两弹性体,开始时以点或线互相接触,然后用力压紧,由于弹性变形,在两物体间形成一个共同的接触面,并在接触面附近的区域引起局部性质的应力和变形。这种接触作用对结构与接触体的功能和寿命起着关键的作用。下面以两个球体的接触问题为例介绍赫兹接触解。两圆球如图2.5所示,采用以下三点简化假设:接触表面摩擦阻力略去不计,即表面是理想光滑的;接触面的尺寸与接触物体的曲率半径相比非常小;所加载荷为静载荷。两球体半径分别为R_1,R_2,开始在公切面上O点互相接触。两球体表面上距公法线为r的M点和N点与公切面的距离分别为z_1,z_2。由简单几何关系可知:

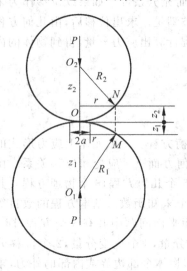

图2.5　接触圆分析

$$\begin{cases} (R_1 - z_1)^2 + r^2 = R_1^2 \\ (R_2 - z_2)^2 + r^2 = R_2^2 \end{cases} \tag{2.29}$$

由于 M,N 点相距很近,即 z_1,z_2 远小于 $2R_1,2R_2$,上述公式可近似表示为

$$\begin{cases} z_1 = \dfrac{r^2}{2R_1} \\ z_2 = \dfrac{r^2}{2R_2} \end{cases} \tag{2.30}$$

M 点与 N 点之间的距离为

$$z_1 + z_2 = r^2 \left(\frac{1}{2R_1} + \frac{1}{2R_2} \right) = \frac{R_1 + R_2}{2R_1 R_2} r^2 = \beta r^2 \tag{2.31}$$

式中,$\beta = \dfrac{R_1 + R_2}{2R_1 R_2}$。当两球体受到力 P 作用沿着 O 点的法向相互压紧时,在接触处发生局部变形,形成一个小的圆形接触面。由于接触面的边界半径总是小于 R_1,R_2,可以近似把球体看作是半空间体,采用半空间轴对称问题的结果来讨论这种局部变形。设 w_1 与 w_2 分别表示球体 1 与球体 2 上的点 M 与点 N 由于局部变形所产生的沿 OO_1 与 OO_2 轴方向的位移,若点 M 和 N 在两球体产生局部变形后彼此按近成为接触面上的一个共同边界点,则分别在 OO_1 与 OO_2 轴上的任意两点互相接近的距离为 α:

$$\alpha = z_1 + z_2 + w_1 + w_2 \tag{2.32}$$

即

$$w_1 + w_2 = \alpha - (z_1 + z_2) = \alpha - \beta r^2 \tag{2.33}$$

采用半无限表面圆形区域内受均匀分布压力位移解为

$$w_1 = \frac{1 - \mu_1^2}{\pi E_1} \iint q \, \mathrm{d}s \, \mathrm{d}\psi \tag{2.34}$$

式中,E_1,μ_1 为下球体的弹性常数;q 为接触压应力;$\mathrm{d}s\mathrm{d}\psi$ 代表接触面的微面积,此处积分是对整个接触面取的。对上球体,也可得到类似关系:

$$w_2 = \frac{1 - \mu_2^2}{\pi E_2} \iint q \, \mathrm{d}s \, \mathrm{d}\psi \tag{2.35}$$

于是有

$$w_1 + w_2 = (k_1 + k_2) \iint q \, \mathrm{d}s \, \mathrm{d}\psi \tag{2.36}$$

式中,$k_1 = \dfrac{1 - \mu_1^2}{\pi E_1}$; $k_2 = \dfrac{1 - \mu_2^2}{\pi E_2}$。

将式(2.36)代入式(2.33),得

$$(k_1 + k_2) \iint q \, \mathrm{d}s \, \mathrm{d}\psi = \alpha - \beta r^2 \tag{2.37}$$

至此将问题归结为寻求未知函数 q 使积分方程(2.37)得到满足。由于对称,接触面一定是圆面积,压力 q 在接触面中心为最大,数值为 q_0,可假定接触圆上的压力分布 q 是与接触圆面上作出以 a 为半径的半球面的纵坐标成正比例,即在半径为 a 的圆面积内作用着按"半球"规律分布的载荷,积分式(2.37),得

$$(k_1 + k_2) \frac{\pi^2 q_0}{4a} (2a^2 - r^2) = \alpha - \beta r^2 \tag{2.38}$$

比较等号两边的系数,有

$$\begin{cases} (k_1 + k_2) \dfrac{\pi^2 q_o a}{2} = \alpha \\ (k_1 + k_2) \dfrac{\pi^2 q_o}{4a} = \beta \end{cases} \tag{2.39}$$

另外,根据平衡条件,上述半球体的体积与载荷集度 q_o/a 的乘积应等于总压力 P,即

$$\frac{q_o}{a} \cdot \frac{2}{3} \pi a^3 = P$$

由此得最大压力为

$$q_o = \frac{3P}{2\pi a^2} \tag{2.40}$$

将式(2.40)代入式(2.39),并利用式(2.31)中 $\beta = \dfrac{R_1 + R_2}{2R_1 R_2}$,解得

$$\begin{cases} a^3 = \dfrac{3\pi P(k_1 + k_2) R_1 R_2}{4(R_1 + R_2)} \\ a^3 = \dfrac{9\pi^2 P^2 (k_1 + k_2)^2 (R_1 + R_2)}{16 R_1 R_2} = h^3 P^2 \end{cases} \tag{2.41}$$

赫兹接触解的另一表达形式更直接反映了两弹性体接触的相互作用力的非线性特征,式(2.42)也称为赫兹接触定律:

$$P = \left(\frac{\alpha}{h} \right)^{\frac{3}{2}} \tag{2.42}$$

相应最大接触压力为

$$q_o = \frac{3P}{2\pi a^2} = \frac{3P}{2\pi} \left[\frac{4(R_1 + R_2)}{3\pi P (k_1 + k_2) R_1 R_2} \right]^{3/2} \tag{2.43}$$

虽然赫兹接触解只能描述简单几何形体,但通过赫兹解可以作为学习和理解弹性接触问题的良好范例,通过赫兹解可以了解接触问题的若干概念和方法,赫兹解还可用来检验有限元计算程序。

2.1.5　有限元法的变分原理基础

力学中的能量与变分原理有很多种,其中虚功原理与最小势能原理都是有限元法的重要理论基础。有限元法的数学基础是变分原理,而力学基础则是能量原理。基于这些原理就可以把连续弹性体的变形求解问题转化为泛函的变分极值问题,从而形成有限元的求解过程。这里简单介绍虚功原理。

虚功原理代表了弹性体平衡的普遍规律,所以可用来研究弹性体的平衡问题。基于虚功原理可以进行有限元公式的推导。弹性体虚位移是指满足变形协调条件和边界约束条件的任意无限小位移。虚功原理可表述为:当一个弹性体在外力作用下处于平衡状态,则对任何约束许可的虚位移来说,外力所做的虚功等于内力的虚功。这里虚功是指真实的力在虚位移上所做的功,其表达式为

$$\delta U = \delta W \tag{2.44}$$

式中,δU 为内力的虚功;δW 为外力的虚功。表达式分别为

$$\delta U = \iiint\limits_V (\sigma_x \delta\varepsilon_x + \sigma_y \delta\varepsilon_y + \sigma_z \delta\varepsilon_z + \sigma_{xy} \delta\gamma_{xy} + \sigma_{yz} \delta\gamma_{yz} + \sigma_{zx} \delta\gamma_{zx}) \mathrm{d}V$$

$$= \iiint\limits_V \boldsymbol{\sigma}^{\mathrm{T}} \delta\boldsymbol{\varepsilon} \, \mathrm{d}V \tag{2.45}$$

$$\delta W = \iiint\limits_V (X\delta u + Y\delta v + Z\delta w) \mathrm{d}V + \iint\limits_A (X_v \delta u + Y_v \delta v + Z_v \delta w) \mathrm{d}A \tag{2.46}$$

这里用 $\delta\varepsilon_x$、$\delta\varepsilon_y$、$\delta\varepsilon_z$、$\delta\gamma_{xy}$、$\delta\gamma_{yz}$、$\delta\gamma_{zx}$ 表示由虚位移 δu、δv、δw 引起的虚应变。

虚功原理通过虚位移和虚应变建立了外力与应力之间的关系。

（1）虚功原理没有涉及物理方程，即没有规定应力与应变之间的具体关系，因此，对弹性、塑性情况均适用。

（2）虚位移原理完全等价于平衡微分方程和力边界条件。由虚位移原理可以导出平衡微分方程和力边界条件。

这样求解弹性力学问题又可叙述为：在所有变形可能的位移场中，寻找所给出的应力能满足虚位移原理的位移场。或者说，真实的位移场除必须是变形可能的位移外，它所给出的应力还应满足虚位移原理。

2.2　弹性小挠度薄板弯曲基本理论

板是工程结构中常见的一种结构。设薄板厚度为 t，板面宽为 b，平分板厚度 t 的平面称为中面。弹性力学中所研究的板问题可以分为以下三种类型：薄膜 $(t/b < (1/80 \sim 1/100))$；薄板 $((1/80 \sim 1/100) < t/b < (1/5 \sim 1/8))$；厚板 $(t/b > (1/5 \sim 1/8))$。其中薄膜一般认为其抗弯能力很低，处理时将其抗弯刚度设为零，横向载荷由板面内的轴向力和板面内的剪切力来承担。而厚板则认为其内部任意点的应力状态与三维物体类似，难以进行简化，有限元分析中一般按照三维问题处理。对图 2.6 所示薄板，则按照薄板理论求解。设薄板厚度为 t，板面宽为 b，平分板厚度 t 的平面称为中面，坐标原点 O 及 x，y 轴取在中面内，z

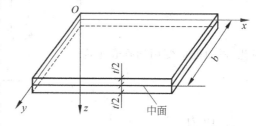

图 2.6　薄板弯曲

轴则垂直于中面。当薄板受任意载荷时可以把载荷分解为两个分量：一个作用在薄板的中面内，另一个垂直于中面。中面内的载荷，可以认为沿薄板厚度均匀分布，所以是平面应力问题，按平面应力问题解决。而垂直于中面的载荷使薄板弯曲，要用板弯曲理论求解。在小挠度弹性薄板弯曲理论中，有以下基本假设（克希霍夫假设）：

（1）变形前垂直于中面的直法线在变形后仍是弹性曲面的法线。垂直于中面的正应力和剪应力 $(\sigma_z, \tau_{yz}, \tau_{xz})$ 比起平行于中面的基本应力 $(\sigma_x, \sigma_y, \tau_{xy})$ 是很小的，在计算变形时可以略去，即认为 $\gamma_{zx} = 0$，$\gamma_{zy} = 0$。

（2）板厚方向的位移沿板的厚度是不变的，与中面的 w 一致，即有：$\varepsilon_z = \dfrac{\partial w}{\partial z} = 0$，而

$w(x,y,z) \approx w(x,y)$。垂直于中面的位移称为挠度 w,板变形后板的中面将成为一个曲面。

1. 位移

由以上基本假设和空间问题几何方程,有

$$w = w(x,y), \quad u = -z\frac{\partial w}{\partial x}, \quad v = -z\frac{\partial w}{\partial y} \tag{2.47}$$

挠度 $w(x,y)$ 是薄板变形的基本参量,由挠度可算出弹性曲面沿 x 轴及 y 轴方向的转角和板中各点在 x 轴及 y 轴方向上的位移分量 u、v。

2. 应变

由基本假设(1)及(2),薄板弯曲问题只考虑 ε_x,ε_y,γ_{xy} 三个应变分量。由几何方程(2.24)及式(2.47),弯曲问题的应变和挠度之间的几何方程为

$$\boldsymbol{\varepsilon} = \begin{bmatrix} \varepsilon_x \\ \varepsilon_y \\ \gamma_{xy} \end{bmatrix} = \begin{bmatrix} \dfrac{\partial u}{\partial x} \\ \dfrac{\partial v}{\partial y} \\ \dfrac{\partial u}{\partial y} + \dfrac{\partial v}{\partial x} \end{bmatrix} = -z \begin{bmatrix} \dfrac{\partial^2 w}{\partial x^2} \\ \dfrac{\partial^2 w}{\partial y^2} \\ 2\dfrac{\partial^2 w}{\partial x \partial y} \end{bmatrix} \tag{2.48}$$

将中面 x、y 方向的曲率 $\dfrac{1}{\rho_x}$,$\dfrac{1}{\rho_y}$ 及 x、y 方向的扭曲率 $\dfrac{1}{\rho_{xy}}$ 定义为形变分量:

$$\frac{1}{\boldsymbol{\rho}} = \begin{bmatrix} \dfrac{1}{\rho_x} \\ \dfrac{1}{\rho_y} \\ \dfrac{1}{\rho_{xy}} \end{bmatrix} = \begin{bmatrix} -\dfrac{\partial^2 w}{\partial x^2} \\ -\dfrac{\partial^2 w}{\partial y^2} \\ -2\dfrac{\partial^2 w}{\partial x \partial y} \end{bmatrix} \tag{2.49}$$

因此,板内的应变用列阵表示为

$$\boldsymbol{\varepsilon} = z\frac{1}{\boldsymbol{\rho}} \tag{2.50}$$

3. 应力

根据应变关系和广义胡克定律,有

$$\begin{cases} \sigma_x = -\dfrac{Ez}{1-\mu^2}\left(\dfrac{\partial^2 w}{\partial x^2} + \mu\dfrac{\partial^2 w}{\partial y^2}\right) \\ \sigma_y = -\dfrac{Ez}{1-\mu^2}\left(\mu\dfrac{\partial^2 w}{\partial x^2} + \dfrac{\partial^2 w}{\partial y^2}\right) \\ \tau_{xy} = -\dfrac{Ez}{1+\mu}\dfrac{\partial^2 w}{\partial x \partial y} \end{cases} \tag{2.51}$$

写成矩阵形式为

$$\boldsymbol{\sigma} = \boldsymbol{D}_p\boldsymbol{\varepsilon} = z\boldsymbol{D}_p\frac{1}{\boldsymbol{\rho}} \tag{2.52}$$

式中,$\boldsymbol{D}_p$ 与平面应力问题弹性系数矩阵一样。

$$\boldsymbol{D}_p = \frac{E}{1-\mu^2}\begin{bmatrix} 1 & \mu & 0 \\ \mu & 1 & 0 \\ 0 & 0 & \dfrac{1-\mu}{2} \end{bmatrix} \qquad (2.53)$$

4. 内力矩

图 2.7 是薄板横截面上的应力分布情况,它们在板的侧面形成力矩,正应力形成弯矩,而剪应力形成扭矩,图 2.8 为各力矩的作用图。Q_x、Q_y;M_x、M_y;M_{xy}、M_{yx} 分别为平行于 y 轴和 x 轴的单位宽度上的剪力、弯矩和扭矩。其中 M_x,M_y,M_{xy} 是 σ_x,σ_y,τ_{xy} 在板截面上的合力矩。

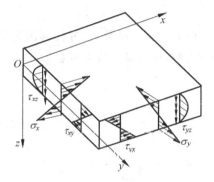

图 2.7 薄板截面应力分布

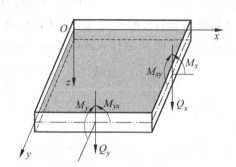

图 2.8 薄板内力

$$\begin{cases} M_x = -D\left(\dfrac{\partial^2 w}{\partial x^2} + \mu \dfrac{\partial^2 w}{\partial y^2}\right) \\[2mm] M_y = -D\left(\dfrac{\partial^2 w}{\partial y^2} + \mu \dfrac{\partial^2 w}{\partial x^2}\right) \\[2mm] M_{xy} = M_{yx} = -D(1-\mu)\dfrac{\partial^2 w}{\partial x \partial y} \end{cases} \qquad (2.54)$$

写成矩阵形式为

$$\boldsymbol{M} = \begin{bmatrix} M_x \\ M_y \\ M_{xy} \end{bmatrix} = \int_{-t/2}^{t/2} \boldsymbol{\sigma} z\, \mathrm{d}z = \boldsymbol{D}_p \frac{1}{\rho} \int_{-t/2}^{t/2} z^2 \mathrm{d}z = \frac{t^3}{12} \boldsymbol{D}_p \frac{1}{\rho} = \boldsymbol{D} \frac{1}{\rho} \qquad (2.55)$$

式中,$\boldsymbol{D}$ 为薄板弯曲的弹性系数矩阵。

$$\boldsymbol{D} = \frac{Et^3}{12(1-\mu^2)}\begin{bmatrix} 1 & \mu & 0 \\ \mu & 1 & 0 \\ 0 & 0 & \dfrac{1-\mu}{2} \end{bmatrix}$$

而 $D = \dfrac{Et^3}{12(1-\mu^2)}$ 称为板的弯曲刚度。

分析薄板微元体的平衡可以得到

$$\frac{\partial Q_x}{\partial x} + \frac{\partial Q_y}{\partial y} + q = 0 \qquad (2.56)$$

$$
\begin{cases}
\dfrac{\partial M_x}{\partial x} + \dfrac{\partial M_{yx}}{\partial y} - Q_x = 0 \\[3mm]
\dfrac{\partial M_{xy}}{\partial x} + \dfrac{\partial M_y}{\partial y} - Q_y = 0
\end{cases}
\tag{2.57}
$$

由式(2.54)和式(2.57)可得

$$
\begin{cases}
Q_x = -D\dfrac{\partial}{\partial x}\left(\dfrac{\partial^2 w}{\partial x^2} + \dfrac{\partial^2 w}{\partial y^2}\right) \\[3mm]
Q_y = -D\dfrac{\partial}{\partial y}\left(\dfrac{\partial^2 w}{\partial x^2} + \dfrac{\partial^2 w}{\partial y^2}\right)
\end{cases}
\tag{2.58}
$$

将式(2.58)代入方程(2.56)后,便得到等厚度矩形薄板弯曲时的挠度微分方程

$$
\frac{\partial^4 w}{\partial x^4} + 2\frac{\partial^4 w}{\partial x^2 \partial y^2} + \frac{\partial^4 w}{\partial y^4} = \frac{q}{D}
\tag{2.59}
$$

于是矩形板的弯曲问题就归结为由微分方程(2.59)求出挠度函数 w,并使其满足给定的边界条件。求得 w 后代入式(2.51)、式(2.54)即可得到板中的基本应力分量为

$$
\begin{cases}
\sigma_x = \dfrac{12M_x}{t^3}z \\[3mm]
\sigma_y = \dfrac{12M_y}{t^3}z \\[3mm]
\tau_{xy} = \tau_{yx} = \dfrac{12M_{xy}}{t^3}z
\end{cases}
\tag{2.60}
$$

显然,薄板的上下表面,即 $z = \pm\dfrac{t}{2}$ 时的应力值为最大。

5. 虚功方程

前面讨论过的虚功方程,对薄板同样适用。设节点虚位移为 $\boldsymbol{\delta}^*$,单元内的虚应变为 $\boldsymbol{\varepsilon}^* = z\dfrac{1}{\rho^*}$,单元内的应力如式(2.60)所示,则虚功方程为

$$
\boldsymbol{\delta}^{*\mathrm{T}}\boldsymbol{F}^e = \iiint \boldsymbol{\varepsilon}^{*\mathrm{T}}\boldsymbol{\sigma}\,\mathrm{d}x\mathrm{d}y\mathrm{d}z = \frac{12}{t^3}\int_{-t/2}^{t/2} z^2\,\mathrm{d}z \iint \left(\frac{1}{\rho^*}\right)^{\mathrm{T}}\boldsymbol{M}\,\mathrm{d}x\mathrm{d}y
$$

$$
= \iint \left(\frac{1}{\rho^*}\right)^{\mathrm{T}}\boldsymbol{M}\,\mathrm{d}x\mathrm{d}y
$$

2.3 动力学问题基本方程

前面各章讲述的静力分析用于计算由那些不包括惯性和阻尼效应的载荷作用于结构或部件上引起的位移、应力、应变和力。固定不变的载荷和响应是一种假定:即假定载荷和结构的响应随时间的变化非常缓慢。一种观点认为当结构外载荷激振频率不超过结构最低固有频率的三分之一时,就可以将其作为静力学问题处理。当结构承受载荷作用而处在非平衡状态,或由于结构的弹性和惯性而围绕平衡位置振动时,其位移、应力等都是时间的函数,各点还有速度和加速度,这就是动力问题。汽车结构大都受到随时间变化的动载荷作用,因

此结构的位移、应变、应力等不再仅是位置坐标的函数,同时还是时间的函数。根据弹性动力学理论,弹性动力学基本方程中几何方程和物理方程与静力学方程一样,而平衡方程还应考虑系统惯性、阻尼特性的影响。其空间弹性动力学问题的基本方程为

$$
\begin{cases}
\dfrac{\partial \sigma_x}{\partial x} + \dfrac{\partial \tau_{yx}}{\partial y} + \dfrac{\partial \tau_{zx}}{\partial z} + X = \rho\,\dfrac{\partial^2 u}{\partial t^2} + c\,\dfrac{\partial u}{\partial t} \\[2mm]
\dfrac{\partial \tau_{xy}}{\partial x} + \dfrac{\partial \sigma_y}{\partial y} + \dfrac{\partial \tau_{zy}}{\partial z} + Y = \rho\,\dfrac{\partial^2 v}{\partial t^2} + c\,\dfrac{\partial v}{\partial t} \\[2mm]
\dfrac{\partial \tau_{xz}}{\partial x} + \dfrac{\partial \tau_{yz}}{\partial y} + \dfrac{\partial \sigma_z}{\partial z} + Z = \rho\,\dfrac{\partial^2 w}{\partial t^2} + c\,\dfrac{\partial w}{\partial t}
\end{cases}
\tag{2.61}
$$

式中,ρ 为质量密度;c 为阻尼系数。式(2.61)右端两项分别代表惯性力和阻尼力。包含惯性力和阻尼力项的平衡方程通常称为运动方程。其余几何方程、物理方程和边界条件与2.1节相同。由于运动方程与时间有关,求解运动物体时,除了运动方程、几何关系、物理方程和边界条件外,其定解条件还应包括初始条件。但是上述偏微分方程组的求解非常困难,对于汽车结构,由于边界条件复杂,要求出其解析解几乎是不可能的。而动力学问题的有限元法,是目前求解结构动力学问题最为有效的近似方法。

由于动力学问题有限元法中出现了时间变量,因此对求解域的离散就包括了空间和时间两个方面。离散化的形式可采用空间离散、时间离散或空间 时间离散。目前动力学有限元程序中普遍采用的是空间离散方式,而时间取定为某一瞬时。因为若在时间区间上进行离散,则需要在任何时间 t 上都满足方程(2.61),若在离散的空间区间上满足方程(2.61),则只需要去寻求在一些离散的时间点上的平衡,即将动力分析看作在 t 时刻的静力平衡方程来求解,不过在此静力平衡方程中包含有惯性力和阻尼力的影响。

动力分析的问题主要有下列类型。

(1) 瞬态分析(时间-历程分析):用于确定结构承受随时间任意变化载荷时的动力响应。

(2) 模态分析:用于计算结构的固有频率和振形,结构的模态和频率能有助于分析动力响应特征,其分析结果也用于确定后继瞬态动力分析的模态数目和积分时间步长。

(3) 谐响应分析:用于确定结构在随时间正弦变化的载荷作用下的响应。

(4) 响应谱分析:用于求解冲击载荷条件下的结构响应,是模态分析的应用拓广。使用模态分析的结果,利用已知的响应谱数据,计算每一个固有频率点在结构中发生的位移和应力。

(5) 随机振动分析:用于研究结构对随机激励的响应,它就是一种谱分析。如研究汽车结构受路面载荷谱的影响。

2.4 塑性力学基础

塑性力学是固体力学的一个分支,它的任务是研究物体发生塑性变形时的应力分布和应变分布的规律。塑性变形过程是不可逆过程,其本质上是非线性的,所以它的求解比弹性力学困难得多。在弹塑性小变形情况下,弹性力学中的平衡方程和几何关系仍然成立,二者

的差别主要表现在物理关系上,这也带来了处理方法上的不同。

塑性力学主要由三个重要部分组成。

- 屈服准则:确定应力状态是在弹性范围还是处于塑性状态;
- 塑性本构关系:确定塑性应变增量与当前应力状态的关系;
- 硬化定律:确定初始屈服随着塑性应变的增加后继屈服准则的变化情况。

1. 屈服准则

多数金属材料在单向拉伸下的应力-应变曲线如图 2.9 所示。当应力小于屈服极

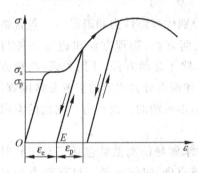

图 2.9 弹塑性应力-应变关系

限 σ_s 时,应力和应变呈现线弹性关系;而应力超过屈服极限后,应力和应变呈现出非线性关系。经过屈服阶段后,材料又恢复了抵抗变形的能力,必须增加载荷才能继续产生变形,这种现象称为材料的强化。材料屈服后,卸载都是弹性的,斜率等于 E,在加载和卸载的过程中应力和应变服从不同的规律。当载荷完全卸掉后,试件中会留下残余变形。因此,材料屈服后,应力和应变之间不再是单值对应的关系,而是与加载历史有关,这是区别于非线性弹性材料的基本属性。

对于简单应力状态,如单向拉伸,可以根据实验很容易确定其屈服条件。复杂应力状态下,则采用应力的某种组合作为判断材料是否进入塑性状态的准则。材料屈服准则有很多种,对于金属类材料已经建立了统一的屈服准则,在有限元分析中一般采用密塞斯(Mises)屈服准则,屈服准则的值也称为等效应力。Mises 屈服准则假定,材料在复杂应力状态下的等效应力达到单向拉伸极限时,材料就开始屈服。Mises 屈服条件为

$$\bar{\sigma} = \left\{ \frac{1}{2} \left[(\sigma_1 - \sigma_2)^2 + (\sigma_2 - \sigma_3)^2 + (\sigma_3 - \sigma_1)^2 \right] \right\}^{\frac{1}{2}} = \sigma_s \tag{2.62}$$

Mises 屈服准则在主应力空间中的屈服面是一个以 $\sigma_1 = \sigma_2 = \sigma_3$ 为轴的圆柱面,在平面应力状态下,屈服面是一个椭圆(图 2.10)。在屈服面内的任何应力状态,都是弹性的,而屈服面外的任何应力状态都会引起屈服,另外,屈服与静水压应力无关。

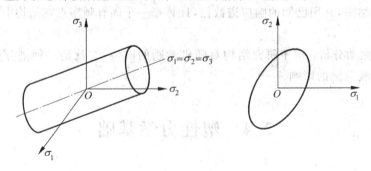

图 2.10 Mises 准则屈服面

若引进应力偏量

$$
\begin{cases}
S_x = \sigma_x - \sigma_m, & S_{xy} = \tau_{xy} \\
S_y = \sigma_y - \sigma_m, & S_{yz} = \tau_{yz} \\
S_z = \sigma_z - \sigma_m, & S_{zx} = \tau_{zx}
\end{cases}
\tag{2.63}
$$

式中，$\sigma_m = \dfrac{\sigma_x + \sigma_y + \sigma_z}{3}$ 是平均应力，且 $S_x + S_y + S_z = 0$，则等效应力可用应力偏量表示为

$$
\bar{\sigma} = \left\{ \frac{3}{2} \left[S_x^2 + S_y^2 + S_z^2 + 2(S_{xy}^2 + S_{yz}^2 + S_{zx}^2) \right] \right\}^{\frac{1}{2}}
\tag{2.64}
$$

随着塑性变形的发展，后继屈服面或加载面也随之改变。

2. 塑性本构关系

塑性力学中应力与应变之间的关系，即本构关系可分为两大类：一类是全量理论，一类是增量理论。全量理论认为应力和应变之间存在一一对应关系，因而由应力和应变的终值（全量）建立起塑性本构方程。全量理论只能在简单加载条件下成立。如前所述，塑性本构关系与弹性物理关系的最大区别在于应力与应变之间不再存在一一对应关系，一般只能建立应力与应变增量之间的关系，这种用增量形式表示的塑性本构关系就称为增量理论或流动理论。增量理论有多种表述形式，这里仅介绍普朗特-路斯（Prandtl-Reuss）塑性增量理论。与等效应力对应，定义等效塑性应变增量为

$$
\begin{aligned}
\mathrm{d}\bar{\varepsilon}_p = \frac{\sqrt{2}}{3} \Big[& (\mathrm{d}\varepsilon_{xp} - \mathrm{d}\varepsilon_{yp})^2 + (\mathrm{d}\varepsilon_{yp} - \mathrm{d}\varepsilon_{zp})^2 + (\mathrm{d}\varepsilon_{zp} - \mathrm{d}\varepsilon_{xp})^2 + \\
& \frac{3}{2} (\mathrm{d}\gamma_{xyp}^2 + \mathrm{d}\gamma_{yzp}^2 + \mathrm{d}\gamma_{zxp}^2) \Big]^{\frac{1}{2}}
\end{aligned}
\tag{2.65}
$$

若记

$$
\mathrm{d}\bar{\boldsymbol{\varepsilon}}_p = \begin{bmatrix} \mathrm{d}\varepsilon_{xp} & \mathrm{d}\varepsilon_{yp} & \mathrm{d}\varepsilon_{zp} & \dfrac{\mathrm{d}\gamma_{xyp}}{\sqrt{2}} & \dfrac{\mathrm{d}\gamma_{yzp}}{\sqrt{2}} & \dfrac{\mathrm{d}\gamma_{zxp}}{\sqrt{2}} \end{bmatrix}^{\mathrm{T}}
$$

则等效塑性应变增量可写为

$$
\begin{aligned}
\mathrm{d}\bar{\varepsilon}_p = \frac{\sqrt{2}}{3} \Big[& (\mathrm{d}\varepsilon_{xp})^2 + (\mathrm{d}\varepsilon_{yp})^2 + (\mathrm{d}\varepsilon_{zp})^2 + \\
& \frac{1}{2} (\mathrm{d}\gamma_{xyp}^2 + \mathrm{d}\gamma_{yzp}^2 + \mathrm{d}\gamma_{zxp}^2) \Big]^{\frac{1}{2}}
\end{aligned}
\tag{2.66}
$$

实验表明，材料进入屈服以后等效应力与等效塑性应变总量有以下关系：

$$
\bar{\sigma} = H \int \mathrm{d}\bar{\varepsilon}_p
\tag{2.67}
$$

该函数可由单向拉伸实验加以确定。式(2.67)反映了等向强化材料屈服和强化之间的关系，称为等向强化材料的 Mises 准则。将式(2.67)求导得

$$
H' = \frac{\mathrm{d}\bar{\sigma}}{\mathrm{d}\bar{\varepsilon}_p}
\tag{2.68}
$$

对于金属类材料，理论和实验研究表明，塑性应变增量和屈服面之间存在如下关系：

$$
\mathrm{d}\boldsymbol{\varepsilon}_p = \lambda \frac{\partial \bar{\sigma}}{\partial \boldsymbol{\sigma}}
\tag{2.69}
$$

式中，λ 是一个待定的比例常数。不难证明，$\lambda = \mathrm{d}\bar{\varepsilon}_p$，则式(2.69)可表示为

$$d\boldsymbol{\varepsilon}_p = d\bar{\varepsilon}_p \frac{\partial \bar{\sigma}}{\partial \boldsymbol{\sigma}} \tag{2.70}$$

式(2.70)可解释为塑性应变增量"向量"垂直于 n 维应力空间的屈服面,且沿着加载面的外法线方向。

设材料进入屈服后,总应变增量可分成弹性和塑性两部分:

$$d\boldsymbol{\varepsilon} = d\boldsymbol{\varepsilon}_e + d\boldsymbol{\varepsilon}_p \tag{2.71}$$

弹性应变增量与应力增量是线性关系,可写成

$$d\boldsymbol{\sigma} = \boldsymbol{D}_e(d\boldsymbol{\varepsilon} - d\boldsymbol{\varepsilon}_p) \tag{2.72}$$

式中, $\boldsymbol{D}_e$ 是弹性矩阵。用 $\left(\dfrac{\partial \bar{\sigma}}{\partial \boldsymbol{\sigma}}\right)^{\mathrm{T}}$ 左乘上式的两边,得

$$\left(\frac{\partial \bar{\sigma}}{\partial \boldsymbol{\sigma}}\right)^{\mathrm{T}} d\boldsymbol{\sigma} = \left(\frac{\partial \bar{\sigma}}{\partial \boldsymbol{\sigma}}\right)^{\mathrm{T}} \boldsymbol{D}_e(d\boldsymbol{\varepsilon} - d\boldsymbol{\varepsilon}_p)$$

利用式(2.68)和式(2.70),由上式求得等效塑性应变增量 $d\bar{\varepsilon}_p$ 和总应变增量 $d\boldsymbol{\varepsilon}$ 之间的关系式为

$$d\bar{\varepsilon}_p = \frac{\left(\dfrac{\partial \bar{\sigma}}{\partial \boldsymbol{\sigma}}\right)^{\mathrm{T}} \boldsymbol{D}_e}{H' + \left(\dfrac{\partial \bar{\sigma}}{\partial \boldsymbol{\sigma}}\right)^{\mathrm{T}} \boldsymbol{D}_e \dfrac{\partial \bar{\sigma}}{\partial \boldsymbol{\sigma}}} d\boldsymbol{\varepsilon}$$

将式(2.70)代入式(2.72),并应用上式得

$$d\boldsymbol{\sigma} = \left[\boldsymbol{D}_e - \frac{\boldsymbol{D}_e \dfrac{\partial \bar{\sigma}}{\partial \boldsymbol{\sigma}} \left(\dfrac{\partial \bar{\sigma}}{\partial \boldsymbol{\sigma}}\right)^{\mathrm{T}} \boldsymbol{D}_e}{H' + \left(\dfrac{\partial \bar{\sigma}}{\partial \boldsymbol{\sigma}}\right)^{\mathrm{T}} \boldsymbol{D}_e \dfrac{\partial \bar{\sigma}}{\partial \boldsymbol{\sigma}}}\right] d\boldsymbol{\varepsilon} \tag{2.73}$$

记

$$\boldsymbol{D}_p = \frac{\boldsymbol{D}_e \dfrac{\partial \bar{\sigma}}{\partial \boldsymbol{\sigma}} \left(\dfrac{\partial \bar{\sigma}}{\partial \boldsymbol{\sigma}}\right)^{\mathrm{T}} \boldsymbol{D}_e}{H' + \left(\dfrac{\partial \bar{\sigma}}{\partial \boldsymbol{\sigma}}\right)^{\mathrm{T}} \boldsymbol{D}_e \dfrac{\partial \bar{\sigma}}{\partial \boldsymbol{\sigma}}} \tag{2.74}$$

$$\boldsymbol{D}_{ep} = \boldsymbol{D}_e - \boldsymbol{D}_p \tag{2.75}$$

$\boldsymbol{D}_{ep}$ 通常称为弹塑性矩阵,最终得增量形式的应力应变关系为

$$d\boldsymbol{\sigma} = \boldsymbol{D}_{ep} d\boldsymbol{\varepsilon} \tag{2.76}$$

显然系数矩阵 $\boldsymbol{D}_{ep}$ 与当时的应力水平有关,所以这个关系是非线性的。对于理想塑性材料,取 $H'=0$ 即可。

3. 硬化定律

对于硬化材料,常用的强化法则有等向强化、随动强化和混合强化法则等。等向强化加载面形状和中心位置都不变,屈服面在所有方向均匀扩张,它假定材料在强化后仍保持各向同性的性质,等向强化可理解为材料某一方向上因加载后屈服极限得到提高,所有其他方向的屈服极限都将因此而得到同等程度的提高,屈服面在所有方向均匀扩张,见图 2.11。随动强化则假定屈服面的形状和大小不变,中心位置和加载面在屈服的方向上作刚体移动。当某个方向的屈服应力升高时,其相反方向的屈服应力应该降低,材料在强化后为各向异性,见图 2.12。而混合强化时加载面大小、位置和中心都改变,它

是前面两种情况的综合。

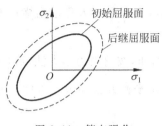

图 2.11　等向强化

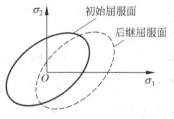

图 2.12　随动强化

思　考　题

2-1　弹性力学的研究内容、研究方法与材料力学有何异同之处？

2-2　为什么要分析一点的应力状态与应变状态？

2-3　平面应力与平面应变的相同点与不同点是什么？为什么两者应力分布是相同的？

2-4　什么样的问题可以简化成平面应力问题或平面应变问题？

2-5　平面问题的变形协调条件的物理意义是什么？有什么用途？

2-6　薄板理论的基本假定在哪些方面使问题得到简化？为什么？

2-7　赫兹接触解将接触面看作为弹性半空间体进行求解，是否存在近似性？为什么？

练　习　题

2-1　如题图 2.1 所示的变截面杆，受轴向载荷 P 的作用，试确定此杆两侧外表面处的 σ_x 和在材料力学中通常被忽略的应力 σ_y，τ_{xy} 之间的关系。

2-2　如题图 2.2 所示的三角形截面水坝，其左侧作用有比重为 γ 的液体，右侧为自由表面。试写出以应力分量表示的边界条件。

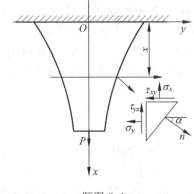

题图 2.1

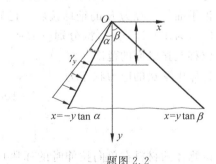

题图 2.2

2-3　就线弹性问题写出平面问题三类基本方程,二类边界条件,并指出自变量。

2-4　已知矩形截面梁横向弯曲时的正应力为 $\sigma_x = \dfrac{M}{I} y$,试利用平衡方程求出横截面上剪应力的公式 τ_{xy}。

2-5　如题图 2.3 所示矩形截面梁承受均布载荷而发生弯曲,按材料力学方法求得的应力分量为 $\sigma_x = \dfrac{M}{I} y, \tau_{xy} = \dfrac{QS}{Ib}$,试检查该应力分量是否满足平衡方程和边界条件。并求出 σ_y 的表达式。

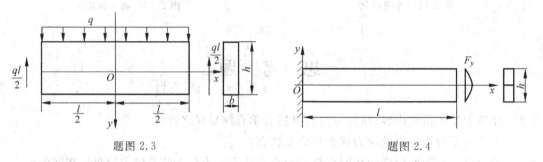

题图 2.3 　　　　　　　　　　　　　　题图 2.4

2-6　已知应变分量为

$$\varepsilon_x = Axy, \quad \varepsilon_y = By^3, \quad \gamma_{xy} = C - Dy^2$$

试确定该应变分量是否符合变形协调条件? 若符合,试确定系数与该物体体积力的关系。

2-7　试求平均正应力 $\bar{\sigma} = \dfrac{1}{3}(\sigma_x + \sigma_y + \sigma_z)$ 与平均正应变 $\bar{\varepsilon} = \dfrac{1}{3}(\varepsilon_x + \varepsilon_y + \varepsilon_z)$ 之间的关系。

2-8　如题图 2.4 所示矩形截面的杆件自由端受力 P 作用,力 P 的分布规律为 $F_y = -\dfrac{P}{2I}\left(\dfrac{h^2}{4} - y^2\right)$,按材料力学方法求得应力分量为 $\sigma_x = \dfrac{P(l-x)}{I} y, \tau_{xy} = -\dfrac{P}{2I}\left(\dfrac{h^2}{4} - y^2\right)$, $\sigma_y = 0$。

试检查该应力分量是否满足平衡方程和边界条件。

2-9　设物体处于平面应变状态,试证明在单连域内,为保证 $u(x,y), v(x,y)$ 的单值性,应变分量 $\varepsilon_x, \varepsilon_y, \gamma_{xy}$ 必须满足变形协调条件 $\dfrac{\partial^2 \varepsilon_y}{\partial x^2} + \dfrac{\partial^2 \varepsilon_x}{\partial y^2} = \dfrac{\partial^2 \gamma_{xy}}{\partial x \partial y}$,并证明它的充分性。

2-10　在平面应力问题中,取 $\sigma_z = \tau_{xz} = \tau_{yz} = 0$,试将 Mises 屈服准则用 $\sigma_x, \sigma_y, \tau_{xy}$ 表示出来。

2-11　火车车轮与轨道接触,已知车轮半径 $R_1 = 500\,\text{mm}$,轨道的曲率半径 $R_2 = 300\,\text{mm}$,压力 $P = 5\,\text{kN}$,材料皆为钢,$E = 2.1 \times 10^5\,\text{N/mm}^2, \mu = 0.3$,试求最大压应力 q_0。

2-12　钢平面与半径为 R 的钢球接触。已知钢球受到压力,$P = 0.132\,\text{N}$,若材料的许用压应力为 $150\,\text{N/mm}^2$,试分别就 $R = 1\,\text{mm}, 10\,\text{mm}, 100\,\text{mm}$ 三种情况,求出钢球中心的位移及接触面的范围。

2-13　物体中某点的应力状态为

$$\sigma_{ij} = \begin{bmatrix} -100 & 0 & 0 \\ 0 & -200 & 0 \\ 0 & 0 & -300 \end{bmatrix} \text{MPa}$$

该物体的材料在单向拉伸时的屈服应力为 $\sigma_s = 190\,\text{MPa}$,试用 Mises 屈服准则判断该点是处于弹性状态,还是处于塑性状态。

第 3 章

平面结构问题的有限单元法

弹性力学研究的问题可以分为平面问题和空间问题两大类。而平面问题又可以分为平面应力问题和平面应变问题。用弹性力学经典解法解决实际问题的主要困难在于求解偏微分方程的复杂性,所求解满足弹性力学基本方程的位移函数、应变函数、应力函数的表达式要覆盖整个区域,还要满足边界条件;因此求解这样的函数形式是十分困难的。而有限元法则将原来连续的弹性体离散化,其中最简单的就是采用三角形单元对弹性体进行划分。相应对每个三角形单元选择最简单的线性函数为位移模式,单元中任一点的位移可以通过 3 个节点的位移进行插值运算,这样整个区域中无限多个未知位移量就可以用有限个节点来表示,从而避免了求解覆盖整个区域的位移函数的困难。平面问题的有限元法,不仅可用来解决实际问题,而且通过其相对简单的概念,可以详细了解用有限元法对一般弹性体进行应力分析的基本原理和方法步骤,了解有限元法的性能特点、使用中应注意的问题,从而为学习后续各章节打下基础。从教学观点看,通过学习平面问题有限元的基本概念和方法,就能容易地理解有限元法中所通用的理论框架与核心问题。学习并掌握了有限元基本理论及分析方法后,就可将其思想推广到各种结构形式,并应用于工程结构设计中。

对一个形状复杂的弹性体,要想用某种函数来描述结构整体内部任一点的位移是不大可能的。但是如果把弹性体离散为有限个单元体,就可以利用其节点的位移来构造出单元的位移插值函数,即位移函数。平面问题中用来离散的单元类型有多种,最常用的单元是三角形单元和矩形单元。图 3.1 所示为三角形三节点单元和四边形四节点单元。图 3.2 所示两种平面问题分别采用了矩形单元和三角形单元划分网格。本章仅就平面三角形常应变单元展开详细介绍,至于其他类型单元在第 4 章统一介绍。

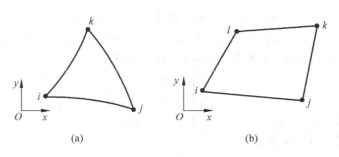

(a)　　　　　　　　　　　(b)

图 3.1　三角形与四边形单元

(a) 三角形单元;(b) 四边形单元

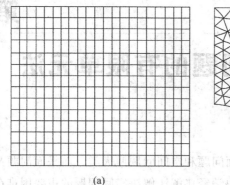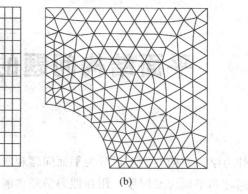

(a)　　　　　　　　　　　　　(b)

图 3.2　三角形与四边形单元划分网格

(a)四边形单元；(b)三角形单元

3.1　平面三角形常应变单元位移模式

　　图 3.3 为任一三角形单元。设其顶点为节点，节点编号按右手法则依次为 i、j、m。每个节点在平面内存在沿 x 轴和 y 轴的位移 u、v，单元的 3 个节点共有 6 项位移分量。单元内任一点 (x,y) 的位移 $u(x,y)$、$v(x,y)$ 可假设为坐标 x、y 的某种函数，即可选用适当的位移函数表示，这种函数也称为位移模式。

　　一种简单的线性位移函数为

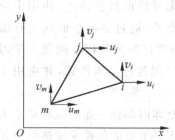

图 3.3　三角形单元

$$\begin{cases} u = \alpha_1 + \alpha_2 x + \alpha_3 y \\ v = \alpha_4 + \alpha_5 x + \alpha_6 y \end{cases} \tag{3.1}$$

式中，α_1、α_2、$\cdots$、α_6 为 6 个待定常数，可以由单元的节点位移确定。

　　设节点 i,j,m 的坐标分别为 (x_i,y_i)、(x_j,y_j)、(x_m,y_m)，其节点位移为 (u_i,v_i)、(u_j,v_j)、(u_m,v_m)，将它们代入上式得

$$\begin{cases} u_i = \alpha_1 + \alpha_2 x_i + \alpha_3 y_i, & v_i = \alpha_4 + \alpha_5 x_i + \alpha_6 y_i \\ u_j = \alpha_1 + \alpha_2 x_j + \alpha_3 y_j, & v_j = \alpha_4 + \alpha_5 x_j + \alpha_6 y_j \\ u_m = \alpha_1 + \alpha_2 x_m + \alpha_3 y_m, & v_m = \alpha_4 + \alpha_5 x_m + \alpha_6 y_m \end{cases} \tag{3.2}$$

联立求解上述公式左边的 3 个方程，可以求出待定常数 α_1、α_2、α_3：

$$\alpha_1 = \frac{1}{2A} \begin{vmatrix} u_i & x_i & y_i \\ u_j & x_j & y_j \\ u_m & x_m & y_m \end{vmatrix}, \quad \alpha_2 = \frac{1}{2A} \begin{vmatrix} 1 & u_i & y_i \\ 1 & u_j & y_j \\ 1 & u_m & y_m \end{vmatrix}, \quad \alpha_3 = \frac{1}{2A} \begin{vmatrix} 1 & x_i & u_i \\ 1 & x_j & u_j \\ 1 & x_m & u_m \end{vmatrix} \tag{3.3}$$

式中，A 为三角形单元 ijm 的面积：

$$A = \frac{1}{2} \begin{vmatrix} 1 & x_i & y_i \\ 1 & x_j & y_j \\ 1 & x_m & y_m \end{vmatrix}$$

为使求得的面积 A 为正值,单元节点编号 i,j,m 的次序必须是逆时针转向。至于将哪个节点作为起始节点 i,则没有关系。将式(3.3)代入式(3.1)的第一式,整理后得

$$u = \frac{1}{2A}\big[(a_i + b_i x + c_i y)u_i + (a_j + b_j x + c_j y)u_j + $$
$$(a_m + b_m x + c_m y)u_m\big] \tag{3.4}$$

同理可得

$$v = \frac{1}{2A}\big[(a_i + b_i x + c_i y)v_i + (a_j + b_j x + c_j y)v_j + $$
$$(a_m + b_m x + c_m y)v_m\big] \tag{3.5}$$

式中

$$\begin{cases} a_i = x_j y_m - x_m y_j \\ b_i = y_j - y_m \qquad (i=i,j,m) \\ c_i = -x_j + x_m \end{cases} \tag{3.6}$$

下标 i,j,m 按顺序轮换。如令

$$N_i = \frac{1}{2A}(a_i + b_i x + c_i y) \quad (i=i,j,m) \tag{3.7}$$

就得到由节点位移表达单元内任一点位移的插值公式,即位移模式的另一形式:

$$\begin{cases} u = N_i u_i + N_j u_j + N_m u_m \\ v = N_i v_i + N_j v_j + N_m v_m \end{cases} \quad (i=i,j,m) \tag{3.8}$$

函数 N_i 表示单元内部的位移分布形态,故 N_i、N_j、N_m 可称为单元的形状函数,简称为形函数。通常把式(3.8)写成矩阵形式:

$$f = \begin{bmatrix} u \\ v \end{bmatrix} = \begin{bmatrix} N_i & 0 & N_j & 0 & N_m & 0 \\ 0 & N_i & 0 & N_j & 0 & N_m \end{bmatrix} \boldsymbol{\delta}^e = \boldsymbol{N}\boldsymbol{\delta}^e \tag{3.9}$$

式中,$\boldsymbol{N}$ 称为形函数矩阵,其维数为 2×6:

$$\boldsymbol{N} = \begin{bmatrix} N_i & 0 & N_j & 0 & N_m & 0 \\ 0 & N_i & 0 & N_j & 0 & N_m \end{bmatrix} \tag{3.10}$$

3.2　单元应变和应力

有了单元的位移模式,就可以用几何方程求得单元的应变。将式(3.4)、式(3.5)代入式(2.24),得到应变和节点位移的关系式:

$$\begin{bmatrix} \varepsilon_x \\ \varepsilon_y \\ \gamma_{xy} \end{bmatrix} = \frac{1}{2A} \begin{bmatrix} b_i & 0 & b_j & 0 & b_m & 0 \\ 0 & c_i & 0 & c_j & 0 & c_m \\ c_i & b_i & c_j & b_j & c_m & b_m \end{bmatrix} \begin{bmatrix} u_i \\ v_i \\ u_j \\ v_j \\ u_m \\ v_m \end{bmatrix} \tag{3.11}$$

上式简写成

$$\boldsymbol{\varepsilon} = \boldsymbol{B}\boldsymbol{\delta}^e \tag{3.12}$$

式中,$\boldsymbol{B}$ 为单元应变转换矩阵,它可以写成分块形式:

$$\boldsymbol{B} = [\boldsymbol{B}_i \quad \boldsymbol{B}_j \quad \boldsymbol{B}_m]$$

其中子矩阵为

$$\boldsymbol{B}_i = \frac{1}{2A} \begin{bmatrix} b_i & 0 \\ 0 & c_i \\ c_i & b_i \end{bmatrix} \quad (i = i, j, m) \tag{3.13}$$

由于矩阵 $\boldsymbol{B}$ 的元素都是常数,则由式(3.11)可知,单元内各点的应变也都是常数,这是采用了线性位移模式的必然结果。所以三节点三角形单元也称为常应变单元。

将式(3.12)代入物理方程(2.25),得

$$\boldsymbol{\sigma} = \boldsymbol{DB}\boldsymbol{\delta}^e = \boldsymbol{S}\boldsymbol{\delta}^e \tag{3.14}$$

这就是应力与节点位移的关系式。其中 $\boldsymbol{S}$ 为单元应力矩阵,也可写成分块形式:

$$\boldsymbol{S} = \boldsymbol{DB} = [\boldsymbol{S}_i \quad \boldsymbol{S}_j \quad \boldsymbol{S}_m]$$

对于平面应力问题,其子矩阵为

$$\boldsymbol{S}_i = \boldsymbol{DB}_i = \frac{E}{2(1-\mu^2)A} \begin{bmatrix} b_i & \mu c_i \\ \mu b_i & c_i \\ (1-\mu)c_i/2 & (1-\mu)b_i/2 \end{bmatrix} \quad (i = i, j, m) \tag{3.15}$$

对于平面应变问题,只要把式(3.15)中的 E 换为 $E/(1-\mu^2)$,把 μ 换为 $\mu/(1-\mu)$,就可得到相应的子矩阵。

显然,$\boldsymbol{S}$ 矩阵是常数矩阵,单元中的应力分量也是常量。这就造成在相邻单元的公共边上存在着应力突变现象。但是随着网格的细分,这种应力突变将会急剧减小,有限元的解答将收敛于正确结果。

3.3   单元平衡方程与单元刚度矩阵

整个结构处于平衡状态,所划分出的一个小单元体同样处于平衡状态,而结构的平衡条件可通过节点的平衡条件表示。有限元的任务就是要建立和求解整个弹性体的节点位移和节点力之间关系的平衡方程。为此首先要建立每一个单元的节点位移和节点力之间关系的平衡方程。单元平衡方程可以利用最小势能原理建立,也可以利用虚功原理求解。下面采用虚功方程来建立单元的平衡方程。

作用在每个单元上的载荷都移置到各节点之后,各单元所受到的力就只有通过节点传递的节点力。图3.4表示作用于单元 e 上的节点力 $\boldsymbol{F}^e$ 以及相应的应力分量 $\boldsymbol{\sigma}$,它们使单元处于平衡。在每个节点处,沿 x 和 y 方向有 2 个节点力分量,每个单元共 6 个节点力分量,组成单元节点力列阵为

$$\boldsymbol{F}^e = [X_i \quad Y_i \quad X_j \quad Y_j \quad X_m \quad Y_m]^T \tag{3.16}$$

设想单元节点发生了虚位移 $\boldsymbol{f}^* = [u^* \quad v^*]^T$,相应的节点虚位移如图3.5所示,其6个分量组成单元节点虚位移列阵为

$$\boldsymbol{\delta}^* = [u_i^* \quad v_i^* \quad u_j^* \quad v_j^* \quad u_m^* \quad v_m^*]^T \tag{3.17}$$

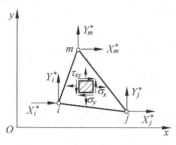

图 3.4　三角形单元节点力

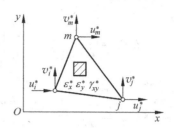

图 3.5　三角形单元节点虚位移

在单元内部引起的虚应变为

$$\boldsymbol{\varepsilon}^* = \begin{bmatrix} \varepsilon_x^* & \varepsilon_y^* & \varepsilon_z^* \end{bmatrix}^{\mathrm{T}} \tag{3.18}$$

根据虚功原理,外力虚功等于内力虚功。所以节点力在节点的虚位移上所做的虚功应等于单元内部应力在虚应变上所做的虚功。这就是单元保持平衡状态所必须满足的条件,即单元的平衡条件。

$$\boldsymbol{\delta}^{*\,e\mathrm{T}} \boldsymbol{F}^e = \iint \boldsymbol{\varepsilon}^{*\,\mathrm{T}} \boldsymbol{\sigma}\, t\,\mathrm{d}x\mathrm{d}y \tag{3.19}$$

式中,t 为单元厚度。由式(3.12)和式(3.14)可知,$\boldsymbol{\varepsilon}^* = \boldsymbol{B}\boldsymbol{\delta}^{*\,e}$,$\boldsymbol{\sigma} = \boldsymbol{D}\boldsymbol{B}\boldsymbol{\delta}^e$,将它们代入式(3.19),并因虚位移是任意的,可以在等号两边同时消去,得

$$\boldsymbol{F}^e = \iint \boldsymbol{B}^{\mathrm{T}} \boldsymbol{D}\boldsymbol{B}\, t\,\mathrm{d}x\mathrm{d}y\,\boldsymbol{\delta}^e \tag{3.20}$$

令

$$\boldsymbol{k}^e = \iint \boldsymbol{B}^{\mathrm{T}} \boldsymbol{D}\boldsymbol{B}\, t\,\mathrm{d}x\mathrm{d}y \tag{3.21}$$

则

$$\boldsymbol{F}^e = \boldsymbol{k}^e \boldsymbol{\delta}^e \tag{3.22}$$

这就建立了单元节点力与节点位移之间的关系,通常称为单元刚度方程,其实质代表的是单元平衡方程。式中的 $\boldsymbol{k}^e$ 称为单元刚度矩阵。由于 $\boldsymbol{D}$ 中的元素和 t 对某一给定的单元来说都是常量,而且在选取线性位移函数的情况下,$\boldsymbol{B}$ 中的元素也是常量,所以式(3.21)可写成

$$\boldsymbol{k}^e = \boldsymbol{B}^{\mathrm{T}} \boldsymbol{D}\boldsymbol{B}\, t \iint \mathrm{d}x\mathrm{d}y = \boldsymbol{B}^{\mathrm{T}} \boldsymbol{D}\boldsymbol{B}\, t A \tag{3.23}$$

式中,$A = \iint \mathrm{d}x\mathrm{d}y$,为该单元的面积。通常,单元刚度矩阵式(3.23)多用分块形式来推导并表达,以便于编制计算程序,$\boldsymbol{k}^e$ 由 9 个分块组成:

$$\boldsymbol{k}^e = \begin{bmatrix} \boldsymbol{B}_i^{\mathrm{T}} \\ \boldsymbol{B}_j^{\mathrm{T}} \\ \boldsymbol{B}_m^{\mathrm{T}} \end{bmatrix} \boldsymbol{D} \begin{bmatrix} \boldsymbol{B}_i & \boldsymbol{B}_j & \boldsymbol{B}_m \end{bmatrix} t A = \begin{bmatrix} \boldsymbol{k}_{ii} & \boldsymbol{k}_{ij} & \boldsymbol{k}_{im} \\ \boldsymbol{k}_{ji} & \boldsymbol{k}_{jj} & \boldsymbol{k}_{jm} \\ \boldsymbol{k}_{mi} & \boldsymbol{k}_{mj} & \boldsymbol{k}_{mm} \end{bmatrix}^e \tag{3.24}$$

其中每个子块是 2×2 的子矩阵:

$$(\boldsymbol{k}_{rs})^e = (\boldsymbol{B}_r)^{\mathrm{T}} \boldsymbol{D}\boldsymbol{B}_s t A = \begin{bmatrix} k_{rs}^{xx} & k_{rs}^{xy} \\ k_{rs}^{yx} & k_{rs}^{yy} \end{bmatrix}^e \quad (r, s = i, j, m)$$

对于平面应力问题

$$(k_{rs})^e = \frac{1}{2A}\begin{bmatrix} b_r & 0 & c_r \\ 0 & c_r & b_r \end{bmatrix} \cdot \frac{E}{1-\mu^2}\begin{bmatrix} 1 & & 对 \\ \mu & 1 & 称 \\ 0 & 0 & \frac{1-\mu}{2} \end{bmatrix} \cdot \frac{1}{2A}\begin{bmatrix} b_s & 0 \\ 0 & c_s \\ c_s & b_s \end{bmatrix} \cdot tA$$

$$= \frac{Et}{4(1-\mu^2)A}\begin{bmatrix} b_r b_s + \dfrac{1-\mu}{2}c_r c_s & \mu b_r c_s + \dfrac{1-\mu}{2}c_r b_s \\ \mu c_r b_s + \dfrac{1-\mu}{2}b_r c_s & c_r c_s + \dfrac{1-\mu}{2}b_r b_s \end{bmatrix}$$

$$(r,s=i,j,m) \tag{3.25}$$

对于平面应变问题,把上式中的 E 换为 $\dfrac{E}{1-\mu^2}$,μ 换为 $\dfrac{\mu}{1-\mu}$ 即可。于是得

$$(k_{rs})^e = \frac{E(1-\mu)t}{4(1+\mu)(1-2\mu)A}\begin{bmatrix} b_r b_s + \dfrac{1-2\mu}{2(1-\mu)}c_r c_s & \dfrac{\mu}{1-\mu}b_r c_s + \dfrac{1-2\mu}{2(1-\mu)}c_r b_s \\ \dfrac{\mu}{1-\mu}c_r b_s + \dfrac{1-2\mu}{2(1-\mu)}b_r c_s & c_r c_s + \dfrac{1-2\mu}{2(1-\mu)}b_r b_s \end{bmatrix}$$

$$(r,s=i,j,m) \tag{3.26}$$

单元刚度矩阵具有以下性质:

(1) 单元刚度矩阵中每个元素有明确的物理意义。其物理意义是单位节点位移分量所引起的节点力。例如,k_{mn} 是表示当单元第 n 个自由度产生单位位移而其他自由度固定时,在第 m 个自由度产生的节点力。

(2) k^e 是对称矩阵。其元素之间有如下关系:$k_{rs}=k_{sr}$,这个特性是由弹性力学中功的互等定理所决定的。

(3) k^e 是奇异矩阵。k^e 在无约束的条件下,单元可作刚体运动。根据行列式性质,可知 $|k|$ 值也为零。

由上可见,单元刚度矩阵 k^e 反映了单元节点力与节点位移之间的关系。k^e 中的每一个元素表明该单元的各节点分别沿坐标轴方向发生单位位移时(其余节点位移分量为零)引起的各节点的节点力分量。k^e 中诸元素的值越大就表示单元的刚度(即抵抗单元变形的能力)越大。单元刚度矩阵 k^e 取决于:① 单元的位移函数(因为 B 是由位移函数求偏导所得);② 单元的几何参数(即单元的形状、大小和方位);③ 单元的材料性质(就是指材料的弹性常数 E 和 μ),但 k^e 不随坐标的平行移动而改变。

3.4　单元等效节点力

作用在弹性体上的载荷可分为集中力、体积力(自重、惯性力及离心力等)和面力三种。在用有限元法求解时,需要把单元所承受的载荷全部移置到节点上,形成等效节点载荷。这种移置是按静力等效原则进行的。所谓静力等效原则是指原载荷与移置后的等效节点载荷,在弹性体产生任何虚位移的过程中,所做的虚功相等。在一定的位移函数下,这种移置的结果是唯一的,而且总能符合通常对刚体而言的静力等效原则,即原载荷与等效节点载荷

在任一坐标轴上投影之和应相等,对任一坐标轴的力矩之和也应相等。

设单元 e 上任一点 $m(x,y)$ 作用一集中力 $\boldsymbol{R}$,$\boldsymbol{R}$ 在坐标轴 x、y 方向的分量分别为 R_x、R_y,即:$\boldsymbol{R}=[R_x \quad R_y]^{\mathrm{T}}$。假设集中力 $\boldsymbol{R}$ 向单元的三个节点移置而得到单元等效节点载荷,其单元节点载荷列阵 $\boldsymbol{P}^e$ 可表示为

$$\boldsymbol{P}^e = \begin{bmatrix} P_i \\ P_j \\ P_m \end{bmatrix}^e = \begin{bmatrix} P_{xi}^e & P_{yi}^e & P_{xj}^e & P_{yj}^e & P_{xm}^e & P_{ym}^e \end{bmatrix}^{\mathrm{T}}$$

现在,假设该单元发生一个任意的虚位移,则 m 点相应的虚位移为

$$\boldsymbol{f}^* = [u^* \quad v^*]^{\mathrm{T}} = \boldsymbol{N}\boldsymbol{\delta}^{*e}$$

而该单元各节点处相应的虚位移为

$$\boldsymbol{\delta}^{*e} = [u_i^* \quad v_i^* \quad u_j^* \quad v_j^* \quad u_m^* \quad v_m^*]^{\mathrm{T}}$$

根据虚功原理有

$$(\boldsymbol{\delta}^{*e})^{\mathrm{T}} \boldsymbol{P}^e = \boldsymbol{f}^{*\mathrm{T}} \boldsymbol{R} = (\boldsymbol{N}\boldsymbol{\delta}^{*e})^{\mathrm{T}} \boldsymbol{R} = (\boldsymbol{\delta}^{*e})^{\mathrm{T}} \boldsymbol{N}^{\mathrm{T}} \boldsymbol{R}$$

由于 $\boldsymbol{\delta}^{*e}$ 是任意的,故 $(\boldsymbol{\delta}^{*e})^{\mathrm{T}}$ 也是任意的,因此上式两边与它相乘的矩阵应相等。于是得

$$\boldsymbol{P}^e = \boldsymbol{N}^{\mathrm{T}} \boldsymbol{R} \tag{3.27}$$

或

$$\boldsymbol{P}^e = \begin{bmatrix} N_i & 0 & N_j & 0 & N_m & 0 \\ 0 & N_i & 0 & N_j & 0 & N_m \end{bmatrix}^{\mathrm{T}} \begin{bmatrix} R_x \\ R_y \end{bmatrix}$$

$$= [N_i R_x \quad N_i R_y \quad N_j R_x \quad N_j R_y \quad N_m R_x \quad N_m R_y]^{\mathrm{T}} \tag{3.28}$$

这就是单元内作用一集中力向节点移置的公式。利用此公式,可以类似求得单元内分布的体力或单元边界上的面力向节点移置的公式。

设上述单元受有体力作用,单元内单位体积内的体力为 P,在坐标轴 x、y 方向的分量为 P_x、P_y,即 $\boldsymbol{P}=[P_x \quad P_y]^{\mathrm{T}}$。可将微体积 $t\mathrm{d}x\mathrm{d}y$ 上的体力 $\boldsymbol{P}t\mathrm{d}x\mathrm{d}y$ 看作是一集中载荷,利用式(3.27)并积分得到体力向节点移置的公式:

$$(\boldsymbol{P}_V)^e = \iint \boldsymbol{N}^{\mathrm{T}} \boldsymbol{P} t \, \mathrm{d}x\mathrm{d}y \tag{3.29}$$

式中积分是对三角形单元的面积进行的。

如果上述单元的某一边界 s 上受有分布的面力 $\boldsymbol{q}$,其分量为 q_x、q_y,即 $\boldsymbol{q}=[q_x \quad q_y]^{\mathrm{T}}$。可将边界上微面积 $t\mathrm{d}s$ 上的面力 $\boldsymbol{q}t\mathrm{d}s$ 看作集中载荷,利用式(3.27)并积分即可得到面力向节点移置的公式:

$$(\boldsymbol{P}_s)^e = \int \boldsymbol{N}^{\mathrm{T}} \boldsymbol{q} t \, \mathrm{d}s \tag{3.30}$$

式中积分是对受有分布面力的边界线 s 进行的。

总之,前述式(3.27)、式(3.29)和式(3.30)分别表示作用在单元体内的集中力、体力和单元边界上的分布面力向节点移置成等效节点载荷的积分公式。无论位移函数是线性函数或非线性函数,均可适用。当然,选用的位移函数不同,所得的结果就不一样。所以,上述三个积分公式也称为载荷移置的一般公式。

以体力为例,设单元受有总体积力 $\boldsymbol{W}=[W_x \quad W_y]^{\mathrm{T}}$,当单元划分得较小时,单位体积内的体力 $\boldsymbol{P}^e$ 可认为在单元内是均布的:

$$\boldsymbol{P}^e = \iint [\boldsymbol{I}N_i \quad \boldsymbol{I}N_j \quad \boldsymbol{I}N_m]^{\mathrm{T}} \mathrm{d}x\mathrm{d}yt\boldsymbol{P} \tag{3.31}$$

而形函数 N_i、N_j、N_m 与微面积 $\mathrm{d}x\mathrm{d}y$ 乘积的积分为

$$\iint N_i \mathrm{d}x\mathrm{d}y = \frac{1}{2A}\iint (a_i + b_i x + c_i y)\mathrm{d}x\mathrm{d}y$$

$$= \frac{1}{2A}\left(a_i\iint \mathrm{d}x\mathrm{d}y + b_i\iint x\mathrm{d}x\mathrm{d}y + c_i\iint y\mathrm{d}x\mathrm{d}y\right)$$

由三角形形心计算公式可得形心的坐标 x_c、y_c 为

$$x_c = \frac{\iint x\mathrm{d}x\mathrm{d}y}{\iint \mathrm{d}x\mathrm{d}y} = \frac{1}{3}(x_i + x_j + x_m)$$

$$y_c = \frac{\iint y\mathrm{d}x\mathrm{d}y}{\iint \mathrm{d}x\mathrm{d}y} = \frac{1}{3}(y_i + y_j + y_m)$$

由 $\iint \mathrm{d}x\mathrm{d}y = A$,得

$$\iint x\mathrm{d}x\mathrm{d}y = \frac{A}{3}(x_i + x_j + x_m)$$

$$\iint y\mathrm{d}x\mathrm{d}y = \frac{A}{3}(y_i + y_j + y_m)$$

将式(3.6)及式(3.7)代入以上诸式,积分得

$$\iint N_i \mathrm{d}x\mathrm{d}y = \frac{1}{2A}\Big[(x_j y_m - x_m y_j)A + (y_j - y_m)\frac{A}{3}(x_i + x_j + x_m) +$$

$$(x_m - x_j)\frac{A}{3}(y_i + y_j + y_m)\Big]$$

$$= \frac{1}{6}\big[x_i(y_j - y_m) + x_j(y_m - y_i) + x_m(y_i - y_j)\big]$$

$$= \frac{1}{3}A$$

同理可得

$$\iint N_j \mathrm{d}x\mathrm{d}y = \frac{1}{3}A, \quad \iint N_m \mathrm{d}x\mathrm{d}y = \frac{1}{3}A$$

则式(3.31)的计算结果为

$$\boldsymbol{P}^e = \frac{1}{3}[\boldsymbol{I} \quad \boldsymbol{I} \quad \boldsymbol{I}]^{\mathrm{T}} At\boldsymbol{P}$$

因为 $At\boldsymbol{P} = \boldsymbol{W} = [W_x \quad W_y]^{\mathrm{T}}$,所以

$$\boldsymbol{P}^e = [P_{xi}^e \quad P_{yi}^e \quad P_{xj}^e \quad P_{yj}^e \quad P_{xm}^e \quad P_{ym}^e]^{\mathrm{T}}$$

$$= \Big[\frac{1}{3}W_x \quad \frac{1}{3}W_y \quad \frac{1}{3}W_x \quad \frac{1}{3}W_y \quad \frac{1}{3}W_x \quad \frac{1}{3}W_y\Big]^{\mathrm{T}}$$

这就是说,单元上的总体积力平均分配到三个节点上即得等效节点载荷。

如果单元所受的总体积力 W 是自重,则其等效节点载荷列阵为

$$\boldsymbol{P}^e = -\frac{W}{3}[0 \quad 1 \quad 0 \quad 1 \quad 0 \quad 1]^{\mathrm{T}} \tag{3.32}$$

其中的负号表示等效节点载荷分量的方向与坐标的 y 轴方向相反。

实际上，只要位移函数是线性的，对于作用在边界上的分布力或集中力可更简单地直接按静力学原则把载荷移置到相邻两节点上（而不是移置到三个节点上），其结果与按虚功等效原则移置所得完全一致。例如某单元边界 ij 边上作用了三角形分布面力，移置后的单元等效节点载荷列阵为

$$\boldsymbol{P}^e = \begin{bmatrix} P_i^e & P_j^e & P_m^e \end{bmatrix}^{\mathrm{T}} = \frac{1}{2} q_i tl \begin{bmatrix} \dfrac{1}{3} & \dfrac{2}{3} & 0 \end{bmatrix}^{\mathrm{T}} \tag{3.33}$$

式中，l 表示三角形单元边界 ij 的长度，即把总载荷 $\left(\dfrac{1}{2} q_i tl\right)$ 的三分之一移置到节点 i，三分之二移置到节点 j，而等效节点载荷的方向与原载荷相同。

如果单元边界线上的面力为均布载荷，则总载荷平均分配到边界两端的节点上。如果在边界线上作用有一集中载荷，则可按集中载荷作用点至边界两端节点之间的距离成反比分配至两端节点上。一般在结构离散时，多在集中载荷作用处安置一个节点，这样就可免去移置载荷的手续。这里，必须强调指出，上述非节点载荷的简单移置法只在位移函数为线性的条件下才适用，对于非线性位移函数，则载荷的移置必须按前述普遍式(3.27)、式(3.29)、式(3.30)进行计算。现行有限元通用程序中体力、面力都可直接施加，程序会自动处理，但为了施加集中载荷，一般需在建模时预留节点位置，以便加载。

3.5　整体平衡方程与总刚度矩阵

单元平衡方程建立了单元节点力与节点位移之间的关系。对每个单元都可以建立单元平衡方程，将所有单元平衡方程集合在一起，就得到结构的整体平衡方程：

$$\boldsymbol{K}\boldsymbol{\delta} = \boldsymbol{R} \tag{3.34}$$

式中，$\boldsymbol{\delta}$ 是整个结构上节点位移分量的列阵，设节点个数为 n，每个节点有 2 个位移分量，$\boldsymbol{\delta} = \begin{bmatrix} u_i & v_i \end{bmatrix}^{\mathrm{T}}$ 是二阶向量，按照从小到大的节点编号列阵为

$$\boldsymbol{\delta} = \begin{bmatrix} \boldsymbol{\delta}_1^{\mathrm{T}} & \boldsymbol{\delta}_2^{\mathrm{T}} & \boldsymbol{\delta}_3^{\mathrm{T}} & \cdots & \boldsymbol{\delta}_n^{\mathrm{T}} \end{bmatrix}^{\mathrm{T}} \tag{3.35}$$

式中，$\boldsymbol{R}$ 是整个结构上节点力分量的列阵，每个节点有 2 个节点力分量，$\boldsymbol{R}_i = \begin{bmatrix} R_{xi} & R_{yi} \end{bmatrix}^{\mathrm{T}}$，则

$$\boldsymbol{R} = \begin{bmatrix} \boldsymbol{R}_1^{\mathrm{T}} & \boldsymbol{R}_2^{\mathrm{T}} & \boldsymbol{R}_3^{\mathrm{T}} & \cdots & \boldsymbol{R}_n^{\mathrm{T}} \end{bmatrix}^{\mathrm{T}} \tag{3.36}$$

$\boldsymbol{K}$ 为结构的整体刚度矩阵，一般称为总刚度矩阵，其维数为 $2n \times 2n$，可写成分块形式：

$$\begin{bmatrix} \boldsymbol{K}_{11} & \boldsymbol{K}_{12} & \cdots & \cdots & \boldsymbol{K}_{1n} \\ \boldsymbol{K}_{21} & \boldsymbol{K}_{22} & \cdots & \cdots & \boldsymbol{K}_{2n} \\ \vdots & \vdots & & & \vdots \\ \vdots & \vdots & & & \vdots \\ \boldsymbol{K}_{n1} & \boldsymbol{K}_{n2} & \cdots & \cdots & \boldsymbol{K}_{nn} \end{bmatrix} \begin{Bmatrix} \boldsymbol{\delta}_1 \\ \boldsymbol{\delta}_2 \\ \vdots \\ \vdots \\ \boldsymbol{\delta}_n \end{Bmatrix} = \begin{Bmatrix} \boldsymbol{R}_1 \\ \boldsymbol{R}_2 \\ \vdots \\ \vdots \\ \boldsymbol{R}_n \end{Bmatrix} \tag{3.37}$$

子矩阵 $\boldsymbol{K}_{ij}$ 是 2×2 矩阵。组集的原则是将每个单元的子矩阵 $(\boldsymbol{K}_{rs})_{2 \times 2}$ 置于整体刚度矩阵的第 r 行、第 s 列上。根据各单元节点的局部编号 (i, j, m) 与整体编号 $(1, 2, 3, \cdots, n)$ 的对应关系，把各 $\boldsymbol{K}^e$ 子块的下标换成整体编号，"对号入座"地把各 $\boldsymbol{K}^e$ 的子块放入 $\boldsymbol{K}$ 中相应位置，凡是下标相同的子块，应放入 $\boldsymbol{K}$ 中同一位置叠加，如此形成总刚度矩阵。

总刚度矩阵具有以下一些性质：

（1）总刚度矩阵是对称矩阵。单元刚度矩阵是对称矩阵,由它按对称方式组集的总刚度矩阵必然也是对称矩阵。

（2）总刚度矩阵呈稀疏带状分布。因为任一节点只与绕它的相连单元发生联系,所以 K 中的每一行含有大量的零元素,而非零的元素往往分布在对角线主元素的附近。

（3）总刚度矩阵是奇异矩阵。因为弹性体在外力作用下处于平衡,在平面问题中应满足 3 个平衡方程,反映在 K 中就是存在 3 个线性相关的行列式,因而是奇异的。只有在排除刚体位移后, K 才是正定的。

根据总刚度矩阵的对称、稀疏带状性质,按照一定规则进行节点编号,可以节省大量计算机存储量和运算工作量。

有限元法的核心是:它不是寻求整个域上连续的解析解,而是去寻找在每个子域(单元)上近似满足基本方程的分片插值函数解。它将物体人为地划分成一个个单元,在单元分析的基础上,再集合单元,对整体结构进行综合分析。

3.6 边界条件处理

由于总刚度矩阵是奇异矩阵,不存在逆阵,为了求解整体平衡方程,必须消除刚体位移,引入位移约束条件。从力学角度来看,进行边界条件约束处理,消除结构由于外力作用而产生刚体位移,使刚度矩阵从半正定阵成为正定阵,使解具有唯一性。如果物体本身有位移约束,可根据实际情况直接引入;如果物体仅有应力边界条件而无位移约束条件,则需人为地加上消除刚体位移的约束条件。例如对平面问题,就要引入 3 个不在同一点的 x、y 方向的位移约束。有限元法中的边界条件也是假定在节点上受到约束。位移约束可分为零位移约束和非零位移约束两类,相当于在节点上有支承或节点位移为已知非零量。有限元法中通常采用两种方法,即划行划列法和乘大数法来引入位移约束条件。前者适用于简单问题的手算练习,后者适合于实际问题的计算机处理。

由于 K 矩阵中与零位移对应的行和列上的元素,在求解其余位移时不起作用,因而可将它们划去,这使得修正后的总刚度矩阵降低了阶数,行列式不等于零,从而可以解出其余节点位移,这就是划行划列法。乘大数法是将 K 矩阵中与指定位移对应的主对角元素乘上一个非常大的数, K 矩阵中其他元素不变,同时将载荷列阵 R 中对应元素换为节点位移指定值与扩大了的主对角元素的乘积。用以上方法进行位移约束条件处理后,总刚度方程得到修正,方程可解。

由上可见,进行约束处理是方便的,但要注意的是如何正确地确定这些约束。对于一般固定的结构物,只要根据实际结构的具体约束情况与变形情况,加上相应的约束条件(包括强迫位移)即可;对于承受自相平衡的力系作用,又无实际位移约束条件的结构物,在平面问题中,可人为地规定某一节点 s 的两个位移分量为零,再规定另一节点在绕 s 点转动的切线方向的位移分量为零即可。也就是说,所加约束的数量应正好使结构消除刚体运动,而约束所在位置则可以任意选定。第 2 章已指出,所加的约束位置不同,解出的节点位移值是不同的(相差一刚体位移值),但结构内各点的相对位移值却仍然不变,因此并不影响应力值。

3.7　解题步骤与算例

　　求解节点位移的结构整体平衡方程,归结为求解一个大型联立的线性方程组。几乎 80％以上的机时(CPU 时间)花费在方程的求解上,同时解此方程时,所占的内存往往很大,调用计算机的外部资源最多。而非线性问题的求解,除了各种非线性求解策略和平衡迭代方法之外,也是以线性方程的求解为基础的,方程求解的效率和精度直接决定了非线性分析的效率和可靠程度。再有,一个大型结构分析程序的组织、文件和数据的管理,在很大程度上依赖于方程的解法,也就是线性方程组的解法对程序的主骨架有很大的影响。因此寻求效率高、精度好、存储省的求解器,始终是编制每个结构分析程序最先考虑的重要问题之一。解决的途径有两条:一条是在数学上、计算机处理上采用更先进合理的线性方程组解法;另一条是采用子结构技术,从物理模型上着手,设法缩小解题规模,提高解题效率。

　　就解法来说,大型结构分析通用程序选用多种解法,如直接法、迭代法、三角分解法、波前法等。各种解法各有特点,如迭代法存储空间少,但运算次数多;波前法占用内存多,但适用范围广。因此,要根据解题规模,了解不同方法的特点,尤其是在小型或微型计算机上计算时,要正确选用合适的解法,以协调好计算机存储量和计算时间的问题。

　　根据以上对平面问题有限单元法基本原理的讨论,结合三节点三角形常应变单元的单元分析、整体分析,导出了一整套计算公式,可以归纳出有限元法的一般分析步骤如下:

　　(1) 绘出结构几何简图,在此基础上将结构离散化。平面问题采用三角形单元(其他形状单元以后讲述),所以其离散就是将计算对象划分成许多三角形单元。包括:进行节点编号、单元编号,任选一直角坐标系,定出所有节点的坐标值 x_i、y_i、x_j、y_j、…。确定载荷和边界约束条件,将各单元所受的非节点载荷,包括体力、面力以及可能有的集中力按虚功等效原则移置到节点上,并将各节点上的这些载荷(包括直接作用在节点上的集中载荷)分别按相同方向叠加,得 R_{xi}、R_{yi}、R_{xj}、R_{yj}、…。

　　(2) 进行单元分析。根据各种类型单元刚度矩阵,逐个计算每个单元刚度矩阵。由节点坐标值计算出各系数 b_i、c_i、b_j、c_j、b_m、c_m 的数值,以及各单元的面积 A。在一定的位移函数情况下,单元刚度矩阵 k^e 仅取决于单元的形状、大小、方位和弹性常数,而不随坐标轴的平移而改变。根据各单元所受载荷,利用载荷移置公式,得到每个单元的等效节点力载荷。

　　(3) 组集总刚度矩阵,组集结构节点载荷矩阵,引入约束条件,解线性方程组,即可求得包括已知节点位移分量在内的全部节点位移分量。这里位移是直接解,而应变、应力、反力等都是由节点位移导出的,属导出解。

　　(4) 求单元应力和节点应力。整理计算结果并绘出结构变形图及各种应力分量的等值曲线图,对结构进行承载能力评估。

　　下面一个简单例子可以说明有限元的计算过程。

　　已知图示正方形薄板(见图 3.6(a)),沿其对角线承受压力作用,载荷沿厚度为均匀分布,$P=20$ kN/m。设泊松比 $\mu=0$,板厚 $t=1$ m,求此薄板应力。

　　该问题按平面应力处理,利用对称性可以取板的 1/4 作为计算对象。划分网格成如

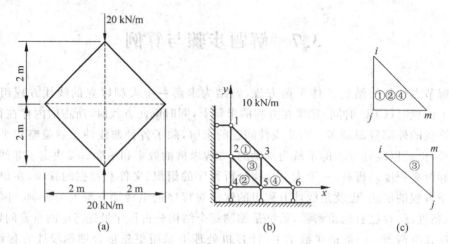

图 3.6　方形薄板平面应力问题算例

图 3.6(b)所示的四个单元六个节点。这里只有两种不同的单元,一种是单元①②④,另一种是单元③。其节点编号 i,j,m 如图 3.6(c)所示。

对于单元①,i,j,m 相当于整体编号的 1,2,3 点。

$$x_i = 0, \quad x_j = 0, \quad x_m = 1\,\mathrm{m}$$
$$y_i = 2\,\mathrm{m}, \quad y_j = 1\,\mathrm{m}, \quad y_m = 1\,\mathrm{m}$$

代入式(3.6),得

$$b_i = 0, \quad b_j = -1\,\mathrm{m}, \quad b_m = 1\,\mathrm{m}$$
$$c_i = 1\,\mathrm{m}, \quad c_j = -1\,\mathrm{m}, \quad c_m = 0$$

三角形面积为

$$A = \frac{1}{2}\,\mathrm{m}^2$$

由于 $t=1\,\mathrm{m}, \mu=0$,所以

$$\frac{Et}{4(1-\mu^2)A} = \frac{E}{2}$$

由式(3.24)及式(3.25)可求得单元①的刚度矩阵:

$$k^{①e} = \begin{bmatrix} k_{11}^{①} & k_{12}^{①} & k_{13}^{①} \\ k_{21}^{①} & k_{22}^{①} & k_{23}^{①} \\ k_{31}^{①} & k_{32}^{①} & k_{33}^{①} \end{bmatrix} = E\begin{bmatrix} 0.25 & 0 & -0.25 & -0.25 & 0 & 0.25 \\ 0 & 0.5 & 0 & -0.5 & 0 & 0 \\ -0.25 & 0 & 0.75 & 0.25 & -0.5 & -0.25 \\ -0.25 & -0.5 & 0.25 & 0.75 & 0 & -0.25 \\ 0 & 0 & -0.5 & 0 & 0.5 & 0 \\ 0.25 & 0 & -0.25 & -0.25 & 0 & 0.25 \end{bmatrix}$$

同理可得单元②、④的刚度矩阵,其刚度系数与单元①一样。

$$k^{②e} = \begin{bmatrix} k_{22}^{②} & k_{24}^{②} & k_{25}^{②} \\ k_{42}^{②} & k_{44}^{②} & k_{45}^{②} \\ k_{52}^{②} & k_{54}^{②} & k_{55}^{②} \end{bmatrix}, \quad k^{④e} = \begin{bmatrix} k_{33}^{④} & k_{35}^{④} & k_{36}^{④} \\ k_{53}^{④} & k_{55}^{④} & k_{56}^{④} \\ k_{63}^{④} & k_{65}^{④} & k_{66}^{④} \end{bmatrix}$$

对于单元③,i,j,m 相当于整体编号的 2,5,3 点。

$$x_i = 0, \quad x_j = 1\,\text{m}, \quad x_m = 1\,\text{m}$$
$$y_i = 1\,\text{m}, \quad y_j = 0, \quad y_m = 1\,\text{m}$$

代入式(3.6)得

$$b_i = -1\,\text{m}, \quad b_j = 0, \quad b_m = 1\,\text{m}$$
$$c_i = 0, \quad c_j = -1\,\text{m}, \quad c_m = 1\,\text{m}$$

代入式(3.24)及式(3.25)可求得单元③的刚度矩阵:

$$
\boldsymbol{k}^{③\,e} =
\begin{bmatrix}
\boldsymbol{k}^{③}_{22} & \boldsymbol{k}^{③}_{25} & \boldsymbol{k}^{③}_{23} \\
\boldsymbol{k}^{③}_{52} & \boldsymbol{k}^{③}_{55} & \boldsymbol{k}^{③}_{53} \\
\boldsymbol{k}^{③}_{32} & \boldsymbol{k}^{③}_{35} & \boldsymbol{k}^{③}_{33}
\end{bmatrix}
= E
\begin{bmatrix}
0.5 & 0 & 0 & 0 & -0.5 & 0 \\
0 & 0.25 & 0.25 & 0 & -0.25 & -0.25 \\
0 & 0.25 & 0.25 & 0 & -0.25 & -0.25 \\
0 & 0 & 0 & 0.5 & 0 & -0.5 \\
-0.5 & -0.25 & -0.25 & 0 & 0.75 & 0.25 \\
0 & -0.25 & -0.25 & -0.5 & 0.25 & 0.75
\end{bmatrix}
$$

按"对号入座"方法,把各 $\boldsymbol{k}^e$ 的子块放入 $\boldsymbol{K}$ 中相应位置,形成总刚度矩阵:

$$
\boldsymbol{K} =
\begin{bmatrix}
\boldsymbol{k}^{①}_{11} & \boldsymbol{k}^{①}_{12} & \boldsymbol{k}^{①}_{13} & \boldsymbol{0} & \boldsymbol{0} & \boldsymbol{0} \\
 & \boldsymbol{k}^{①}_{22}+\boldsymbol{k}^{②}_{22}+\boldsymbol{k}^{③}_{22} & \boldsymbol{k}^{①}_{23}+\boldsymbol{k}^{③}_{23} & \boldsymbol{k}^{②}_{24} & \boldsymbol{k}^{②}_{25}+\boldsymbol{k}^{③}_{23} & \boldsymbol{0} \\
 & & \boldsymbol{k}^{①}_{33}+\boldsymbol{k}^{③}_{33}+\boldsymbol{k}^{④}_{33} & \boldsymbol{0} & \boldsymbol{k}^{③}_{35}+\boldsymbol{k}^{④}_{35} & \boldsymbol{k}^{④}_{36} \\
 & & & \boldsymbol{k}^{②}_{44} & \boldsymbol{k}^{②}_{45} & \boldsymbol{0} \\
 & 对称 & & & \boldsymbol{k}^{②}_{55}+\boldsymbol{k}^{③}_{55}+\boldsymbol{k}^{④}_{55} & \boldsymbol{k}^{④}_{56} \\
 & & & & & \boldsymbol{k}^{④}_{66}
\end{bmatrix}
$$

由以上结果求得总刚度矩阵的各元素,按式(3.37)最后建立点刚度方程:

$$
E
\begin{bmatrix}
0.25 & 0 & -0.25 & -0.25 & 0 & 0.25 & 0 & 0 & 0 & 0 & 0 & 0 \\
0 & 0.5 & 0 & -0.5 & 0 & 0 & 0 & 0 & 0 & 0 & 0 & 0 \\
-0.25 & 0 & 1.5 & 0.25 & -1 & -0.25 & -0.25 & -0.25 & 0 & 0.25 & 0 & 0 \\
-0.25 & -0.5 & 0.25 & 1.5 & -0.25 & -0.5 & 0 & -0.5 & 0.25 & 0 & 0 & 0 \\
0 & 0 & -1 & -0.25 & 1.5 & 0.25 & 0 & 0 & -0.5 & -0.25 & 0 & 0.25 \\
0.25 & 0 & -0.25 & -0.5 & 0.25 & 1.5 & 0 & 0 & -0.25 & -1 & 0 & 0 \\
0 & 0 & -0.25 & 0 & 0 & 0 & 0.75 & 0.25 & -0.5 & -0.25 & 0 & 0 \\
0 & 0 & -0.25 & -0.5 & 0 & 0 & 0.25 & 0.75 & 0 & -0.25 & 0 & 0 \\
0 & 0 & 0 & 0.25 & -0.5 & -0.25 & -0.5 & 0 & 1.5 & 0.25 & -0.5 & -0.25 \\
0 & 0 & 0.25 & 0 & -0.25 & -1 & -0.25 & -0.25 & 0.25 & 1.5 & 0 & -0.25 \\
0 & 0 & 0 & 0 & 0 & 0 & 0 & 0 & -0.5 & 0 & 0.5 & 0 \\
0 & 0 & 0 & 0 & 0.25 & 0 & 0 & 0 & -0.25 & -0.25 & 0 & 0.25
\end{bmatrix}
\begin{bmatrix}
u_1 \\ v_1 \\ u_2 \\ v_2 \\ u_3 \\ v_3 \\ u_4 \\ v_4 \\ u_5 \\ v_5 \\ u_6 \\ v_6
\end{bmatrix}
=
\begin{bmatrix}
R_{1x} \\ R_{1y} \\ R_{2x} \\ R_{2y} \\ R_{3x} \\ R_{3y} \\ R_{4x} \\ R_{4y} \\ R_{5x} \\ R_{5y} \\ R_{6x} \\ R_{6y}
\end{bmatrix}
$$

根据对称性条件有

$$u_1 = u_2 = u_4 = v_4 = v_5 = v_6 = 0$$

如前所述,将 $\boldsymbol{K}$ 矩阵中与上述零位移对应的行和列上的元素划去,得以下方程组:

$$
E
\begin{bmatrix}
0.5 & -0.5 & 0 & 0 & 0 & 0 \\
-0.5 & 1.5 & -0.25 & -0.5 & 0.25 & 0 \\
0 & -0.25 & 1.5 & 0.25 & -0.5 & 0 \\
0 & -0.5 & 0.25 & 1.5 & -0.25 & 0 \\
0 & 0.25 & -0.5 & -0.25 & 1.5 & -0.5 \\
0 & 0 & 0 & 0 & -0.5 & 0.5
\end{bmatrix}
\begin{bmatrix}
v_1 \\ v_2 \\ u_3 \\ v_3 \\ u_5 \\ u_6
\end{bmatrix}
=
\begin{bmatrix}
-10 \\ 0 \\ 0 \\ 0 \\ 0 \\ 0
\end{bmatrix}
$$

求解这一线性代数方程组,得到节点位移如下:

$$
\begin{bmatrix}
v_1 \\ v_2 \\ u_3 \\ v_3 \\ u_5 \\ u_6
\end{bmatrix}
=
\begin{bmatrix}
-32.52/E \\
-12.52/E \\
-0.88/E \\
-3.72/E \\
1.76/E \\
1.76/E
\end{bmatrix}
$$

根据已求出的面积 A 及系数 b、c 值,可由式(3.15)得出单元的应力矩阵。对于单元①、②、④:

$$
\boldsymbol{S} = E
\begin{bmatrix}
0 & 0 & -1 & 0 & 1 & 0 \\
0 & 1 & 0 & -1 & 0 & 0 \\
0.5 & 0 & -0.5 & -0.5 & 0 & 0.5
\end{bmatrix}
$$

对于单元③:

$$
\boldsymbol{S} = E
\begin{bmatrix}
-1 & 0 & 0 & 0 & 1 & 0 \\
0 & 0 & 0 & -1 & 0 & 1 \\
0 & -0.5 & -0.5 & 0 & 0.5 & 0.5
\end{bmatrix}
$$

由式(3.14),并注意到 $u_1 = u_2 = u_4 = v_4 = v_5 = v_6 = 0$,最后可求得应力为

$$
\begin{bmatrix}
\sigma_x \\ \sigma_y \\ \tau_{xy}
\end{bmatrix}^{①}
= E
\begin{bmatrix}
0 & 0 & -1 & 0 & 1 & 0 \\
0 & 1 & 0 & -1 & 0 & 0 \\
0.5 & 0 & -0.5 & -0.5 & 0 & 0.5
\end{bmatrix}
\begin{bmatrix}
0 \\ v_1 \\ 0 \\ v_2 \\ u_3 \\ v_3
\end{bmatrix}
=
\begin{bmatrix}
-0.88 \\ -20.0 \\ 4.40
\end{bmatrix}
\ (\text{kN/m}^2)
$$

$$
\begin{bmatrix}
\sigma_x \\ \sigma_y \\ \tau_{xy}
\end{bmatrix}^{②}
= E
\begin{bmatrix}
0 & 0 & -1 & 0 & 1 & 0 \\
0 & 1 & 0 & -1 & 0 & 0 \\
0.5 & 0 & -0.5 & -0.5 & 0 & 0.5
\end{bmatrix}
\begin{bmatrix}
0 \\ v_2 \\ 0 \\ 0 \\ u_5 \\ 0
\end{bmatrix}
=
\begin{bmatrix}
1.76 \\ -12.52 \\ 0
\end{bmatrix}
\ (\text{kN/m}^2)
$$

$$\begin{bmatrix} \sigma_x \\ \sigma_y \\ \tau_{xy} \end{bmatrix}^{\textcircled{3}} = E \begin{bmatrix} -1 & 0 & 0 & 0 & 1 & 0 \\ 0 & 0 & 0 & -1 & 0 & 1 \\ 0 & -0.5 & -0.5 & 0 & 0.5 & 0.5 \end{bmatrix} \begin{bmatrix} 0 \\ v_2 \\ u_5 \\ 0 \\ u_3 \\ v_3 \end{bmatrix} = \begin{bmatrix} -0.88 \\ -3.72 \\ 3.08 \end{bmatrix} (\mathrm{kN/m^2})$$

$$\begin{bmatrix} \sigma_x \\ \sigma_y \\ \tau_{xy} \end{bmatrix}^{\textcircled{4}} = E \begin{bmatrix} 0 & 0 & -1 & 0 & 1 & 0 \\ 0 & 1 & 0 & -1 & 0 & 0 \\ 0.5 & 0 & -0.5 & -0.5 & 0 & 0.5 \end{bmatrix} \begin{bmatrix} u_3 \\ v_3 \\ u_5 \\ 0 \\ u_6 \\ 0 \end{bmatrix} = \begin{bmatrix} 0 \\ -3.72 \\ -1.32 \end{bmatrix} (\mathrm{kN/m^2})$$

3.8　计算结果分析

对计算结果应进行整理,用表格或曲线表示出求得的节点位移和单元应力值,并对结构的强度、刚度、振动等做出评价,有关结果评价问题将在第 7 章再做讨论。

由上述解题的具体步骤和算例可见,即使对一个简单的平面应力问题,其计算工作量也是很大的。因此,用有限单元法求解弹性力学问题或工程实际问题,一般只能利用事先编好的程序,在计算机上进行计算。其中计算的前后处理工作目前多数是由计算机完成的,因此需要了解有限元程序中是如何处理这些计算数据的。

有限元中计算结果主要包括位移和应力两方面。位移方面可根据计算结果中的节点位移分量画出结构的变形位移图,无需进行太多的整理。而应力计算结果必须进行整理。应力输出结果中一般有单元应力与节点应力,前面算例中给出的就是单元应力结果,而节点应力则需要将围绕该节点的单元应力做进一步的处理才能得到。平面问题中采用线性位移函数的三节点三角形单元,其应力在每一单元中均为常量,它不是某一点的应力值(通常把它作为三角形单元形心处的应力),且在相邻单元的公共边界上,这些应力一般不能保持连续。显然,这样的计算结果是近似的。为了改善上述计算结果的精度,可根据计算求得的单元应力,通过一些简单的方法来定出结构内某些点的应力,使其能更好地接近实际应力。为此,通常可采用下列三种方法:

(1) 形心法。把求出的每一个三角形单元的常量应力视为该三角形单元形心处的应力。这种方法还常以图示表达,即在每个单元的形心处沿主应力方向以一定比例尺寸标出主应力的大小。这样,整个结构中的应力变化规律就可以约略地表示出来。目前程序中多采用彩色云图方式表示应力的分布与变化。

(2) 绕节点平均法。把环绕某一节点的各单元常应力加以平均,用来作为该节点处的应力。要使这样得来的平均应力能较好地接近于该节点处的实际应力,环绕该节点的各单元的面积不能相差太大。

　　(3)二单元平均法。把两个相邻单元中的常量应力加以平均,用来作为该相邻单元公共边界线中点处的应力。同样,要使这样平均得来的应力能较好地接近于该点的实际应力,两个相邻单元的面积也不能相差太大。

　　计算实践证明,用绕节点平均法和二单元平均法推算出来的应力在结构内部的内节点或中点处都能较好地接近于实际应力,但在应力变化比较剧烈的部位,特别是应力集中处,由二单元平均法得来的应力,其精度比绕节点平均法好。而绕节点法的特点在于,如要得出连续体内某一截面上的应力图线,只须在划分单元时,在这一截面上布置若干个节点(至少5个)即可,但采用二单元平均法就没有这样方便。边界处的应力不宜用绕节点法,其误差较大。边界点或边界节点处的应力要用插值公式由内节点或内点处的应力推算出来。

　　采用上述平均法进行计算时,还应注意,如果相邻的单元具有不同的厚度或不同的弹性常数,则应力会产生突变。因此,只允许对厚度及弹性常数都相同的单元进行平均计算。其他还有单元中的主应力计算处理及在单元形心处的主应力表示等。

　　由上述对结构的离散及计算结果的整理所做的说明可知,用有限元法求解弹性力学问题,特别是采用常应变单元时,计算之前应合理划分网格,计算之后要精心整理结果。尤其是许多计算结果,如结构内力图、变形曲线、应力变化曲线等,仍需要在程序中通过设置参数才能描绘出来。

思 考 题

3-1　如何理解单元位移模式?如何理解单元形函数?为什么要引入位移插值函数?

3-2　怎样由单元刚度矩阵合成总刚度矩阵?总刚度矩阵有什么特点?在施加位移约束前,为什么整体刚度矩阵是奇异的?

3-3　什么是单元节点位移?什么是单元内部位移?两者间有什么关系?

3-4　单元刚度系数的物理意义是什么?单元刚度矩阵有何特点?

3-5　总刚度矩阵系数的物理意义是什么?

3-6　节点上的集中载荷可以直接加到载荷列阵中,如果集中载荷不作用在节点上应该如何处理?

3-7　平面三节点三角形单元的位移、应变与应力具有什么特征?

3-8　简述有限元法与解析法相比的优缺点。

3-9　试以弹性力学平面问题的有限元法为例说明在具体划分三角形单元时要注意些什么。

练 习 题

3-1　试证明当平面应力(或平面应变)问题的三角形单元发生刚体移动时,将不会引起应力。

3-2　已知三角形截面水坝如题图3.1所示,受静水压力作用。取厚度 $t=1\,\mathrm{m}$,材料弹性模

量为 E,泊松比 $\mu = 1/3$。试对图示划分网格,求各节点的位移值。

3-3　题图 3.2 所示三角形板,可划分网格如图所示(也可自己划分)。在顶点作用沿厚度均匀分布的竖向载荷。已知: $P = 150 \, \text{N/m}, E = 200 \, \text{GPa}, \mu = 0.25, t = 1 \, \text{m}$,忽略自重。试用有限元程序计算节点位移和单元应力。

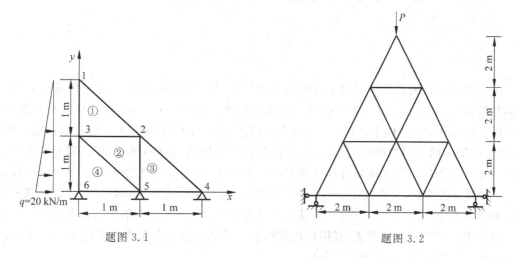

题图 3.1　　　　　　　　　　　　　题图 3.2

3-4　试证明三角形单元刚度矩阵任一行(或列)的所有系数的总和等于零。

第 **4** 章

单元类型及单元分析

平面问题的有限元分析说明了有限元法的基本方法和分析步骤,利用有限元法来分析空间结构、杆梁结构、板壳结构等问题时,也像分析平面问题一样,要对弹性体进行离散,形成有限元离散体,构建不同类型的单元模式,或是说建立不同类型的单元以分别适应空间、杆系、板壳等不同类型结构的问题,而这也正是有限元理论本身的核心问题,即构建不同类型的单元。至于其他公式推导过程则基本是一致的,即基于相关力学理论,从单元位移模式出发;按照几何方程,导出应变矩阵;按照物理方程,导出应力矩阵;根据虚功原理或最小势能原理导出单元平衡方程;进一步建立整体平衡方程,引入边界条件以及求解线性方程组。这其中设定单元位移模式,利用虚功原理建立单元节点力与节点位移的关系并组建单元刚度矩阵的过程,我们称为单元分析。

有限单元法的基本原理是分块近似,在结构分析的位移法中,以单元节点位移为待求未知量,单元内其余各点的位移则通过节点位移用插值函数求得。因此,每种单元需要选取一种简单的插值函数,用以近似表达单元内各点位移的分布规律,并把单元内任一点位移分量写成统一形式的位移插值函数式,从而可以通过单元节点位移向量,得出单元内任一点的位移、应变和应力。为此需要假设一个位移函数来逼近真实位移值。而位移函数的适当选取是构建单元的关键。位移函数选取的形式不是唯一的,但因多项式便于微分和积分,增加多项式的阶数可以改善单元的精度,所以位移函数大都选用完全的多项式形式,用以构成单元位移模式。如

$$u(x) = \alpha_1 + \alpha_2 x + \alpha_3 x^2 + \alpha_4 x^3 + \cdots$$

或写成标准形式

$$u(x) = \sum_{i=1}^{m} N_i(x) q_i$$

这里 q_i 可理解成一个广义坐标,它可以是位移函数的节点值,或者是位移函数导数的节点值,N_i 为形状函数(插值函数)。插值精度有赖于多项式的完整性程度,而多项式的完整性又与节点数目有关。在确定多项式阶次时,完备性与协调性要求是要考虑的重要因素。协调性反映位移函数在单元内必须连续,而且相邻单元间的位移必须协调,若单元边界的位移仅与边界上各点位移有关,单元间的协调性就能满足。完备性反映单元的位移函数必须包含单元的刚体位移和单元的常应变状态。显然,多项式的次数越高就越能接近实际位移状态,其精度也就越高。但次数高低,即项数多少的选取还要受到单元类型的限制,因为上述多项式的待定系数要由节点位移来确定。有几个节点位移分量,就只能确定几个待定系数,即待定系数的数目要和单元的自由度数目相同。如前述三节点三角形平面单元,每个节点有 2 个位移分量,3 个节点共有 6 个自由度。所以用完全多项式构建单元位移模式时,只能

包含 6 个待定系数。为了使有限元法的解在单元尺寸逐步趋小时能够收敛于精确解,所构造的单元位移函数必须满足以下三方面的条件:

(1) 位移模式中必须包括反映刚体位移的项;

(2) 位移模式中必须包括反映常应变的线性位移项;

(3) 位移模式中必须能保证单元之间的连续性。

满足条件(1)和(2)的单元叫做完备单元,满足条件(3)的单元叫做协调单元,同时满足以上三个条件的单元称为完备协调单元。

确定单元位移函数后,根据其真实位移应满足平衡条件的要求,可以通过虚功原理得出单元节点力和节点位移之间的关系: $F^e = k^e \delta^e$,这一关系也称为单元有限元方程式。而这一关系式反映了单元节点力和节点位移之间的关系,其中 k^e 是联系力和位移的系数矩阵,具有刚度的性质,称为单元刚度矩阵。所以单元分析问题就着重在于构造单元位移函数和建立单元刚度矩阵。以下各节就分类介绍并讨论有限元分析中的常用单元及其刚度矩阵。

对于不同物理性质、不同单元类型的问题,有限元法求解的基本步骤是相同的,只是具体公式推导和求解运算不同。以下仅就单元分析给予说明,不再作有限元相关公式的全面推导。就单元应用而言,要了解单元属性。单元属性包括单元材料特性和单元几何特性。单元材料特性说明了构成单元的材料力学特性与物理特性,如弹性模量、泊松比、密度等。单元几何特性则说明了单元的截面几何尺寸、单元厚度及空间位置特性等。

4.1 一维单元分析

工程结构分析问题可以简化为一维杆系结构、二维平面问题和三维实体结构等,有限元单元类型也针对不同结构划分成一维单元(如杆单元、梁单元、管单元等)、二维平面单元、三维实体单元、板壳单元,还有其他接触单元、弹簧单元、质量单元等专用单元。

4.1.1 杆单元

图 4.1 所示两节点一维单元,用于杆件承受轴向力分析。设杆单元横截面积为 A,长度为 l,轴向分布载荷为 $q(x)$。单元 2 个节点 i,j 的位移向量为

$$\delta^e = \begin{bmatrix} u_i & u_j \end{bmatrix}^T \qquad (4.1)$$

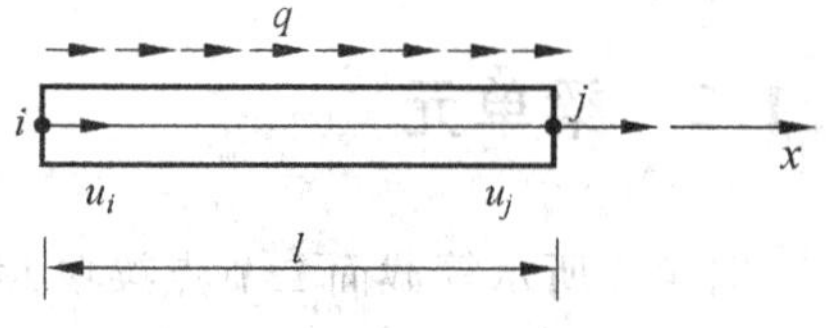

单元位移模式可设为

$$u = \alpha_1 + \alpha_2 x \qquad (4.2)$$

待定常数 α_1, α_2 可由节点位移条件确定,即当 $x = x_i$ 时,$u = u_i$;$x = x_j$ 时,$u = u_j$。

图 4.1 杆单元

相应位移模式为

$$u = \left(u_i - \frac{u_j - u_i}{l} x_i \right) + \frac{u_j - u_i}{l} x \qquad (4.3)$$

写成标准形函数形式:

$$u = N\delta^e \tag{4.4}$$

而形函数为

$$N = [N_i \quad N_j] = \frac{1}{l}[(x_j - x) \quad -(x_i - x)] \tag{4.5}$$

拉压直杆单元仅有轴向应变 $\varepsilon = du/dx$，将位移模式(4.3)代入，得

$$\varepsilon = \frac{1}{l}[-1 \quad 1]\delta^e$$

上式用应变矩阵 B 可写为

$$\varepsilon = B\delta^e \tag{4.6}$$

由应力-应变关系 $\sigma = E\varepsilon$，得

$$\sigma = EB\delta^e = S\delta^e \tag{4.7}$$

式中，S 为应力矩阵。而单元刚度矩阵仍可由一般形式推出：

$$k^e = \iiint B^T DB\,dV = A\int B^T EB\,dx = \frac{EA}{l}\begin{bmatrix} 1 & -1 \\ -1 & 1 \end{bmatrix} \tag{4.8}$$

节点力向量为

$$F^e = [F_i \quad F_j]^T \tag{4.9}$$

节点力计算公式仍可采用前式

$$F^e = \int N^T q(x)\,dx$$

当分布力集度为常数时，有

$$F^e = \int_{x_i}^{x_j} \frac{1}{l}\begin{bmatrix} (x_j - x) \\ -(x_i - x) \end{bmatrix} q\,dx = \frac{ql}{2}\begin{bmatrix} 1 \\ 1 \end{bmatrix}$$

即将分布力引起的合力按静力等效原则分配到单元节点。

若一维单元用于承受扭转变形的杆件，其单元分析可作类似处理，单元刚度矩阵为

$$k^e = \frac{GI_P}{l}\begin{bmatrix} 1 & -1 \\ -1 & 1 \end{bmatrix} \tag{4.10}$$

式中，G 为剪切弹性模量；I_P 为极惯性矩。

杆单元的特征是不能传递力矩，与能够传递力矩的梁单元的特性不同，其用来处理杆构件的模型化问题等。需要输入的单元特性参数主要有材料性质、截面面积 A、极惯性矩 I_P 等。

4.1.2　梁单元

图 4.2 所示等截面二节点梁单元，节点位移为挠度和转角，节点力为剪力和弯矩。单元每个节点有两个自由度，单元形状函数应是三次多项式：

$$v(x) = \alpha_1 + \alpha_2 x + \alpha_3 x^2 + \alpha_4 x^3 \tag{4.11}$$

由单元两端点的条件：$x=0$，$v=v_i$，$\theta=\theta_i$；$x=l$，$v=v_j$，$\theta=\theta_j$；可解出 4 个待定系数，将位移模式写成标准形函数形式，则有

$$v(x) = N\delta^e \tag{4.12}$$

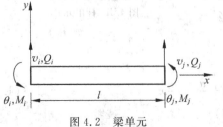
图 4.2　梁单元

式中

$$N = \begin{bmatrix} N_1 & N_2 & N_3 & N_4 \end{bmatrix}$$

其中

$$\begin{cases} N_1 = (l^3 - 3lx^2 + 2x^3)/l^3 \\ N_2 = (l^2 x - 2lx^2 + x^3)/l^2 \\ N_3 = (3lx^2 - 2x^3)/l^3 \\ N_4 = -(lx^2 - x^3)/l^2 \end{cases} \tag{4.13}$$

按梁单元的受力状态,其节点力向量为

$$\boldsymbol{F}^e = \begin{bmatrix} Q_i & M_i & Q_j & M_j \end{bmatrix}^{\mathrm{T}} \tag{4.14}$$

节点位移向量为

$$\boldsymbol{\delta}^e = \begin{bmatrix} v_i & \theta_i & v_j & \theta_j \end{bmatrix}^{\mathrm{T}} \tag{4.15}$$

式中,Q 为剪力;M 为弯矩;θ 为转角,$\theta = \dfrac{\mathrm{d}v}{\mathrm{d}x}$;$v$ 为挠度。按照梁的平面弯曲公式:

$$\varepsilon = -y \frac{\mathrm{d}^2 v}{\mathrm{d}x^2}, \quad \sigma = E\varepsilon = -yE \frac{\mathrm{d}^2 v}{\mathrm{d}x^2} \tag{4.16}$$

由式(4.16)、式(4.12),可得单元弯曲应变和应力:

$$\varepsilon = \boldsymbol{B}\boldsymbol{\delta}^e, \quad \sigma = E\varepsilon = E\boldsymbol{B}\boldsymbol{\delta}^e = \boldsymbol{S}\boldsymbol{\delta}^e \tag{4.17}$$

其中应变矩阵:

$$\begin{aligned} \boldsymbol{B} &= \begin{bmatrix} B_1 & B_2 & B_3 & B_4 \end{bmatrix} \\ &= -\frac{y}{l^3} \begin{bmatrix} 12x - 6l & l(6x - 4l) & -(12x - 6l) & l(6x - 2l) \end{bmatrix} \end{aligned} \tag{4.18}$$

单元刚度矩阵为

$$\boldsymbol{k}^e = \iiint \boldsymbol{B}^{\mathrm{T}} \boldsymbol{D} \boldsymbol{B} \, \mathrm{d}V = E \iint \left(\int_0^l \boldsymbol{B}^{\mathrm{T}} \boldsymbol{B} \, \mathrm{d}x \right) \mathrm{d}A \tag{4.19}$$

积分得

$$\boldsymbol{k}^e = \frac{EI}{l^3} \begin{bmatrix} 12 & 6l & -12 & 6l \\ 6l & 4l^2 & -6l & 2l^2 \\ -12 & -6l & 12 & -6l \\ 6l & 2l^2 & -6l & 4l^2 \end{bmatrix} \tag{4.20}$$

式中,I 为梁截面对主轴的惯性矩。

目前使用的梁单元除一次梁单元外,还有二次梁单元、曲梁单元和锥梁单元等。二次梁单元是由三个节点确定的抛物线,曲梁单元是由两个节点决定的、具有曲率半径的圆弧,而锥梁单元则是采用两个节点处截面积不等的线性梁。

上述在局部坐标系中得出的杆单元或梁单元刚度矩阵,由于整体结构中各杆梁位置不同、倾角不同,有限元模型要求一个单元在整体坐标系中能够任意定位,这就需要建立两种坐标系下的转换关系。对平面桁架、空间桁架、平面刚架与空间刚架,都需要建立这种坐标变换关系。对平面桁架,根据坐标旋转公式,节点 i 在局部坐标系下的位移分量 u_i, v_i 与整体坐标系下的位移分量 $\bar{u}_i, \bar{v}_i$ 有下述关系(图 4.3):

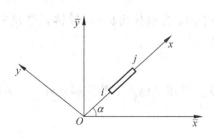

图 4.3 两种坐标变换关系

$$\begin{cases} \bar{u}_i = u_i \cos \alpha - v_i \sin \alpha \\ \bar{v}_i = u_i \sin \alpha + v_i \cos \alpha \end{cases} \tag{4.21}$$

即

$$\bar{\delta}_i = \boldsymbol{\phi} \delta_i$$

而方向余弦矩阵$\boldsymbol{\phi}$为

$$\boldsymbol{\phi} = \begin{bmatrix} \cos \alpha & -\sin \alpha \\ \sin \alpha & \cos \alpha \end{bmatrix} \tag{4.22}$$

因此单元节点位移$\delta^e = [u_i \quad v_i \quad u_j \quad v_j]^T$与$\bar{\delta} = [\bar{u}_i \quad \bar{v}_i \quad \bar{u}_j \quad \bar{v}_j]^T$之间的关系为

$$\bar{\delta}^e = \boldsymbol{T} \delta^e \tag{4.23}$$

变换矩阵为

$$\boldsymbol{T} = \begin{bmatrix} \boldsymbol{\phi} & \\ & \boldsymbol{\phi} \end{bmatrix} = \begin{bmatrix} \cos \alpha & -\sin \alpha & & \boldsymbol{0} \\ \sin \alpha & \cos \alpha & & \\ \hline & \boldsymbol{0} & \cos \alpha & -\sin \alpha \\ & & \sin \alpha & \cos \alpha \end{bmatrix} \tag{4.24}$$

式(4.8)对应的位移分量是$[u_i \quad u_j]^T$,此时扩充为$[u_i \quad v_i \quad u_j \quad v_j]^T$,相应单元刚度矩阵为

$$\boldsymbol{k} = \frac{AE}{l} \begin{bmatrix} 1 & 0 & -1 & 0 \\ 0 & 0 & 0 & 0 \\ -1 & 0 & 1 & 0 \\ 0 & 0 & 0 & 0 \end{bmatrix} \tag{4.25}$$

在整体坐标系下则有$\bar{\boldsymbol{k}} = \boldsymbol{T} \boldsymbol{k} \boldsymbol{T}^T$,将式(4.24)、式(4.25)代入得

$$\bar{\boldsymbol{k}} = \frac{EA}{l} \begin{bmatrix} \cos^2 \alpha & \cos \alpha \sin \alpha & -\cos^2 \alpha & -\cos \alpha \sin \alpha \\ \cos \alpha \sin \alpha & \sin^2 \alpha & -\cos \alpha \sin \alpha & -\sin^2 \alpha \\ -\cos^2 \alpha & -\cos \alpha \sin \alpha & \cos^2 \alpha & \cos \alpha \sin \alpha \\ -\cos \alpha \sin \alpha & -\sin^2 \alpha & \cos \alpha \sin \alpha & \sin^2 \alpha \end{bmatrix} \tag{4.26}$$

至于空间桁架结构,各个杆件都处于空间的任意位置,其相关单元节点位移列阵等,只要把平面桁架的情况加以扩充就容易明白了。

对平面刚架,两种坐标系下的变换关系类似于桁架变换式(4.21)~式(4.24),两种坐标系下的位移关系为

$$\begin{cases} \bar{u}_i = u_i \cos \alpha - v_i \sin \alpha \\ \bar{v}_i = u_i \sin \alpha + v_i \cos \alpha \\ \bar{\theta}_{xi} = \theta_{xi} \end{cases} \tag{4.27}$$

式中,α为整体坐标$O\bar{x}$轴转到单元坐标Ox轴的夹角,以逆时针方向为正。写成矩阵形式则为

$$\delta_i = \boldsymbol{\phi} \delta_i$$

$\bar{\delta}_i$为整体坐标系下的位移列阵。而方向余弦矩阵$\boldsymbol{\phi}$为

$$\boldsymbol{\phi} = \begin{bmatrix} \cos \alpha & -\sin \alpha & 0 \\ \sin \alpha & \cos \alpha & 0 \\ 0 & 0 & 1 \end{bmatrix} \tag{4.28}$$

对于两个节点而言,就有$\bar{\delta}^e = T\delta^e$,而坐标变换矩阵为

$$T = \begin{bmatrix} \phi & \\ & \phi \end{bmatrix} = \begin{bmatrix} \cos\alpha & -\sin\alpha & 0 & & & \\ \sin\alpha & \cos\alpha & 0 & & \mathbf{0} & \\ 0 & 0 & 1 & & & \\ \vdots & \vdots & \vdots & \vdots & \vdots & \vdots \\ & & & \cos\alpha & -\sin\alpha & 0 \\ & \mathbf{0} & & \sin\alpha & \cos\alpha & 0 \\ & & & 0 & 0 & 1 \end{bmatrix} \tag{4.29}$$

整体坐标系与局部坐标系下的单元刚度矩阵也有类似前式的形式:

$$\bar{k} = TkT^{\mathrm{T}} \tag{4.30}$$

对于空间等参梁单元主要有 2 节点直梁单元,3 节点曲梁单元。空间梁单元的每个节点有 6 个自由度,2 个节点共由 12 个位移分量组成,即在 i 节点上有沿 x、y、z 方向的位移 u_i、v_i、w_i 和绕 x、y、z 轴的转角 θ_{xi}、θ_{yi}、θ_{zi};在 j 节点上有沿 x、y、z 方向的位移 u_j、v_j、w_j 和绕 x、y、z 轴的转角 θ_{xj}、θ_{yj}、θ_{zj}。按照节点位移列阵和节点力列阵的对应原则,空间梁单元节点力列矩阵也由 12 个力的分量组成,即轴向拉压、扭转以及在 xy、xz 两平面内的剪切和弯曲。空间梁单元采用了平截面假设,即变形前垂直于梁中性轴的截面,变形后仍保持平面,但不一定垂直于中性轴。这种假设包含了剪切变形影响,这种梁单元可以处理大变形小应变的几何非线性问题和材料非线性问题。

由空间梁单元构建出空间刚架。空间刚架结构的有限元分析原理与平面刚架相同,可以理解为平面刚架单元的扩充。在线弹性小变形情况下,空间刚架单元往往采用轴向拉压、扭转以及在 xy、xz 两平面内的弯曲所对应的 4 种基本变形下的单元刚度方程组合得出。整个单元分析及坐标转换,均与平面刚架类似。

需要强调指出的是,由于单元刚度矩阵等都是在局部坐标中生成的,而单元总装是在整体坐标中进行的,因此在总装之前,这些矩阵还要经过一次方向变换,而方向余弦值则由局部坐标与整体坐标之间的关系决定。对于空间梁单元,其局部坐标需要通过梁的两个节点 i,j,再加上梁主惯性平面中的任一参考点 k,才可确定(图 4.4)。这样空间梁单元就由 3 个节点 (i,j,k) 组成,i,j,k 点必须在一个平面内,但不能共线。i 节点到 j 节

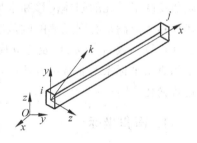

图 4.4 空间梁单元定位

点为单元坐标系的 x 轴,y 轴(或 z 轴)在节点 i,j 和 k 构成的平面上且与 x 轴垂直,应用右手定则可以确定另一坐标 z 轴(或 y 轴)。i,j,k 三点确定后,单元坐标系即确定,梁单元的截面方位也就完全确定下来。所增加的一个用于定向的参考点 k,也是构建空间刚架有限元模型的内容,不能忽略。

下面仅就梁单元和其他类型单元再作点补充介绍。

(1) 梁单元建模时,单元大小由位于梁截面质心轴上的节点决定(梁单元局部坐标系的 x 轴为单元截面的质心轴)。而实际结构由于尺寸和装配等原因,相邻单元的连接节点可能不重合,存在一定偏距。处理这种结构,就是将相邻连接节点的所有自由度耦合起来,建立它们之间的刚性连接关系,或是采用程序中提供的梁截面偏置功能。在板梁组合结构中一

般采用移梁不移板的策略。

（2）一般情况下，梁单元节点间为刚性连接。但实际结构中单元之间并非全为刚性连接，如铰接、滑动连接形式等。因此在使用梁单元时，要根据连接形式释放端部节点的某些自由度。

（3）计算结果得出的弯矩或剪力等全部按梁单元坐标系输出。采用由各个单元的方向设置单元坐标系的方法，对输入单元特性参数等提供了方便。

需要输入的单元特性参数有材料性质参数、截面面积 A、截面惯性矩 I、截面极惯性矩等。

4.2　二维单元分析

平面问题的有限元分析中，目前的通用程序主要采用三角形三节点、三角形六节点、四边形四节点和四边形八节点单元。第 3 章曾对三角形三节点单元作过介绍。下面介绍其他单元。

4.2.1　三角形六节点单元

二次三角形单元如图 4.5 所示，每个单元有 6 个节点，即 3 个顶点和 3 个边的中点，共有 12 个自由度，其形状函数可取为完全二次多项式：

$$\begin{cases} u = \alpha_1 + \alpha_2 x + \alpha_3 y + \alpha_4 x^2 + \alpha_5 xy + \alpha_6 y^2 \\ v = \alpha_7 + \alpha_8 x + \alpha_9 y + \alpha_{10} x^2 + \alpha_{11} xy + \alpha_{12} y^2 \end{cases} \tag{4.31}$$

式中，α_1、α_2、$\cdots$、α_{12} 为待定常数，可分别由 x 和 y 方向的 6 个节点位移分量确定。所取位移函数反映了单元的刚体位移和常量应变，而且还能保证单元及其边界的位移连续性，因此上述位移函数满足有限元解的收敛准则。在直角坐标系下，式(4.31)所表达的多项式位移函数在计算系数 α_1 至 α_{12} 以及建立应力矩阵、单元刚度矩阵等都非常繁杂。对高次单元来说，采用直角坐标系是非常不方便的，因此有必要引进一个新的坐标系——面积坐标系，使运算过程简化。

1. 面积坐标

面积坐标是确定三角形内部任一点位置的一种局部坐标。图 4.6 所示的三角形单元中，任意一点 P 的位置可用直角坐标系 xOy 中的两个坐标值 (x,y) 来描述，一旦 P 点的坐

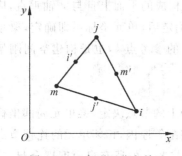

图 4.5　三角形六节点单元

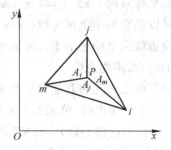

图 4.6　三角形面积坐标

标值确定后,由该点把三角形单元 ijm 划分成的 3 个三角形 Pim、Pmj、Pij 的面积即被确定。反过来说,当该 3 个三角形面积值确定后,P 点的位置也就被确定了。由此可见,任意一点 P 的位置,除了用直角坐标值 (x,y) 来确定外,也可以用该 3 个三角形面积来确定。通常还要变更一下形式,改用 3 个三角形面积分别与三角形单元的总面积的比值 L_i、L_j、L_m 来确定。即

$$L_i = \frac{A_i}{A}, \quad L_j = \frac{A_j}{A}, \quad L_m = \frac{A_m}{A} \tag{4.32}$$

式中,A 为三角形单元 ijm 的面积;A_i、A_j、A_m 分别为三角形 Pmj、Pim、Pij 的面积;这 3 个比值就称为 P 点的面积坐标。由于 $A_i + A_j + A_m = A$,则有

$$L_i + L_j + L_m = 1 \tag{4.33}$$

可见,这 3 个面积坐标值的变化范围为 $0 \leqslant L_i, L_j, L_m \leqslant 1$,而且其中只有两个是独立的。因此,用两个面积坐标值就能唯一地确定一个点的位置。当然,面积坐标只限于用来确定三角形内部某点的位置,在该单元之外并没有定义,因而面积坐标 (L_i, L_j, L_m) 是一种局部坐标。下面进一步给出面积坐标的几个性质。

1) 面积坐标 (L_i, L_j, L_m) 与直角坐标 (x,y) 的关系

在直角坐标中,三角形 Pjm、Pmi、Pij 的面积分别为

$$A_i = \frac{1}{2} \begin{vmatrix} 1 & x & y \\ 1 & x_j & y_j \\ 1 & x_m & y_m \end{vmatrix} = \frac{1}{2} [(x_j y_m - x_m y_j) +$$

$$(y_j - y_m)x + (x_m - x_j)y] \quad (i = i, j, m) \tag{4.34}$$

而　　　　$a_i = x_j y_m - x_m y_j, \quad b_i = y_j - y_m, \quad c_i = -x_j + x_m \quad (i = i, j, m)$

则

$$A_i = \frac{1}{2}(a_i + b_i x + c_i y) \quad (i = i, j, m)$$

将其代入式(4.32),即得用直角坐标表示面积坐标的关系式:

$$\begin{cases} L_i = (a_i + b_i x + c_i y)/2A \\ L_j = (a_j + b_j x + c_j y)/2A \\ L_m = (a_m + b_m x + c_m y)/2A \end{cases} \tag{4.35}$$

将式(4.35)与式(3.7)对比,可见三节点三角形单元的形函数 N_i、N_j、N_m 就是面积坐标 L_i、L_j、L_m。将式(4.35)中的三个式子分别乘以 x_i, x_j, x_m,并将式(4.34)代入,然后相加得式(4.36)的第一式,并同理得第二式,这就是两种坐标的转换公式。

$$\begin{cases} x = x_i L_i + x_j L_j + x_m L_m \\ y = y_i L_i + y_j L_j + y_m L_m \end{cases} \tag{4.36}$$

由式(4.36)可见,直角坐标与面积坐标是呈线性关系的,所以用直角坐标表示的多项式可以改用面积坐标的同阶次的多项式来表达。用面积坐标表示多项式的优点在于单元节点的面积坐标与三角形的形状和方位无关,而且所要用到的积分公式的运算相对简单。

2) 面积坐标的导数公式

根据面积坐标与直角坐标的关系,由复合函数的求导公式,有

$$\begin{cases} \dfrac{\partial}{\partial x} = \dfrac{\partial L_i}{\partial x}\dfrac{\partial}{\partial L_i} + \dfrac{\partial L_j}{\partial x}\dfrac{\partial}{\partial L_j} + \dfrac{\partial L_m}{\partial x}\dfrac{\partial}{\partial L_m} \\[2mm] \qquad = \dfrac{b_i}{2A}\dfrac{\partial}{\partial L_i} + \dfrac{b_j}{2A}\dfrac{\partial}{\partial L_j} + \dfrac{b_m}{2A}\dfrac{\partial}{\partial L_m} \\[2mm] \dfrac{\partial}{\partial y} = \dfrac{\partial L_i}{\partial y}\dfrac{\partial}{\partial L_i} + \dfrac{\partial L_j}{\partial y}\dfrac{\partial}{\partial L_j} + \dfrac{\partial L_m}{\partial y}\dfrac{\partial}{\partial L_m} \\[2mm] \qquad = \dfrac{c_i}{2A}\dfrac{\partial}{\partial L_i} + \dfrac{c_j}{2A}\dfrac{\partial}{\partial L_j} + \dfrac{c_m}{2A}\dfrac{\partial}{\partial L_m} \end{cases} \tag{4.37}$$

3) 面积坐标的积分公式

在计算单元刚度矩阵和等效节点载荷时用到面积坐标的幂函数积分公式。

在三角形单元上进行积分,有

$$\iint_A L_i^a L_j^b L_m^c \mathrm{d}x\mathrm{d}y = \frac{a!\,b!\,c!}{(a+b+c+2)!}2A \tag{4.38}$$

式中,a,b,c 为正整数;$a!,b!,c!$ 分别为 a,b,c 的阶乘;A 为三角形的面积。

在三角形某一边上进行积分,有

$$\int_l L_i^a L_j^b \mathrm{d}s = \frac{a!\,b!}{(a+b+1)!}l \tag{4.39}$$

式中,l 为该边的长度。

2. 位移函数

在图 4.5 所示的六节点三角形单元中,对角节点和边中节点,形函数可用面积坐标表示:

$$\begin{cases} N_i = L_i(2L_i - 1) & (i = i,j,m) \\ N_{i'} = 4L_j L_m & (i' = i',j',m'\,;\,i,j,m) \end{cases} \tag{4.40}$$

取与式(4.31)所表达的直角坐标多项式完全等同的而改用面积坐标表示的另一位移模式:

$$\begin{cases} u = N_i u_i + N_j u_j + N_m u_m + N_{i'} u_{i'} + N_{j'} u_{j'} + N_{m'} u_{m'} \\ v = N_i v_i + N_j v_j + N_m v_m + N_{i'} v_{i'} + N_{j'} v_{j'} + N_{m'} v_{m'} \end{cases} \tag{4.41}$$

形函数确定后,单元中任一点的位移用矩阵形式表示成

$$f = \begin{bmatrix} u \\ v \end{bmatrix} = N\delta^e$$

式中

$$\delta^e = \begin{bmatrix} u_i & v_i & u_j & v_j & u_m & v_m & u_{i'} & v_{i'} & u_{j'} & v_{j'} & u_{m'} & v_{m'} \end{bmatrix}^T$$

$$N = \begin{bmatrix} N_i & 0 & N_j & 0 & N_m & 0 & N_{i'} & 0 & N_{j'} & 0 & N_{m'} & 0 \\ 0 & N_i & 0 & N_j & 0 & N_m & 0 & N_{i'} & 0 & N_{j'} & 0 & N_{m'} \end{bmatrix}$$

3. 单元刚度矩阵

单元中的应变为

$$\boldsymbol{\varepsilon} = \boldsymbol{B}\boldsymbol{\delta}^e$$

而

$$\boldsymbol{B} = \begin{bmatrix} \boldsymbol{B}_i & \boldsymbol{B}_j & \boldsymbol{B}_m & \boldsymbol{B}_{i'} & \boldsymbol{B}_{j'} & \boldsymbol{B}_{m'} \end{bmatrix} \tag{4.42}$$

其中的子矩阵可按式(4.37)将用面积坐标表示的形函数式(4.41)对直角坐标求偏导得

$$\boldsymbol{B}_i = \begin{bmatrix} \dfrac{\partial}{\partial x} & 0 \\ 0 & \dfrac{\partial}{\partial y} \\ \dfrac{\partial}{\partial y} & \dfrac{\partial}{\partial x} \end{bmatrix} \begin{bmatrix} N_i & 0 \\ 0 & N_i \end{bmatrix}$$

$$= \frac{1}{2A} \begin{bmatrix} b_i(4L_i - 1) & 0 \\ 0 & c_i(4L_i - 1) \\ c_i(4L_i - 1) & b_i(4L_i - 1) \end{bmatrix} \quad (i = i, j, m) \tag{4.43}$$

$$\boldsymbol{B}_{i'} = \begin{bmatrix} \dfrac{\partial}{\partial x} & 0 \\ 0 & \dfrac{\partial}{\partial y} \\ \dfrac{\partial}{\partial y} & \dfrac{\partial}{\partial x} \end{bmatrix} \begin{bmatrix} N_{i'} & 0 \\ 0 & N_{i'} \end{bmatrix}$$

$$= \frac{1}{2A} \begin{bmatrix} 4(b_j L_m + b_m L_j) & 0 \\ 0 & 4(c_j L_m + c_m L_j) \\ 4(c_j L_m + c_m L_j) & 4(b_j L_m + b_m L_j) \end{bmatrix} \quad (i' = i', j', m'; i, j, m) \tag{4.44}$$

单元中的应力为

$$\boldsymbol{\sigma} = \boldsymbol{S}\boldsymbol{\delta}^e = \boldsymbol{D}\boldsymbol{B}\boldsymbol{\delta}^e$$

将应力矩阵 $\boldsymbol{S}$ 分块表示为

$$\boldsymbol{S} = \begin{bmatrix} \boldsymbol{S}_i & \boldsymbol{S}_j & \boldsymbol{S}_m & \boldsymbol{S}_{i'} & \boldsymbol{S}_{j'} & \boldsymbol{S}_{m'} \end{bmatrix} \tag{4.45}$$

若为平面应力问题,将式(2.26)代入得

$$\boldsymbol{S}_i = \frac{E}{1-\mu^2} \begin{bmatrix} 1 & \mu & 0 \\ \mu & 1 & 0 \\ 0 & 0 & \dfrac{1-\mu}{2} \end{bmatrix} \cdot \frac{1}{2A} \begin{bmatrix} b_i(4L_i - 1) & 0 \\ 0 & c_i(4L_i - 1) \\ c_i(4L_i - 1) & b_i(4L_i - 1) \end{bmatrix}$$

$$= \frac{E}{4A(1-\mu^2)}(4L_i - 1) \begin{bmatrix} 2b_i & 2\mu c_i \\ 2\mu b_i & 2c_i \\ (1-\mu)c_i & (1-\mu)b_i \end{bmatrix} \quad (i = i, j, m) \tag{4.46}$$

$$S_i = DB_i$$

$$= \frac{E}{4A(1-\mu^2)} \begin{bmatrix} 8(b_j L_m + b_m L_j) & 8\mu(c_j L_m + c_m L_j) \\ 8\mu(b_j L_m + b_m L_j) & 8(c_j L_m + c_m L_j) \\ 4(1-\mu)(c_j L_m + c_m L_j) & 4(1-\mu)(b_j L_m + b_m L_j) \end{bmatrix}$$

$$(i' = i', j', m'; i, j, m) \tag{4.47}$$

由上述式(4.43)、式(4.44)及式(4.46)、式(4.47)可见,矩阵 B 及 S 中的元素都是面积坐标的一次式,也就是直角坐标的一次式。因此,单元中的应变 ε 及应力 σ 沿任何方向都是线性变化的,不再是常数,所以比三节点三角形单元精度要高。

单元刚度矩阵同样有

$$k^e = \iint B^{\mathrm{T}} DB t \, \mathrm{d}x \mathrm{d}y$$

将上述公式代入并用式(4.38)对其中各元素进行积分,得

$$k^e = \frac{Et}{24(1-\mu^2)A} \begin{bmatrix} F_i & P_{ij} & P_{im} & 0 & -4P_{im} & -4P_{ij} \\ P_{ji} & F_j & P_{jm} & -4P_{jm} & 0 & -4P_{ji} \\ P_{mi} & P_{mj} & F_m & -4P_{mj} & -4P_{mi} & 0 \\ 0 & -4P_{mj} & -4P_{jm} & G_i & Q_{ij} & Q_{im} \\ -4P_{mi} & 0 & -4P_{im} & Q_{ji} & G_j & Q_{jm} \\ -4P_{ji} & -4P_{ij} & 0 & Q_{mi} & Q_{mj} & G_m \end{bmatrix} \tag{4.48}$$

式中

$$F_i = \begin{bmatrix} 6b_i^2 + 3(1-\mu)c_i^2 & \text{对称} \\ 3(1+\mu)b_i c_i & 6c_i^2 + 3(1-\mu)b_i^2 \end{bmatrix} \quad (i = i, j, m)$$

$$G_i = \begin{bmatrix} 16(b_i^2 - b_j b_m) + 8(1-\mu)(c_i^2 - c_j c_m) & \text{对称} \\ 4(1+\mu)(b_i c_i + b_j c_j + b_m c_m) & 16(c_i^2 - c_j c_m) + 8(1-\mu)(b_i^2 - b_j b_m) \end{bmatrix}$$

$$(i = i, j, m)$$

$$P_{rs} = \begin{bmatrix} -2b_r b_s - (1-\mu)c_r c_s & -2\mu b_r c_s - (1-\mu)c_r b_s \\ -2\mu c_r b_s - (1-\mu)b_r c_s & -2c_r c_s - (1-\mu)b_r b_s \end{bmatrix} \begin{Bmatrix} r = i, j, m \\ s = i, j, m \end{Bmatrix}$$

$$Q_{rs} = \begin{bmatrix} 16b_r b_s + 8(1-\mu)c_r c_s & \text{对称} \\ 4(1+\mu)(c_r b_s + b_r c_s) & 16c_r c_s + 8(1-\mu)b_r b_s \end{bmatrix} \begin{Bmatrix} r = i, j, m \\ s = i, j, m \end{Bmatrix}$$

对于平面应变问题,仅需把上述应力矩阵及刚度矩阵各公式中的 E、μ 替换即可。

4.2.2　矩形四节点单元

矩形单元如图 4.7 所示,每个节点有两个自由度,四节点矩形单元共有 8 个自由度。以 4 个角点 i、j、m、p 作为节点,x 轴和 y 轴置于单元的对称轴上。节点 i, j, m, p 的坐标分别为 $(-a, -b)$、$(a, -b)$、(a, b) 及 $(-a, b)$。单元内任一点的位移函数可取为

$$\begin{cases} u(x, y) = \alpha_1 + \alpha_2 x + \alpha_3 y + \alpha_4 xy \\ v(x, y) = \alpha_5 + \alpha_6 x + \alpha_7 y + \alpha_8 xy \end{cases} \tag{4.49}$$

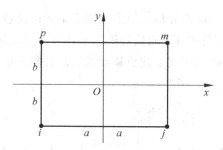

图 4.7　矩形四节点单元

式中，$\alpha_1,\alpha_2,\cdots,\alpha_8$ 为待定常数。由 4 个节点坐标值即可确定各节点的位移分量值：

$$\begin{cases} u_i = \alpha_1 - a\alpha_2 - b\alpha_3 + ab\alpha_4, & v_i = \alpha_5 - a\alpha_6 - b\alpha_7 + ab\alpha_8 \\ u_j = \alpha_1 + a\alpha_2 - b\alpha_3 + ab\alpha_4, & v_j = \alpha_5 + a\alpha_6 - b\alpha_7 - ab\alpha_8 \\ u_m = \alpha_1 + a\alpha_2 + b\alpha_3 + ab\alpha_4, & v_m = \alpha_5 + a\alpha_6 + b\alpha_7 + ab\alpha_8 \\ u_p = \alpha_1 - a\alpha_2 + b\alpha_3 - ab\alpha_4, & v_p = \alpha_5 - a\alpha_6 + b\alpha_7 - ab\alpha_8 \end{cases}$$

解出 α_1、α_2、α_3、α_4 及 α_5、α_6、α_7、α_8，再代回式(4.49)，整理后得

$$\begin{cases} u = \dfrac{1}{4}\Big[\Big(1-\dfrac{x}{a}\Big)\Big(1-\dfrac{y}{b}\Big)u_i + \Big(1+\dfrac{x}{u}\Big)\Big(1-\dfrac{y}{b}\Big)u_i + \\ \qquad \Big(1+\dfrac{x}{a}\Big)\Big(1+\dfrac{y}{b}\Big)u_m + \Big(1-\dfrac{x}{a}\Big)\Big(1+\dfrac{y}{b}\Big)u_p\Big] \\ v = \dfrac{1}{4}\Big[\Big(1-\dfrac{x}{a}\Big)\Big(1-\dfrac{y}{b}\Big)v_i + \Big(1+\dfrac{x}{a}\Big)\Big(1-\dfrac{y}{b}\Big)v_j + \\ \qquad \Big(1+\dfrac{x}{a}\Big)\Big(1+\dfrac{y}{b}\Big)v_m + \Big(1-\dfrac{x}{a}\Big)\Big(1+\dfrac{y}{b}\Big)v_p\Big] \end{cases} \quad (4.50)$$

由

$$N_i = \frac{1}{4}\Big(1-\frac{x}{a}\Big)\Big(1-\frac{y}{b}\Big)$$

$$N_j = \frac{1}{4}\Big(1+\frac{x}{a}\Big)\Big(1-\frac{y}{b}\Big)$$

$$N_m = \frac{1}{4}\Big(1+\frac{x}{a}\Big)\Big(1+\frac{y}{b}\Big)$$

$$N_p = \frac{1}{4}\Big(1-\frac{x}{a}\Big)\Big(1+\frac{y}{b}\Big)$$

则式(4.50)可写成

$$\begin{cases} u = N_i u_i + N_j u_j + N_m u_m + N_p u_p \\ v = N_i v_i + N_j v_j + N_m v_m + N_p v_p \end{cases} \quad (4.51)$$

将位移函数写成矩阵形式，即有与式(3.9)类似的形式：

$$f = \begin{bmatrix} u \\ v \end{bmatrix} = \boldsymbol{N}\boldsymbol{\delta}^e = [\boldsymbol{I}N_i \quad \boldsymbol{I}N_j \quad \boldsymbol{I}N_m \quad \boldsymbol{I}N_p]\boldsymbol{\delta}^e$$

式中，$\boldsymbol{I}$ 为二阶单位矩阵；

$$\boldsymbol{\delta}^e = [u_i \quad v_i \quad u_j \quad v_j \quad u_m \quad v_m \quad u_p \quad v_p]^e$$

在上式的位移模式中,与前面分析三节点三角形单元的位移函数一样,α_1、α_2、α_3、α_5、α_6、α_7 反映了单元的刚体位移和常应变;而位移函数所具有的双线性函数的性质又保证了相邻单元公共边界上位移的连续性,因此上述位移函数满足有限元解的收敛准则。

根据几何方程,同样可得 $\varepsilon = B\delta^e$,式中

$$B = \partial N = \begin{bmatrix} \dfrac{\partial}{\partial x} & 0 \\ 0 & \dfrac{\partial}{\partial y} \\ \dfrac{\partial}{\partial y} & \dfrac{\partial}{\partial x} \end{bmatrix} [IN_i \ \vdots \ IN_j \ \vdots \ IN_m \ \vdots \ IN_p]$$

$$= [B_i \quad B_j \quad B_m \quad B_p]$$

其中的子矩阵

$$B_i = \begin{bmatrix} \dfrac{\partial N_i}{\partial x} & 0 \\ 0 & \dfrac{\partial N_i}{\partial y} \\ \dfrac{\partial N_i}{\partial y} & \dfrac{\partial N_i}{\partial x} \end{bmatrix} = \frac{1}{4} \begin{bmatrix} \left(1 + \dfrac{y}{y_i}\right)\dfrac{1}{x_i} & 0 \\ 0 & \left(1 + \dfrac{x}{x_i}\right)\dfrac{1}{y_i} \\ \left(1 + \dfrac{x}{x_i}\right)\dfrac{1}{y_i} & \left(1 + \dfrac{y}{y_i}\right)\dfrac{1}{x_i} \end{bmatrix} \quad (i = i, j, m, p) \quad (4.52)$$

由于 B 中的元素是坐标的线性函数,所以单元的应变在每一单元内部都是线性变化的。

由物理方程得

$$\sigma = D\varepsilon = DB\delta^e = S\delta^e$$

式中的应力矩阵 S 为 3×8 矩阵,写成分块形式为

$$S = [S_i \quad S_j \quad S_m \quad S_p]$$

其中的子矩阵

$$S_i = DB_i \quad (i = i, j, m, p)$$

对于平面应力问题

$$S_i = \frac{E}{4(1-\mu^2)} \begin{bmatrix} \dfrac{1}{x_i}\left(1 + \dfrac{y}{y_i}\right) & \mu\dfrac{1}{y_i}\left(1 + \dfrac{x}{x_i}\right) \\ \mu\dfrac{1}{x_i}\left(1 + \dfrac{y}{y_i}\right) & \dfrac{1}{y_i}\left(1 + \dfrac{x}{x_i}\right) \\ \dfrac{1-\mu}{2}\dfrac{1}{y_i}\left(1 + \dfrac{x}{x_i}\right) & \dfrac{1-\mu}{2}\dfrac{1}{x_i}\left(1 + \dfrac{y}{y_i}\right) \end{bmatrix} \quad (i = i, j, m, p) \quad (4.53)$$

由此可见,矩形单元中的应力分量是按线性变化的。其中正应力分量 σ_x 的主要项(即不与 μ 相乘的项)沿着 y 方向按线性变化,而它的次要项(即与 μ 相乘的项)沿着 x 方向按线性变化。正应力分量 σ_y 与此相反。剪应力分量沿 x 及 y 两个方向也都是按线性变化的。

单元的刚度矩阵仍可按式(3.21)进行计算:

$$k^e = \iint B^T DB t \mathrm{d}x\mathrm{d}y$$

$$= \int_{-a}^{a} \int_{-b}^{b} [B_i^T \quad B_j^T \quad B_m^T \quad B_p^T]^T D[B_i \quad B_j \quad B_m \quad B_p] t \mathrm{d}x\mathrm{d}y$$

式中,t 为单元厚度。

把单元刚度矩阵写成分块形式，k^e 是 8×8 阶矩阵。

$$k^e = \begin{bmatrix} k_{ii} & k_{ij} & k_{im} & k_{ip} \\ k_{ji} & \cdots & \cdots & k_{jp} \\ k_{mi} & \cdots & \cdots & k_{mp} \\ k_{pi} & k_{pj} & k_{pm} & k_{pp} \end{bmatrix}^e$$

其中的子矩阵

$$[k_{rs}]_{2\times2}^e = \int_{-a}^{a}\int_{-b}^{b} \mathbf{B}_r^{\mathrm{T}} \mathbf{D} \mathbf{B}_s t \,\mathrm{d}x\mathrm{d}y = \frac{Etab}{4(1-\mu^2)} \cdot$$

$$\begin{bmatrix} \dfrac{1}{x_r x_s}\left(1+\dfrac{b^2}{3}\dfrac{1}{y_r y_s}\right)+\dfrac{1-\mu}{2}\dfrac{1}{y_r y_s}\left(1+\dfrac{a^2}{3}\dfrac{1}{x_r x_s}\right) & \mu\dfrac{1}{x_r y_s}+\dfrac{1-\mu}{2}\dfrac{1}{y_r x_s} \\ \mu\dfrac{1}{y_r x_s}+\dfrac{1-\mu}{2}\dfrac{1}{x_r y_s} & \dfrac{1}{y_r y_s}\left(1+\dfrac{a^2}{3}\dfrac{1}{x_r x_s}\right)+\dfrac{1-\mu}{2}\dfrac{1}{x_r x_s}\left(1+\dfrac{b^2}{3}\dfrac{1}{y_r y_s}\right) \end{bmatrix}$$

$$(r,s=i,j,m,p) \tag{4.54}$$

对于平面应变问题，只需将上列各式中的 E、μ 作相应的替换即可。

4.2.3　曲边等参数单元

前述几种直边单元，几何形状简单规则，但不能适应曲线边界，不能适应工程实际中各类形状复杂的结构。为此可采用任意四边形单元或曲边单元，以适应不规则的边界，而且提高计算精度。然而曲边单元分析复杂，解决的方法就是采用坐标变换，把 (x,y,z) 坐标系中的曲边单元转换成 (ξ,η,ζ) 坐标系中的直边单元。即用曲边单元划分实际结构，而按直边单元进行计算。经过这样处理，单元具有双重性质：一方面用曲边单元划分实际结构，另一方面，大量的计算工作是在直边单元内进行的。

如图 4.8 表示了双线性单元的坐标变换，图(a)在 xy 坐标系下的任意四边形经过坐标变换，转换成图(b)在 $\xi\eta$ 平面上以原点为中心，边长为 2 的正方形单元。xy 平面上的节点 1、2、3、4 分别对应 $\xi\eta$ 平面上的节点 1、2、3、4。这种变换不是对整个求解域的，而是针对每个单元进行。ξ,η 是一种局部坐标，它只应用于单元范围内；而 x,y 是整体坐标，它适用于所有单元。

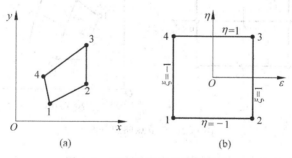

图 4.8　四边形四节点等参单元

将矩形单元位移函数式(4.51)应用于图 4.8 用 ξ,η 表示的基本单元，有

$$\begin{cases} u(\xi,\eta)=\displaystyle\sum_{i=1}^{4} N_i(\xi,\eta)u_i \\ v(\xi,\eta)=\displaystyle\sum_{i=1}^{4} N_i(\xi,\eta)v_i \end{cases} \tag{4.55}$$

其中

$$N_i = \frac{1}{4}(1+\xi_i\xi)(1+\eta_i\eta) \quad (i=1,2,3,4)$$

式中,ξ_i,η_i 是节点 i 在图 4.8 中的局部坐标。由于在 (ξ,η) 平面上的双线性单元的每条边是 ξ 或 η 的线性函数,其边上位移值完全取决于对应两端点的位移值,因此在局部坐标系中,该形状函数是完全满足相容条件的。而在实际计算中,需要用整体坐标 (x,y) 表达 (u,v),因此必须建立整体坐标 (x,y) 与局部坐标 (ξ,η) 之间的变换关系,其坐标变换式为

$$\begin{cases} x(\xi,\eta) = \sum_{i=1}^{4} N_i(\xi,\eta)x_i \\ y(\xi,\eta) = \sum_{i=1}^{4} N_i(\xi,\eta)y_i \end{cases} \tag{4.56}$$

这里坐标变换采用的形状函数与位移模式采用的形状函数完全相同,而且用于规定单元形状的节点数等于用于规定单元位移的节点数,把这种单元称为等参数单元,简称等参元。

上述直边四边形等参元,不能准确拟合物体的曲线边界,而且其位移模式的阶次还不够高,影响计算精度。为此,可以采用精度更高的任意曲边四边形单元。例如每一边采用二次曲线来描述,就形成了八节点的曲边等参元,其基本单元和实际单元如图 4.9(a) 和 (b) 所示,单元位移模式可取为

$$\begin{cases} u = \alpha_1 + \alpha_2\xi + \alpha_3\eta + \alpha_4\xi^2 + \alpha_5\xi\eta + \alpha_6\eta^2 + \alpha_7\xi^2\eta + \alpha_8\xi\eta^2 \\ v = \alpha_9 + \alpha_{10}\xi + \alpha_{11}\eta + \alpha_{12}\xi^2 + \alpha_{13}\xi\eta + \alpha_{14}\eta^2 + \alpha_{15}\xi^2\eta + \alpha_{16}\xi\eta^2 \end{cases} \tag{4.57}$$

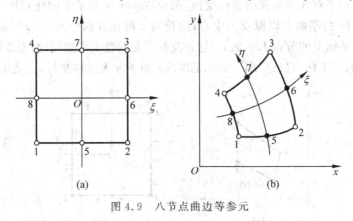

图 4.9　八节点曲边等参元

采用形函数表示,将位移模式写成

$$\begin{cases} u(\xi,\eta) = \sum_{i=1}^{8} N_i(\xi,\eta)u_i \\ v(\xi,\eta) = \sum_{i=1}^{8} N_i(\xi,\eta)v_i \end{cases} \tag{4.58}$$

式中

$$
\begin{cases}
N_1 = -\dfrac{1}{4}(1-\xi)(1-\eta)(1+\xi+\eta) \\[2mm]
N_2 = -\dfrac{1}{4}(1+\xi)(1-\eta)(1-\xi+\eta) \\[2mm]
N_3 = -\dfrac{1}{4}(1+\xi)(1+\eta)(1-\xi-\eta) \\[2mm]
N_4 = -\dfrac{1}{4}(1-\xi)(1+\eta)(1+\xi-\eta) \\[2mm]
N_5 = \dfrac{1}{2}(1-\xi^2)(1-\eta) \\[2mm]
N_6 = \dfrac{1}{2}(1+\xi)(1-\eta^2) \\[2mm]
N_7 = \dfrac{1}{2}(1-\xi^2)(1+\eta) \\[2mm]
N_8 = \dfrac{1}{2}(1-\xi)(1-\eta^2)
\end{cases}
\tag{4.59}
$$

而坐标变换式则为

$$
\begin{cases}
x(\xi,\eta) = \displaystyle\sum_{i=1}^{8} N_i(\xi,\eta)x_i \\[3mm]
y(\xi,\eta) = \displaystyle\sum_{i=1}^{8} N_i(\xi,\eta)y_i
\end{cases}
\tag{4.60}
$$

该坐标变换式将 $\xi\eta$ 平面上的正方形映射为 xy 平面上的曲边四边形。xy 平面上每一条边都是一条二次曲线,它完全由对应边上的 3 个节点的坐标唯一确定。可以证明,单元的位移函数反映了刚体位移和常应变,单元是完备协调的。等参数单元的位移模式主要取决于单元的形函数,它既反映了单元的位移形状,也反映了单元的几何形状,一旦确定了形函数也就确定了位移模式。所以在讨论位移模式过程中,主要在于分析形函数。各种实际单元都可看作为由相应的基本单元通过变换而成的,因此只要分析基本单元用局部坐标表示的插值位移函数。

类似平面高阶单元特性分析,可以建立单元应变矩阵、应力矩阵、刚度矩阵和节点力向量等计算公式。与前面不同之处在于,要将对整体坐标 x、y 的导数和积分计算转换为对局部坐标 ξ,η 的导数和积分计算。下面以四节点等参元推导为例,分析其单元特性。八节点单元特性分析和具体公式形式与四节点单元一样,区别仅在于两种单元有关矩阵的维数不同。

单元的几何方程与前述相同,即

$$
\boldsymbol{\varepsilon} = \boldsymbol{B}\boldsymbol{\delta}^e = \begin{bmatrix} \boldsymbol{B}_1 & \boldsymbol{B}_2 & \boldsymbol{B}_3 & \boldsymbol{B}_4 \end{bmatrix}\boldsymbol{\delta}^e
\tag{4.61}
$$

式中

$$
\boldsymbol{B}_i = \begin{bmatrix} N_{i,x} & 0 & 0 \\ 0 & N_{i,y} & 0 \\ N_{i,y} & N_{i,x} & 0 \end{bmatrix} \quad (i=1,2,3,4)
\tag{4.62}
$$

记号 $N_{i,x}$,$N_{i,y}$ 分别表示 N_i 对 x,y 的偏导数 $\dfrac{\partial N_i}{\partial x}$,$\dfrac{\partial N_i}{\partial y}$。

由于形函数(4.59)是用局部坐标 ξ, η 给出的,必须应用复合函数求导的法则。由公式(4.60)有

$$\begin{cases} \dfrac{\partial N_i}{\partial \xi} = \dfrac{\partial N_i}{\partial x} \cdot \dfrac{\partial x}{\partial \xi} + \dfrac{\partial N_i}{\partial y} \cdot \dfrac{\partial y}{\partial \xi} \\[3mm] \dfrac{\partial N_i}{\partial \eta} = \dfrac{\partial N_i}{\partial x} \cdot \dfrac{\partial x}{\partial \eta} + \dfrac{\partial N_i}{\partial y} \cdot \dfrac{\partial y}{\partial \eta} \end{cases} \tag{4.63}$$

写成矩阵形式

$$\begin{bmatrix} \dfrac{\partial N_i}{\partial \xi} \\[3mm] \dfrac{\partial N_i}{\partial \eta} \end{bmatrix} = \begin{bmatrix} \dfrac{\partial x}{\partial \xi} & \dfrac{\partial y}{\partial \xi} \\[3mm] \dfrac{\partial x}{\partial \eta} & \dfrac{\partial y}{\partial \eta} \end{bmatrix} \begin{bmatrix} \dfrac{\partial N_i}{\partial x} \\[3mm] \dfrac{\partial N_i}{\partial y} \end{bmatrix} \tag{4.64}$$

上式右边第一个矩阵称为雅可比矩阵,它是一个非奇异矩阵:

$$\boldsymbol{J} = \begin{bmatrix} \dfrac{\partial x}{\partial \xi} & \dfrac{\partial y}{\partial \xi} \\[3mm] \dfrac{\partial x}{\partial \eta} & \dfrac{\partial y}{\partial \eta} \end{bmatrix} \tag{4.65}$$

从而有

$$\begin{bmatrix} \dfrac{\partial N_i}{\partial x} \\[3mm] \dfrac{\partial N_i}{\partial y} \end{bmatrix} = \boldsymbol{J}^{-1} \begin{bmatrix} \dfrac{\partial N_i}{\partial \xi} \\[3mm] \dfrac{\partial N_i}{\partial \eta} \end{bmatrix} \tag{4.66}$$

由式(4.59)及式(4.60),可得

$$\boldsymbol{J} = \begin{bmatrix} \displaystyle\sum_{i=1}^{4} \dfrac{\partial N_i}{\partial \xi} x_i & \displaystyle\sum_{i=1}^{4} \dfrac{\partial N_i}{\partial \xi} y_i \\[3mm] \displaystyle\sum_{i=1}^{4} \dfrac{\partial N_i}{\partial \eta} x_i & \displaystyle\sum_{i=1}^{4} \dfrac{\partial N_i}{\partial \eta} y_i \end{bmatrix} \tag{4.67}$$

$$\boldsymbol{J}^{-1} = \frac{1}{|\boldsymbol{J}|} \begin{bmatrix} \displaystyle\sum_{i=1}^{4} \dfrac{\partial N_i}{\partial \eta} y_i & -\displaystyle\sum_{i=1}^{4} \dfrac{\partial N_i}{\partial \xi} y_i \\[3mm] -\displaystyle\sum_{i=1}^{4} \dfrac{\partial N_i}{\partial \eta} x_i & \displaystyle\sum_{i=1}^{4} \dfrac{\partial N_i}{\partial \xi} x_i \end{bmatrix} \tag{4.68}$$

其中 $|\boldsymbol{J}|$ 为雅可比矩阵的行列式, $|\boldsymbol{J}|$ 不能为零。应力矩阵仍由下式得到:

$$\boldsymbol{\sigma} = \boldsymbol{D}\boldsymbol{\varepsilon} = \boldsymbol{D}\boldsymbol{B}\boldsymbol{\delta}^e = \boldsymbol{S}\boldsymbol{\delta}^e$$

单元刚度矩阵仍为

$$\boldsymbol{k}^e = \iint \boldsymbol{B}^{\mathrm{T}} \boldsymbol{D} \boldsymbol{B} t \, \mathrm{d}x \mathrm{d}y$$

由于 $\boldsymbol{B}$ 是用局部坐标系 ξ, η 给出,将积分变量 x, y 变换成 ξ, η,有

$$\mathrm{d}x \mathrm{d}y = |\boldsymbol{J}| \, \mathrm{d}\xi \mathrm{d}\eta$$

在局部坐标系中,积分区间为 $(-1 \leqslant \xi \leqslant 1, -1 \leqslant \eta \leqslant 1)$。因此 k 可由下式计算:

$$\boldsymbol{k}^e = \int_{-1}^{1} \int_{-1}^{1} \boldsymbol{B}^{\mathrm{T}} \boldsymbol{D} \boldsymbol{B} t \, |\boldsymbol{J}| \, \mathrm{d}\xi \mathrm{d}\eta \tag{4.69}$$

由于被积函数非常复杂,刚度矩阵 k 已不可能写成显式积分,需要用数值积分计算。通

常的方法是在单元内选出某些积分点,算出被积函数在这些积分点的值,然后用一些加权系数乘上这些函数值,再求出总和作为近似的积分值。数值积分将积分问题化为求和问题处理。数值积分有多种方法,而高斯积分法是数值积分法中具有较高精度的方法,所以在有限元法中都采用高斯积分法,它可以用较少的积分点达到较高的精度,从而节省计算时间。下面简单介绍高斯积分的几项公式,详细内容及说明可参见有关参考书:

(1) 一维高斯积分公式

在区间 $[-1,1]$ 求下列积分:

$$I = \int_{-1}^{1} f(\xi) \mathrm{d}\xi$$

选定积分点为 $\xi_1, \xi_2, \cdots, \xi_n$,然后由下式计算积分值:

$$I = \int_{-1}^{1} f(\xi) \mathrm{d}\xi = H_1 f(\xi_1) + H_2 f(\xi_2) + \cdots + H_n f(\xi_n) = \sum_{i=1}^{n} H_i f(\xi_i)$$

式中,$f(\xi_i)$ 为被积函数在积分点 ξ_i 处的值;H_i 为加权系数;n 为所取积分点的数目。高斯积分的积分点选取原则是,对于给定的点数,求得最精确的结果,积分点 ξ_i 应是勒让德多项式 $\mathrm{P}_n(\xi)$ 的根,而且加权系数应按下式计算:

$$H_i = \frac{2}{(1-\xi_i^2)[\mathrm{P}_n'(\xi_i)]^2}$$

(2) 二维高斯求积公式

$$I = \int_{-1}^{1} \int_{-1}^{1} f(\xi, \eta) \mathrm{d}\xi \mathrm{d}\eta = \sum_{j=1}^{n} \sum_{i=1}^{n} H_i H_j f(\xi_i, \eta_j)$$

(3) 三维高斯求积公式

$$I = \int_{-1}^{1} \int_{-1}^{1} \int_{-1}^{1} f(\xi, \eta, \zeta) \mathrm{d}\xi \mathrm{d}\eta \mathrm{d}\zeta = \sum_{m=1}^{n} \sum_{j=1}^{n} \sum_{i=1}^{n} H_i H_j H_m f(\xi_i, \eta_j, \zeta_m) \tag{4.70}$$

对式(4.69)进行高斯积分有

$$k^e = \sum_{m=1}^{l} \sum_{n=1}^{l} H_m H_n \boldsymbol{B}^{\mathrm{T}} \boldsymbol{D} \boldsymbol{B} \mid \boldsymbol{J} \mid t \tag{4.71}$$

由于采用高斯积分,相应截面上的应力等量值也是在积分点上获得的,再由积分点外推到节点,在查看计算结果输出时要注意输出点的位置。

4.3　三维单元分析

利用有限单元法来分析空间问题时,也像分析平面问题时一样,要对弹性体进行离散,形成有限元离散体。空间问题时弹性体的离散可用多种不同单元,如四节点四面体单元、八节点六面体单元、20 节点六面体单元及各种等参单元。其中四节点单元是最简单的空间单元,它是一种常应变单元。

4.3.1　四节点四面体单元

四面体单元不像六面体单元只适用于几何形状规则的单元,它对结构的划分有良好的适应性,其节点编号和节点坐标如图 4.10 所示。节点编号遵循这样一个顺序:在右手直角坐标系中,应使得右手螺旋按照 i,j,m 轮换的转向时,p 在大拇指所指的方向。每个节点有 3 个方向的位移自由度 u,v 和 w,4 个节点共有 12 个位移分量。其单元节点位移向量为

$$\boldsymbol{\delta}^e = \begin{bmatrix} u_i & v_i & w_i & u_j & v_j & w_j & u_m & v_m & w_m & u_p & v_p & w_p \end{bmatrix}^{\mathrm{T}} \tag{4.72}$$

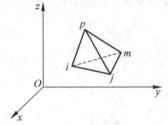

图 4.10　四节点四面体单元

设单元内各点的位移用线性多项式表示,即单元位移函数可假定为

$$\begin{cases} u = \alpha_1 + \alpha_2 x + \alpha_3 y + \alpha_4 z \\ v = \alpha_5 + \alpha_6 x + \alpha_7 y + \alpha_8 z \\ w = \alpha_9 + \alpha_{10} x + \alpha_{11} y + \alpha_{12} z \end{cases} \tag{4.73}$$

式中,$\alpha_1,\alpha_2,\cdots,\alpha_{12}$ 为 12 个待定常数。位移函数(4.73)必须在单元节点上满足节点位移,将节点坐标和节点位移代入式(4.73),可求得待定常数 $\alpha_1,\alpha_2,\cdots,\alpha_{12}$。再将其代回式(4.73),得到用形函数表示的位移函数:

$$\begin{cases} u = N_i u_i + N_j u_j + N_m u_m + N_p u_p \\ v = N_i v_i + N_j v_j + N_m v_m + N_p v_p \\ w = N_i w_i + N_j w_j + N_m w_m + N_p w_p \end{cases} \tag{4.74}$$

写成矩阵形式为

$$\boldsymbol{f} = \begin{bmatrix} u \\ v \\ w \end{bmatrix} = \begin{bmatrix} N_i & 0 & 0 & N_j & 0 & 0 & N_m & 0 & 0 & N_p & 0 & 0 \\ 0 & N_i & 0 & 0 & N_j & 0 & 0 & N_m & 0 & 0 & N_p & 0 \\ 0 & 0 & N_i & 0 & 0 & N_j & 0 & 0 & N_m & 0 & 0 & N_p \end{bmatrix} \boldsymbol{\delta}^e = \boldsymbol{N}\boldsymbol{\delta}^e$$

式中,$\boldsymbol{N}$ 为单元形函数矩阵,其中

$$N_i = \frac{1}{6V}(a_i + b_i x + c_i y + d_i z) \quad (i = i,j,m,p) \tag{4.75}$$

a_i,b_i,c_i 和 d_i 分别为

$$a_i = \begin{vmatrix} x_j & y_j & z_j \\ x_m & y_m & z_m \\ x_p & y_p & z_p \end{vmatrix}, \quad b_i = -\begin{vmatrix} 1 & y_j & z_j \\ 1 & y_m & z_m \\ 1 & y_p & z_p \end{vmatrix}$$

$$c_i = -\begin{vmatrix} x_j & 1 & z_j \\ x_m & 1 & z_m \\ x_p & 1 & z_p \end{vmatrix}, \quad d_i = -\begin{vmatrix} x_j & y_j & 1 \\ x_m & y_m & 1 \\ x_p & y_p & 1 \end{vmatrix}$$

$$(i = i,j,m,p) \tag{4.76}$$

V 为四面体单元的体积:

$$V = \frac{1}{6}\begin{vmatrix} 1 & x_i & y_i & z_i \\ 1 & x_j & y_j & z_j \\ 1 & x_m & y_m & z_m \\ 1 & x_p & y_p & z_p \end{vmatrix} \tag{4.77}$$

将位移函数(4.74)代入几何方程式(2.10),有

$$\boldsymbol{\varepsilon} = \boldsymbol{B}\Delta^e = \begin{bmatrix} \boldsymbol{B}_i & -\boldsymbol{B}_j & \boldsymbol{B}_m & -\boldsymbol{B}_p \end{bmatrix} \boldsymbol{\delta}^e \tag{4.78}$$

式中,$\boldsymbol{B}$ 为应变矩阵,其中任意一项子矩阵的各元素为

$$\boldsymbol{B}_i = \frac{1}{6V} \begin{bmatrix} b_i & 0 & 0 \\ 0 & c_i & 0 \\ 0 & 0 & d_i \\ c_i & b_i & 0 \\ 0 & d_i & c_i \\ d_i & 0 & b_i \end{bmatrix} \quad (i = i, j, m, p) \tag{4.79}$$

可以看出应变矩阵中各元素都是常数，只与单元节点坐标有关。因此单元中的应变也必为常量。与平面三角形单元一样，四面体单元也是常应变单元。

将单元应变 $\boldsymbol{\varepsilon}$，即式(4.78)代入物理方程式(2.15)，得单元的应力为

$$\boldsymbol{\varepsilon} = \boldsymbol{D}\boldsymbol{B}\boldsymbol{\delta}^e = \boldsymbol{S}\boldsymbol{\delta}^e = \begin{bmatrix} \boldsymbol{S}_i & -\boldsymbol{S}_j & \boldsymbol{S}_m & -\boldsymbol{S}_p \end{bmatrix}\boldsymbol{\delta}^e \tag{4.80}$$

式中，$\boldsymbol{S}$ 为应力矩阵，其中任意一项子矩阵为

$$\boldsymbol{S}_i = \boldsymbol{D}\boldsymbol{B}_i = \frac{6A_3}{V} \begin{bmatrix} b_i & A_1 c_i & A_1 d_i \\ A_1 b_i & c_i & A_1 d_i \\ A_1 b_i & A_1 c_i & d_i \\ A_2 c_i & A_2 b_i & 0 \\ 0 & A_2 d_i & A_2 c_i \\ A_2 d_i & 0 & A_2 b_i \end{bmatrix} \quad (i = i, j, m, p) \tag{4.81}$$

其中

$$A_1 = \frac{\mu}{1-\mu}, \quad A_2 = \frac{1-2\mu}{2(1-\mu)}, \quad A_3 = \frac{E(1-\mu)}{36(1+\mu)(1-2\mu)}$$

显然，单元中的应力也为常量。

单元刚度矩阵为

$$\boldsymbol{k}^e = \iiint\limits_V \boldsymbol{B}^{\mathrm{T}} \boldsymbol{D} \boldsymbol{B} \, \mathrm{d}V$$

由于 $\boldsymbol{B}$、$\boldsymbol{D}$ 都是常数矩阵，二者都可以提到积分号以外，因此单元刚度矩阵可表示为

$$\boldsymbol{k}^e = \boldsymbol{B}^{\mathrm{T}} \boldsymbol{D} \boldsymbol{B} V \tag{4.82}$$

式中，$V = \int_V \mathrm{d}x \mathrm{d}y \mathrm{d}z$，为单元的体积。将应变矩阵式(4.79)和弹性矩阵式(4.81)及单元体积表达式(4.77)代入式(4.82)，可得单元刚度矩阵的子块形式表达式：

$$\boldsymbol{k}^e = \begin{bmatrix} \boldsymbol{k}^e_{ii} & -\boldsymbol{k}^e_{ij} & \boldsymbol{k}^e_{im} & -\boldsymbol{k}^e_{ip} \\ -\boldsymbol{k}^e_{ji} & \boldsymbol{k}^e_{jj} & -\boldsymbol{k}^e_{jm} & \boldsymbol{k}^e_{jp} \\ \boldsymbol{k}^e_{mi} & -\boldsymbol{k}^e_{mj} & \boldsymbol{k}^e_{mm} & -\boldsymbol{k}^e_{mp} \\ -\boldsymbol{k}^e_{pi} & \boldsymbol{k}^e_{pj} & -\boldsymbol{k}^e_{pm} & \boldsymbol{k}^e_{pp} \end{bmatrix} \tag{4.83}$$

其中各子矩阵为

$$\begin{aligned} \boldsymbol{k}_{rs} &= \boldsymbol{B}^{\mathrm{T}}_r \boldsymbol{D} \boldsymbol{B}_s V \\ &= \frac{A_3}{V} \begin{bmatrix} b_r b_s + A_2(c_r c_s + d_r d_s) & A_1 b_r c_s + A_2 c_r b_s & A_1 b_r c_s + A_2 d_r b_s \\ A_1 c_r b_s + A_2 b_r c_s & c_r c_s + A_2(b_r b_s + d_r d_s) & A_1 c_r c_s + A_2 d_r c_s \\ A_1 d_r d_s + A_2 b_r b_s & A_1 d_r d_s + A_2 c_r d_s & d_r d_s + A_2(c_r c_s + b_r b_s) \end{bmatrix} \end{aligned}$$
$$(r, s = i, j, m, p) \tag{4.84}$$

由上述方法求得了各单元的单元刚度矩阵和节点载荷后,可按照直接刚度法组集总刚度矩阵,组集总载荷列阵,并建立总刚度矩阵,其余方法与前述整体分析相同,不再赘述。

4.3.2　八节点六面体单元

对几何形状规则的结构进行三维分析时,可选用六面体单元,它有 8 个节点,节点参数为三个坐标轴方向的位移分量 u,v,w。边长分别为 $2a,2b$ 和 $2c$ 的平行六面体单元,也称为砖形单元。在六面体单元的形心上取局部坐标 $\xi\eta\zeta$,坐标轴分别与边长平行,如图 4.11 所示。单元局部坐标与整体坐标之间的关系为

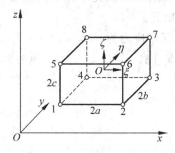

图 4.11　八节点六面体单元

$$x = x_0 + a\xi, \quad x_0 = (x_1 + x_2)/2$$
$$y = y_0 + b\eta, \quad y_0 = (y_1 + y_4)/2$$
$$z = z_0 + c\zeta, \quad z_0 = (z_1 + z_5)/2$$

用前述构造形函数的方法,在该局部坐标系的情况下,可得对应于每个节点的形状函数,即

$$N_i(\xi,\eta,\zeta) = \frac{1}{8}(1+\xi_i\xi)(1+\eta_i\eta)(1+\zeta_i\zeta) \quad (i=1,2,\cdots,8) \tag{4.85}$$

式中,ξ_i、η_i 和 ζ_i 为单元节点 i 的局部坐标。单元内任一点位移可表示为

$$\begin{cases} u = \sum_{i=1}^{8} N_i u_i \\ v = \sum_{i=1}^{8} N_i v_i \\ w = \sum_{i=1}^{8} N_i w_i \end{cases} \tag{4.86}$$

或写成矩阵形式

$$f = N\delta^e \tag{4.87}$$

式中,N 为形函数矩阵:

$$N = \begin{bmatrix} N_1 & 0 & 0 & N_2 & 0 & 0 & \cdots & N_8 & 0 & 0 \\ 0 & N_1 & 0 & 0 & N_2 & 0 & \cdots & 0 & N_8 & 0 \\ 0 & 0 & N_1 & 0 & 0 & N_2 & \cdots & 0 & 0 & N_8 \end{bmatrix} \tag{4.88}$$

单元节点位移向量为

$$\delta^e = \begin{bmatrix} \delta_1^T & \delta_2^T & \delta_3^T & \delta_4^T & \delta_5^T & \delta_6^T & \delta_7^T & \delta_8^T \end{bmatrix}^T \tag{4.89}$$

式中

$$\delta_i = \begin{bmatrix} u_i & v_i & w_i \end{bmatrix}^T \quad (i=1,2,\cdots,8) \tag{4.90}$$

由几何方程式(2.10),得单元应变与单元节点位移之间的关系式:

$$\varepsilon = B\delta^e \tag{4.91}$$

B 为应变矩阵,用子矩阵来表示可写为

$$B = \begin{bmatrix} B_1 & B_2 & B_3 & \cdots & B_8 \end{bmatrix} \tag{4.92}$$

其中每个子矩阵为

$$\boldsymbol{B}_i = \begin{bmatrix} \dfrac{\partial N_i}{\partial x} & 0 & 0 & \dfrac{\partial N_i}{\partial y} & 0 & \dfrac{\partial N_i}{\partial z} \\ 0 & \dfrac{\partial N_i}{\partial y} & 0 & \dfrac{\partial N_i}{\partial x} & \dfrac{\partial N_i}{\partial z} & 0 \\ 0 & 0 & \dfrac{\partial N_i}{\partial z} & 0 & \dfrac{\partial N_i}{\partial y} & \dfrac{\partial N_i}{\partial x} \end{bmatrix}^{\mathrm{T}} \quad (i=1,2,\cdots,8) \tag{4.93}$$

而

$$\begin{cases} \dfrac{\partial N_i}{\partial x} = \dfrac{\xi_i}{8a}(1+\eta_i\eta)(1+\zeta_i\zeta) \\[2mm] \dfrac{\partial N_i}{\partial y} = \dfrac{\eta_i}{8b}(1+\zeta_i\zeta)(1+\xi_i\xi) \\[2mm] \dfrac{\partial N_i}{\partial z} = \dfrac{\zeta_i}{8c}(1+\xi_i\xi)(1+\eta_i\eta) \end{cases} \tag{4.94}$$

将式(4.91)代入物理方程式(2.15),得单元应力与单元节点位移之间的关系式:

$$\boldsymbol{\sigma} = \boldsymbol{DB}\boldsymbol{\delta}^e = \boldsymbol{S}\boldsymbol{\delta}^e \tag{4.95}$$

$\boldsymbol{S}$ 为应力矩阵,写成子矩阵形式为

$$\boldsymbol{S} = \begin{bmatrix} \boldsymbol{S}_1 & \boldsymbol{S}_2 & \boldsymbol{S}_3 & \cdots & \boldsymbol{S}_8 \end{bmatrix} \tag{4.96}$$

式中

$$\boldsymbol{S}_i = \boldsymbol{DB}_i \quad (i=1,2,\cdots,8) \tag{4.97}$$

单元刚度矩阵为

$$\boldsymbol{k}^e = \iiint\limits_{V} \boldsymbol{B}^{\mathrm{T}}\boldsymbol{DB}\,\mathrm{d}V \tag{4.98}$$

写成分块矩阵的形式

$$\boldsymbol{k}^e = \begin{bmatrix} \boldsymbol{k}^e_{11} & \boldsymbol{k}^e_{12} & \cdots & \boldsymbol{k}^e_{18} \\ \boldsymbol{k}^e_{21} & \boldsymbol{k}^e_{22} & \cdots & \boldsymbol{k}^e_{28} \\ \vdots & \vdots & & \vdots \\ \boldsymbol{k}^e_{81} & \boldsymbol{k}^e_{82} & \cdots & \boldsymbol{k}^e_{88} \end{bmatrix} \tag{4.99}$$

空间问题有限单元法的整体分析,包括总刚度矩阵 $\boldsymbol{K}$、总载荷列阵 $\boldsymbol{R}$ 的形成,以及约束处理等,都与平面问题中的处理类似。

4.3.3　20 节点六面体等参元

根据前面几节的论述知道,位移模式选定以后,就可按照一定的格式来推导有限元的单元矩阵。同时在单元数目一定的情况下,有限元所获得的数值解的精度也就确定下来了。或者,为得到一定准确度的计算结果,将结构划分成非常多的单元,增加了整个问题求解的自由度,总的计算效益也是不理想的。因此要提高解的精度,就要从设计新的单元和新的位移模式着手。线性位移模式单元是实际位移分布的最低级逼近形式,精度是受到局限的。而对具有曲线边界的问题,采用直线边界单元,则存在着用折线代替曲线所带来的误差,而这种误差不能用提高单元位移模式的精度来补偿,因此需要构造一些曲边高精度单元,以便在给定的精度下用较少数目的单元去解决实际问题。前述平面等参元采用的就是这一思

想。平面等参元的概念和方法,很容易推广到空间问题。对空间问题,一般多采用复杂一些的、精度高一些的等参元,其综合效益会更好。等参单元既能适应复杂结构的曲面边界,又便于构造高阶单元,下面介绍 20 节点六面体等参元。

空间 20 节点等参元是由边长为 2 的立方体单元经过坐标变换得到的,如图 4.12(a)所示。为插值表示出曲面的单元形状,每个边至少应有 3 个节点。在单元内建立曲线坐标系 $\xi\eta\zeta$,将此曲面六面体单元变换映射成图 4.12(b)所示的一个 20 节点正方体单元。

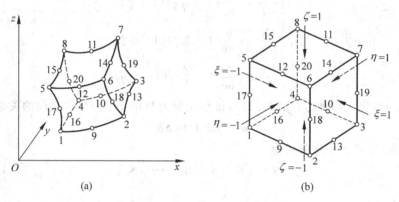

(a)   (b)

图 4.12   20 节点六面体等参元

这种一一对应的映射关系,即坐标变换可表示为

$$x = \sum_{i=1}^{20} N_i x_i, \quad y = \sum_{i=1}^{20} N_i y_i, \quad z = \sum_{i=1}^{20} N_i z_i \quad (4.100)$$

式中,x_i, y_i, z_i 为节点的坐标;N_i 为对应 i 节点的形函数。其形函数的构成要分成 8 个节点的形函数和各棱边中节点的形函数两种情况表述。其表达式如下:

$$\begin{cases} N_i = (1+\xi_0)(1+\eta_0)(1+\zeta_0)(\xi_0+\eta_0+\zeta_0-2)/8 & (i = 1,2,\cdots,8) \\ N_i = (1-\xi^2)(1+\eta_0)(1+\zeta_0)/4 & (i = 9,10,11,12) \\ N_i = (1-\eta^2)(1+\xi_0)(1+\zeta_0)/4 & (i = 13,14,15,16) \\ N_i = (1-\zeta^2)(1+\xi_0)(1+\eta_0)/4 & (i = 17,18,19,20) \end{cases}$$

$$(4.101)$$

式中,$\xi_0 = \xi_i\xi$,$\eta_0 = \eta_i\eta$,$\zeta_0 = \zeta_i\zeta$;其中 ξ_i, η_i, ξ_i 为 i 节点的坐标。由图 4.12(b)可见,各节点的坐标值只能为 1,-1 或 0。

对于等参单元,采用同样的节点、同样的形函数式(4.101),以节点位移插值出单元内部位移。即位移函数设为

$$\begin{cases} u = \sum_{i=1}^{20} N_i u_i \\ v = \sum_{i=1}^{20} N_i v_i \\ w = \sum_{i=1}^{20} N_i w_i \end{cases} \quad (4.102)$$

由空间弹性力学几何方程(2.10),得应变表达式

$$\boldsymbol{\varepsilon} = \boldsymbol{B}\boldsymbol{\delta}^e = \begin{bmatrix} \boldsymbol{B}_1 & \boldsymbol{B}_2 & \cdots & \boldsymbol{B}_{20} \end{bmatrix} \boldsymbol{\delta}^e \tag{4.103}$$

式中，$\boldsymbol{\delta}^e$ 为单元节点位移列阵，共有 60 个分量。

$$\boldsymbol{\delta}^e = \begin{bmatrix} u_1 & v_1 & w_1 & u_2 & v_2 & w_2 & \cdots & u_{20} & v_{20} & w_{20} \end{bmatrix}^{\mathrm{T}} \tag{4.104}$$

式中第 i 个子矩阵为

$$\boldsymbol{B}_i = \begin{bmatrix} N_{i,x} & 0 & 0 \\ 0 & N_{i,y} & 0 \\ 0 & 0 & N_{i,z} \\ N_{i,y} & N_{i,x} & 0 \\ 0 & N_{i,z} & N_{i,y} \\ N_{i,z} & 0 & N_{i,x} \end{bmatrix} \quad (i = 1, 2, \cdots, 20) \tag{4.105}$$

式中，$N_{i,x}, N_{i,y}, N_{i,z}$ 分别表示 N_i 对 x, y, z 的偏导数 $\dfrac{\partial N_i}{\partial x}, \dfrac{\partial N_i}{\partial y}, \dfrac{\partial N_i}{\partial z}$。

同样，由空间弹性力学物理方程，单元内的应力可以表示成

$$\boldsymbol{\sigma} = \boldsymbol{D}\boldsymbol{\varepsilon} = \boldsymbol{D}\boldsymbol{B}\boldsymbol{\delta}^e = \boldsymbol{S}\boldsymbol{\delta}^e \tag{4.106}$$

而应力矩阵可按节点分块表示为

$$\boldsymbol{S} = \begin{bmatrix} \boldsymbol{S}_1 & \boldsymbol{S}_2 & \cdots & \boldsymbol{S}_{20} \end{bmatrix} \tag{4.107}$$

$$\boldsymbol{S}_i = \boldsymbol{D}\boldsymbol{B}_i = A_3 \begin{bmatrix} N_{i,x} & A_1 N_{i,y} & A_1 N_{i,z} \\ A_1 N_{i,x} & N_{i,y} & A_1 N_{i,z} \\ A_1 N_{i,x} & A_1 N_{i,y} & N_{i,z} \\ A_2 N_{i,y} & A_2 N_{i,x} & 0 \\ 0 & A_2 N_{i,z} & A_2 N_{i,y} \\ A_2 N_{i,z} & 0 & A_2 N_{i,x} \end{bmatrix} \quad (i = 1, 2, \cdots, 20) \tag{4.108}$$

式中

$$A_1 = \frac{\mu}{1-\mu}, \quad A_2 = \frac{1-2\mu}{2(1-\mu)}, \quad A_3 = \frac{E(1-\mu)}{(1+\mu)(1-2\mu)} \tag{4.109}$$

单元刚度矩阵为

$$\boldsymbol{k}^e = \iiint \boldsymbol{B}^{\mathrm{T}} \boldsymbol{D} \boldsymbol{B} \, \mathrm{d}V = \begin{bmatrix} \boldsymbol{k}_{11}^e & \boldsymbol{k}_{12}^e & \cdots & \boldsymbol{k}_{120}^e \\ \boldsymbol{k}_{21}^e & \boldsymbol{k}_{22}^e & \cdots & \boldsymbol{k}_{220}^e \\ \vdots & \vdots & & \vdots \\ \boldsymbol{k}_{201}^e & \boldsymbol{k}_{202}^e & \cdots & \boldsymbol{k}_{2020}^e \end{bmatrix} \tag{4.110}$$

第 i 行第 j 列的子矩阵为

$$\boldsymbol{k}_{ij}^e = \iiint \boldsymbol{B}_i^{\mathrm{T}} \boldsymbol{D} \boldsymbol{B}_j \, \mathrm{d}V = \int_{-1}^{1} \int_{-1}^{1} \int_{-1}^{1} \boldsymbol{B}_i^{\mathrm{T}} \boldsymbol{D} \boldsymbol{B}_j \mid \boldsymbol{J} \mid \mathrm{d}\xi \mathrm{d}\eta \mathrm{d}\zeta \tag{4.111}$$

与式(4.66)类似，根据复合函数的求导法则，按坐标变换式(4.100)应有

$$\begin{bmatrix} N_{i,x} \\ N_{i,y} \\ N_{i,z} \end{bmatrix} = \boldsymbol{J}^{-1} \begin{bmatrix} N_{i,\xi} \\ N_{i,\eta} \\ N_{i,\zeta} \end{bmatrix} \tag{4.112}$$

而雅可比矩阵为

$$\boldsymbol{J} = \begin{bmatrix} x_{,\xi} & y_{,\xi} & z_{,\xi} \\ x_{,\eta} & y_{,\eta} & z_{,\eta} \\ x_{,\zeta} & y_{,\zeta} & z_{,\zeta} \end{bmatrix} \qquad (4.113)$$

由坐标变换式(4.100)可求得上述雅可比矩阵的各项元素:

$$\boldsymbol{J} = \begin{bmatrix} \sum\limits_{i=1}^{20} N_{i,\xi}x_i & \sum\limits_{i=1}^{20} N_{i,\xi}y_i & \sum\limits_{i=1}^{20} N_{i,\xi}z_i \\ \sum\limits_{i=1}^{20} N_{i,\eta}x_i & \sum\limits_{i=1}^{20} N_{i,\eta}y_i & \sum\limits_{i=1}^{20} N_{i,\eta}z_i \\ \sum\limits_{i=1}^{20} N_{i,\zeta}x_i & \sum\limits_{i=1}^{20} N_{i,\zeta}y_i & \sum\limits_{i=1}^{20} N_{i,\zeta}z_i \end{bmatrix} \qquad (4.114)$$

4.3.4   空间轴对称环形单元

如果弹性体的几何形状、约束条件及载荷都对称于某一轴,例如 z 轴,则所有位移、应变和应力也对称于该轴。这种问题称为轴对称问题。空间轴对称问题,采用圆柱坐标系 (r,θ,z) 。

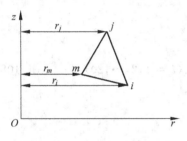

图 4.13   空间轴对称环形单元

根据轴对称问题的特点,任一对称面为 rz 面,没有 θ 方向的位移,从而物体上任一点的位移、应变和应力都和 θ 角无关,而只是 (z,r) 的函数,所以轴对称问题可把三维问题简化成以 (z,r) 为自变量的二维问题。但要注意,只是由于对称,取一个截面进行分析,但在计算中所采用的单元是圆环,每个单元的体积都是一个圆环的体积,所有节点力和节点载荷都是作用在圆环形的节点上,这点与平面问题是不同的。图 4.13 所示代表三角形环形单元,用在 rz 平面上的三角形 ijm 表示。设沿 z 轴方向的位移,即轴向位移为 w,沿半径 r 方向的位移,即径向位移为 u,则三角形单元的节点位移为

$$\boldsymbol{\delta}^e = \begin{bmatrix} w_i & u_i \vdots w_j & u_j \vdots w_m & u_m \end{bmatrix}^T \qquad (4.115)$$

和平面问题三角形单元相仿,取位移模式为

$$\begin{cases} w = \alpha_1 + \alpha_2 z + \alpha_3 r \\ u = \alpha_4 + \alpha_5 z + \alpha_6 r \end{cases} \qquad (4.116)$$

代入节点位移后,可解出 $\alpha_1, \alpha_2, \cdots, \alpha_6$,将其用形函数表述:

$$\begin{cases} w = N_i w_i + N_j w_j + N_m w_m \\ u = N_i u_i + N_j u_j + N_m u_m \end{cases} \qquad (4.117)$$

或写成

$$f = N\boldsymbol{\delta}^e \qquad (4.118)$$

式中

$$N_i = \frac{1}{2A}(a_i + b_i r + c_i z) \quad (i = i, j, m) \qquad (4.119)$$

根据弹性力学理论,空间轴对称问题的应变有 4 个分量,即轴向应变 ε_z、径向应变 ε_r、环

向应变 ε_{θ} 和剪应变 γ_{rz}，其几何方程为

$$\boldsymbol{\varepsilon} = \begin{bmatrix} \varepsilon_z \\ \varepsilon_r \\ \varepsilon_\theta \\ \gamma_{zr} \end{bmatrix} = \begin{bmatrix} \dfrac{\partial w}{\partial z} \\ \dfrac{\partial u}{\partial r} \\ \dfrac{u}{r} \\ \dfrac{\partial w}{\partial r} + \dfrac{\partial u}{\partial z} \end{bmatrix} \tag{4.120}$$

将位移函数式(4.117)代入式(4.120)，可得

$$\boldsymbol{\varepsilon} = \boldsymbol{B}\boldsymbol{\delta}^e \tag{4.121}$$

$\boldsymbol{B}$ 矩阵中含有变量 r, z，因此它不是常数矩阵，三角形环形单元也不是常应变单元。

空间轴对称问题有 4 个应力分量，即轴向应力 σ_z、径向应力 σ_r、环向应力 σ_θ 和剪应力 τ_{rz}，其物理方程为

$$\boldsymbol{\sigma} = \begin{bmatrix} \sigma_z \\ \sigma_r \\ \sigma_\theta \\ \tau_{zr} \end{bmatrix} = \boldsymbol{D}\boldsymbol{\varepsilon} \tag{4.122}$$

对各向同性体，弹性矩阵 $\boldsymbol{D}$ 为

$$\boldsymbol{D} = \frac{E}{(1+\mu)(1-2\mu)} \begin{bmatrix} 1-\mu & \mu & \mu & 0 \\ \mu & 1-\mu & \mu & 0 \\ \mu & \mu & 1-\mu & 0 \\ 0 & 0 & 0 & \dfrac{1-2\mu}{2} \end{bmatrix} \tag{4.123}$$

单元刚度矩阵沿着整个圆环求体积分可得

$$\boldsymbol{k}^e = \iiint\limits_V \boldsymbol{B}^\mathrm{T} \boldsymbol{D} \boldsymbol{B} \, \mathrm{d}V = 2\pi \iint\limits_A \boldsymbol{B}^\mathrm{T} \boldsymbol{D} \boldsymbol{B} r \, \mathrm{d}r \mathrm{d}\theta \mathrm{d}z$$

以上只研究了三节点三角形单元，空间轴对称问题也可采用更高阶的单元，如四节点矩形单元、八节点等参元等，具体形式不难按照上述推导加以理解。

采用轴对称单元，只需将结构的剖面进行模型化处理，就能进行整体结构的分析，所以可以大幅度地节约节点数和单元数。对于薄的结构使用轴对称壳，对于厚的结构则使用轴对称实体，这与板单元、实体单元分别对待是一样的。对于轴对称结构施加载荷，要看作是在 360°范围内都加上载荷。

实体单元可以直接利用三维 CAD 所做好的实体模型，所以非常容易理解。实体单元能够适用于所有的结构，但其节点数或单元数可能非常之多。虽然板梁结构都可以采用实体单元建模，但对于符合板或梁形式的结构还是采用梁单元或板壳单元为佳，其精度完全满足工程结构的设计要求。采用实体单元分析所花费的时间一般较采用梁单元与板单元为多，另外，三维网格调整是比较困难的，用板梁单元建立的模型，截面内力容易判断，在初期设计阶段，更易于评价计算结果。实体单元无须输入除材料性质参数以外的任何单元特性参数。

4.4　板　壳　单　元

在2.2节中已经介绍了薄板弯曲理论,并对板的分类作了说明。要注意的是所谓薄板并不能仅仅从其厚度加以判断,板的薄与厚是由它的面积和厚度的相对关系来决定的。一般而言,如果构件的边长是它的厚度的5倍以上,就可按板来处理。对于厚板则采用实体单元来处理。而薄壳结构是一种曲面板状结构,它不仅传递弯曲力,也传递面内力(膜力)。相应对于不传递弯曲力的结构件,则用膜单元(具有面内刚度的单元)进行处理。即使是薄板结构,但要了解焊缝处的应力集中,仍要采用实体单元来处理。

4.4.1　薄板矩形单元

按照薄板弯曲理论,垂直于板面的挠度w与板平面的位移u,v是不耦合的,而在板弯曲时,其他两个转角也只与挠度w有关,并非独立变量。因此板单元的单元刚度矩阵可以先分别形成平面应力单元刚度矩阵和板弯曲单元刚度矩阵,然后再进行组合,从而形成板单元刚度矩阵,用于板的有限元分析,即板单元是平面应力元和板弯曲单元的组合。对于平面应力单元刚度矩阵,在第3章已作了介绍,不再重复,这里只讨论板弯曲问题。常用的薄板单元有矩形单元及三角形单元,对于外形规则的板壳结构可用矩形板单元进行离散化处理。

1. 节点位移

薄板弯曲只研究中面的变形,矩形板单元也只研究其一个矩形平面。每个节点有3个位移分量,即挠度w及绕x、y轴的转角θ_x、θ_y。图4.14所示矩形单元,取4个角点i、j、m、p为4个节点,挠度以沿z轴正向为正,转角则按右手法则标出矢量,沿坐标轴正向为正。节点i的3个位移分量可表示为

$$\delta_i = \begin{bmatrix} w_i \\ \theta_{xi} \\ \theta_{yi} \end{bmatrix} = \begin{bmatrix} w_i \\ \left(\dfrac{\partial w}{\partial y} \right)_i \\ -\left(\dfrac{\partial w}{\partial x} \right)_i \end{bmatrix} \tag{4.124}$$

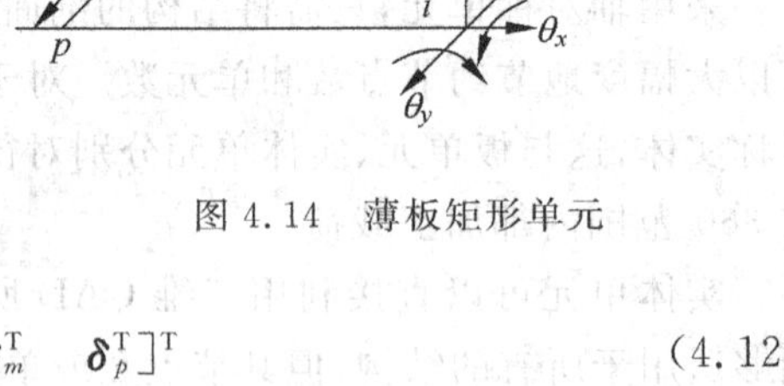

图4.14　薄板矩形单元

整个单元的节点位移列阵为

$$\delta^e = \begin{bmatrix} \delta_i^T & \delta_j^T & \delta_m^T & \delta_p^T \end{bmatrix}^T \tag{4.125}$$

2. 位移模式

矩形单元有12个自由度,仅取挠度为独立位移变量,其位移模式可取为下列多项式:

$$w = \alpha_1 + (\alpha_2 x + \alpha_3 y) + (\alpha_4 x^2 + \alpha_5 xy + \alpha_6 y^2) + (\alpha_7 x^3 + \alpha_8 x^2 y + \alpha_9 xy^2 + \alpha_{10} y^3) +$$
$$(\alpha_{11} x^3 y + \alpha_{12} xy^3) \tag{4.126}$$

式(4.126)中的前三项反映了单元的刚体位移；3 个二次项反映了单元中面变形的常应变形式；完全的三次多项式和不完全的四次多项式，使得挠度函数具有三次多项式的精度，可以保证单元间挠度的连续性，但是不能保证相邻单元在公共边界上转角的连续性。这种单元位移模式是完备的，但是一个不完全协调单元。这种单元能够通过分片试验，相应的计算精度还是较好的。对图 4.14 所示边长为 $2a \times 2b$ 的矩形单元，将节点坐标和节点位移代入式(4.126)，可解出 12 个待定系数 $\alpha_1, \alpha_2, \cdots, \alpha_{12}$。经整理得

$$w = N\delta^e \tag{4.127}$$

式中

$$N = [N_i \quad N_{xi} \quad N_{yi} \quad N_j \quad N_{xj} \quad N_{yj} \quad N_m \quad N_{xm} \quad N_{ym} \quad N_p \quad N_{xp} \quad N_{yp}] \tag{4.128}$$

而

$$\begin{cases} N_i = \dfrac{1}{8}(1+\xi_i\xi)(1+\eta_i\eta)(2+\xi_i\xi+\eta_i\eta-\xi^2-\eta^2) \\[2mm] N_{xi} = -\dfrac{b}{8}\eta_i(1+\xi_i\xi)(1+\eta_i\eta)(1-\eta^2) \qquad (i=i,j,m,p) \\[2mm] N_{yi} = \dfrac{a}{8}\xi_i(1+\xi_i\xi)(1+\eta_i\eta)(1-\xi^2) \end{cases} \tag{4.129}$$

式中，$\xi = x/a$，$\xi_i = x_i/a$，$\eta = y/b$，$\eta_i = y_i/b$。

3. 单元应变及内力

将式(4.127)代入式(2.48)，单元应变可表示为

$$\varepsilon = z\frac{1}{\rho} = zB\delta^e \tag{4.130}$$

而形变向量 $1/\rho$ 可表达为

$$\frac{1}{\rho} = B\delta^e \tag{4.131}$$

其中应变矩阵为

$$B = [B_i \quad B_j \quad B_m \quad B_p] \tag{4.132}$$

将式(4.131)代入式(2.55)，即得单元的内力 M

$$M = D\frac{1}{\rho} = DB\delta^e \tag{4.133}$$

4. 单元刚度矩阵

由式(4.130)，设单元内的虚应变为 $\varepsilon^* = zB\delta^{*e}$，按照板理论中所推导的虚功方程，得

$$F^e = \iint B^T DB\delta^e \mathrm{d}x\mathrm{d}y \tag{4.134}$$

或简写成

$$F^e = k^e\delta^e \tag{4.135}$$

式中

$$k^e = \iint B^T DB \mathrm{d}x\mathrm{d}y \tag{4.136}$$

k^e 即为单元节点位移和单元节点力之间的转换矩阵，也就是矩形板单元的刚度矩阵。单元

节点位移$\boldsymbol{\delta}^e$ 和单元节点力 $\boldsymbol{F}^e$ 都是 12×1 向量,所以单元刚度矩阵 $\boldsymbol{k}^e$ 是 12×12 矩阵。

$$\boldsymbol{k}^e = \begin{bmatrix} \boldsymbol{k}_{ii}^e & \boldsymbol{k}_{ij}^e & \boldsymbol{k}_{im}^e & \boldsymbol{k}_{ip}^e \\ \boldsymbol{k}_{ji}^e & \boldsymbol{k}_{jj}^e & \boldsymbol{k}_{jm}^e & \boldsymbol{k}_{jp}^e \\ \boldsymbol{k}_{mi}^e & \boldsymbol{k}_{mj}^e & \boldsymbol{k}_{mm}^e & \boldsymbol{k}_{mp}^e \\ \boldsymbol{k}_{pi}^e & \boldsymbol{k}_{pj}^e & \boldsymbol{k}_{pm}^e & \boldsymbol{k}_{pp}^e \end{bmatrix} \tag{4.137}$$

5. 单元节点力

如果板受到横向集中力(或力矩)作用,在划分单元时可将集中力作用点取为节点,集中力作为节点力。如果在薄板单元上的任意一点 C 受有法向集中力 R,则等效节点力计算公式为

$$\boldsymbol{P}^e = \boldsymbol{N}_C^{\mathrm{T}} R \tag{4.138}$$

式中,$\boldsymbol{N}_C^{\mathrm{T}}$ 表示矩阵在 C 点处的值。如果载荷作用于单元中心,即 $\xi=\eta=0$,则由上式可求得等效节点力为

$$\boldsymbol{P}^e = Q\left[\frac{1}{4} \quad \frac{b}{8} \quad -\frac{a}{8} \quad \frac{1}{4} \quad \frac{b}{8} \quad \frac{a}{8} \quad \frac{1}{4} \quad -\frac{b}{8} \quad \frac{a}{8} \quad \frac{1}{4} \quad -\frac{b}{8} \quad -\frac{a}{8}\right] \tag{4.139}$$

如果板单元受到分布横向载荷 q 作用,则等效节点力为

$$\boldsymbol{P}^e = \iint \boldsymbol{N}^{\mathrm{T}} q\,\mathrm{d}x\,\mathrm{d}y = \int_{-1}^{1}\int_{-1}^{1} q(x,y)\boldsymbol{N}^{\mathrm{T}} ab\,\mathrm{d}\xi\,\mathrm{d}\eta \tag{4.140}$$

当载荷为均布时,即 $q(x,y)=q_0$ 时,可得

$$\boldsymbol{P}^e = q_0 ab\left[1 \quad \frac{b}{3} \quad -\frac{a}{3} \quad 1 \quad \frac{b}{3} \quad \frac{a}{3} \quad 1 \quad -\frac{b}{3} \quad \frac{a}{3} \quad 1 \quad -\frac{b}{3} \quad -\frac{a}{3}\right] \tag{4.141}$$

而等效节点载荷列阵为

$$\boldsymbol{P}^e = [Z_i \quad T_{\theta ix} \quad T_{\theta iy} \quad Z_j \quad T_{\theta jx} \quad T_{\theta jy} \quad Z_m \quad T_{\theta mx} \quad T_{\theta my} \quad Z_p \quad T_{\theta px} \quad T_{\theta py}]^{\mathrm{T}} \tag{4.142}$$

式中,Z_i,$T_{\theta ix}$,$T_{\theta iy}$(i,j,m,p)分别表示 z 方向的等效节点力和 x,y 方向的等效节点弯矩。

6. 整体分析及边界条件

单元分析是在局部坐标系下进行的,而结构的整体分析是在整体坐标系下进行的。因此在总装之前,这些矩阵都要经过一次方向变换。通过坐标变换矩阵实现结构总刚度矩阵 $\boldsymbol{K}$ 和总载荷列阵 $\boldsymbol{R}$ 的组集。在求解总刚度方程时,仍需引入薄板的边界条件,进行约束处理。板的边界通常分为固支、简支和自由三种,如果节点处于自由边界,在有限元计算中,不需要加约束条件。

对于简支边约束,其简支边上各节点的位移应满足:挠度为零,切向转角为零;而在固支边上,其各节点的位移应满足:挠度为零,切向转角为零,法向转角为零;在对称轴上,其各节点的位移应满足:法向转角为零。

工程上常有板梁组合结构,板支承在边界梁上,而支承梁的弯曲刚度很大,扭转刚度很小,则处于该支承梁上的节点 i 应取为 $w_i=\theta_{xi}=0$ 或 $w_i=\theta_{yi}=0$;若支承梁的弯曲刚度和扭转刚度都很大,就可取为 $w_i=\theta_{xi}=\theta_{yi}=0$。实际支承情况究竟如何简化,当作哪种类型的边界条件来处理,要视实际情况而定。

4.4.2　三角形薄板单元

三角形薄板单元,可以较好地模拟几何形状复杂或开有孔洞的板结构,它比矩形板单元具有更大的适应性和灵活性。常用的三角形板单元主要有三种:完全二次多项式元、完全和不完全协调三次多项式元及完全协调的五次多项式元。其中三次多项式元是用得较广泛的不完全协调元。计算结果表明,这种三次多项式元解的收敛性还是比较好的,在常规工程问题的应用中,这类单元也可获得较好的精度,但总体来说三角形单元精度不如矩形单元。适当的小三角板单元还可用来拼合成任意形状的壳体,可以方便地用于壳体结构的有限元分析。三角形板单元与矩形板单元的分析步骤基本一样。

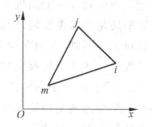

图 4.15　三节点三角形薄板单元

图 4.15 所示三节点三角形薄板单元,单元的节点位移仍为节点处的挠度 w 和绕 x、y 轴的转角 θ_x、θ_y,单元位移模式应包含 9 个参数,因此所取的位移函数应包括 9 项,但一个完整的三次多项式包含 10 项:

$$\alpha_1 + \alpha_2 x + \alpha_3 y + \alpha_4 x^2 + \alpha_5 xy + \alpha_6 y^2 + \alpha_7 x^3 + \alpha_8 x^2 y + \alpha_9 xy^2 + \alpha_{10} y^3$$

所以必须从上式中删去 1 项,式中前 3 项代表刚体位移,次 3 项反映常量应变,都必须保留,以满足收敛的必要条件。为了减少一个独立项,只能从后面的 4 个三次项中删去一项,但任意删去一项,则位移模式将不再关于 x,y 对称,引起计算上的很大不便。如果令 $\alpha_8 = \alpha_9$,尽管保持了表达式对称性,但在某些情况下,会使求解未知参数的系数矩阵奇异,因而不能确定。为解决这一矛盾,可以采用面积坐标。面积坐标的一、二、三次式分别有以下各项:

$$L_i, \quad L_j, \quad L_m;$$
$$L_i^2, \quad L_j^2, \quad L_m^2, \quad L_i L_j, \quad L_j L_m, \quad L_m L_i;$$
$$L_i^3, \quad L_j^3, \quad L_m^3, \quad L_i^2 L_j, \quad L_j^2 L_m, \quad L_m^2 L_i, \quad L_i L_j^2, \quad L_j L_m^2, \quad L_m L_i^2, \quad L_i L_j L_m$$

经过分析及运算,单元位移函数可假设为

$$w = \alpha_1 L_i + \alpha_2 L_j + \alpha_3 L_m + \alpha_4 L_j L_m + \alpha_5 L_m L_i + \alpha_6 L_i L_j +$$
$$\alpha_7 (L_j L_m^2 - L_m L_j^2) + \alpha_8 (L_m L_i^2 - L_i L_m^2) + \alpha_9 (L_i L_j^2 - L_j L_i^2) \tag{4.143}$$

式中后 3 项都是三次项,并且满足对称性。$\alpha_1, \alpha_2, \cdots, \alpha_9$ 为待定常数。由位移模式(4.143)对 x, y 求一阶偏导数,可得转角 θ_x, θ_y。计算中要用到面积坐标的性质,代入节点坐标和节点位移,可求出待定常数,经整理后可将位移模式写成

$$w = \boldsymbol{N \delta}^e = \begin{bmatrix} N_i & N_j & N_m \end{bmatrix} \boldsymbol{\delta}^e \tag{4.144}$$

式中单元节点位移向量为

$$\boldsymbol{\delta}^e = \begin{bmatrix} w_i & \theta_{xi} & \theta_{yi} \vdots w_j & \theta_{xj} & \theta_{yj} \vdots w_m & \theta_{xm} & \theta_{ym} \end{bmatrix}^T \tag{4.145}$$

形函数为

$$\boldsymbol{N}_i = \begin{bmatrix} N_i & N_{xi} & N_{yi} \end{bmatrix} \quad (i = i, j, m) \tag{4.146}$$

有了形函数后,对于线性问题,用常规的方法就可以求得应变列阵 $\boldsymbol{\varepsilon}$ 和相应的应变矩阵 $\boldsymbol{B}$,应力列阵 $\boldsymbol{\sigma}$ 和相应的应力矩阵 $\boldsymbol{S}$,随后计算出单元刚度矩阵 $\boldsymbol{k}^e$。有了刚度矩阵和外载荷列阵,就可以进行整个结构的组装,从而再解平衡方程,这里就不一一列举了。计算实例表

明这种单元比较可靠,能收敛到精确解,而且由于每个单元的未知量较少,计算效率较高,特别适合于薄板壳的计算,能够满足工程需求,故在多数通用程序中仍然保留这些单元。

三角形单元和矩形单元,都属于部分协调单元,或者说是一个非协调单元。这两种单元主要的特点是放松了单元边界上对转角连续性的要求。具体而言,沿单元公共边,挠度 w 和切向转角 $\frac{\partial w}{\partial s}$ 满足协调性,而法向转角 $\frac{\partial w}{\partial n}$ 是不能保证连续性的。采用不协调元对某些特定问题和网格划分可能出现失真。对一个大型通用有限元程序来说,要求计算结果可靠和计算效率高是非常重要的,因此板壳单元的研究一直受到重视。

针对上述问题,人们在构造各种板单元上进行了大量的研究,形成了基于克希霍夫板壳理论的板壳元和基于等参元思想建立起来的板壳元。前者按薄板理论采用了板中面直法线假设,节点位移向量中的转角不是独立变量,不能反映剪切变形对转角的影响,因此不适用于厚板。要构造满足协调性的单元,所取的自由度就要很多,计算工作量很大。后者将节点位移和转角分别作为独立变量,同时保留了克希霍夫板壳理论的部分假设,从而得到新的板壳单元。

分析表明,只以挠度 w 及转角 θ_x、θ_y 作为节点的位移参数,用一般的形函数是不可能构造满足协调性的薄板单元的。把节点的曲率及扭曲率也作为节点位移参数,则可以构造出满足协调性要求的薄板单元。

对矩形板单元,仍以其 4 个角点为节点,但对其任一节点 i,以其挠度 w、转角 θ_x、θ_y 和扭曲率 $\frac{\partial^2 w}{\partial x \partial y}$ 4 个参数作为节点位移参数(广义位移),这样的四节点单元就有 16 个自由度,可以假设位移函数为

$$w(x,y) = \alpha_1 + \alpha_2 x + \alpha_3 y + \alpha_4 x^2 + \alpha_5 xy + \alpha_6 y^2 + \alpha_7 x^3 + \alpha_8 x^2 y + \alpha_9 xy^2 + \alpha_{10} y^3 + \alpha_{11} x^3 y + \alpha_{12} x^2 y^2 + \alpha_{13} xy^3 + \alpha_{14} x^3 y^2 + \alpha_{15} x^2 y^3 + \alpha_{16} x^3 y^3$$

这种单元位移模式能满足单元间法向导数连续性的要求,自然是协调单元。

还可以把节点的曲率 $\frac{\partial^2 w}{\partial x^2}$,$\frac{\partial^2 w}{\partial y^2}$ 和扭曲率 $\frac{\partial^2 w}{\partial x \partial y}$ 都作为节点位移函数,一个节点就有 6 个位移参数,4 个节点共有 24 个自由度,可以假设更高阶的位移函数,此类单元也是协调的。而对于三节点的三角形板单元,则有 18 个自由度,对于 8 节点曲边单元则有 48 个自由度,这类单元都是完备协调单元,因而收敛性是有保证的。由于节点位移参数多,插值的挠度函数为高阶的多项式,这类单元也称为高精度的薄板单元。但是,对某些实际问题,如板的厚度有突变、板的材料不均匀或板上受有集中弯矩的地方,当板弯曲变形时其曲率本身就是不连续的,若直接采用上述协调单元,就相当于对板的弯曲施加了不适当的限制,人为地增加了板的弯曲刚度,这是在选用单元时要注意的。

另外,还可以放松薄板的直法线假设,把节点的挠度 w 和转角 θ_x、θ_y 都作为独立变量,进行有限元分析。按此种板弯曲理论可以计入板弯曲时横向剪切力的影响,可用于厚板的有限元分析。为了分析厚板(壳)、中等厚板(壳)及可变厚板(壳)问题,建立了一种灵活多变的 4~32 节点板壳元,它属于等参单元,能很好的处理板与三维元的连接过渡,板与板的交接,板与梁的结合等问题。这类单元的特点是精度高,灵活多变,适用范围广;它既能用于薄壳又能用于厚壳,能用于曲率较大的一般壳体;也能用于平板;同时还可退化成三角形板壳,节点数可以从 3 一直变化到 32 个。对于很厚的板或壳体,可直接作为一个三维实体

结构,采用 20 节点等参元来分析,此时要注意的是,沿板壳厚度方向安排单元的层数及表面应力的处理。因为三维等参元内沿厚度方向所假定的位移分布很难与板壳实际情况一致。总之,板的协调单元和等参单元的建立无论在理论或是在计算上都比非协调单元复杂得多,在选用这些单元时,要充分了解单元属性,正确选用单元。

另外,板壳单元还要考虑与梁单元、三维体单元的连接拼装,与六自由度的空间梁单元组合,形成常见的板梁组合结构,与三自由度的实体结构组合,形成实体-板组合结构。

板壳结构建模时,要从几何结构中抽取中面,即以结构各中性面来代表不同厚度的板壳单元的组合体,以此来模拟实际结构。

4.4.3　矩形平板壳单元

壳体结构根据其厚度不同,一般可分为薄壳和厚壳。厚度比其他尺寸(如长度、曲率半径等)小得多的壳体称为薄壳。由壳体厚度中点构成的曲面称为中曲面。薄壳分析计算中,类似于薄板的直法线等假设仍然适用,但是,壳体变形时,中曲面不但发生了弯曲,而且也发生了面内的伸缩变形,这一点与薄板是不同的。薄壳弯曲时,横截面上的正应力和平行于中曲面的剪应力合成为弯矩和扭矩,这些弯曲的内力,可合称为弯矩。薄壳变形时,中曲面的伸缩变形所产生的面内的正应力和剪应力,可以合成为中面内力或膜力。这两部分内力相互影响,共同承担着壳体上承受的外载荷。采用有限元法分析壳体,往往可以不涉及复杂的壳体理论,把薄壳单元中的应力看成是平面应力问题和薄板弯曲问题中两种应力的叠加。虽然薄壳结构离散化后,各单元是曲面单元,只要单元足够小,可用平面组成一个单向或双向的折板来近似壳体的几何形状,也会得到良好的结果。对于柱面薄壳,宜采用矩形单元,对于任意形状和边界的薄壳,宜采用三角形单元。

薄壳的各单元通常不在同一平面内,单元分析需要在各单元的局部坐标系中进行。这样,与同一节点相邻的单元就可能有不同的坐标,这种不同坐标系给出的单元刚度矩阵是不能直接叠加的。考虑到组集总刚度方程时,必须在整体坐标系中进行,因此可以把各单元的局部坐标系变换到统一的整体坐标系上来。

以矩形板单元面内的两对称轴为 x、y 轴,以板面的法线为 z 轴,建立单元局部坐标系(图 4.16)。在小变形情况下,面内变形和弯曲变形互不相关,这样,薄壳单元的变形可分为互相独立的两部分。与面内变形有关的 i 节点位移有两个分量:$\delta_i^1 = [u_i \quad v_i]^T$,单元 4 个节

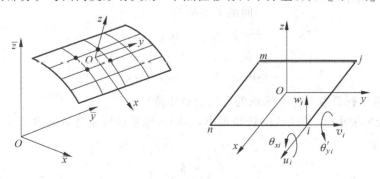

图 4.16　矩形平板壳单元

点共有 8 项节点位移, 8 个自由度。在局部坐标系内, 此面内变形与平面应力四节点矩形单元一样。与弯曲变形有关的 i 节点位移有三个分量: $\boldsymbol{\delta}_i^b = [w_i \quad \theta_{zi} \quad \theta_{yi}]^T$, 单元内 4 个节点共有 12 项节点位移, 12 个自由度。在局部坐标系内, 与四节点矩形薄板弯曲单元一样。把这两部分单元刚度矩阵拼合起来, 就构成了四节点矩形薄壳单元的刚度矩阵。为了便于变换到总体坐标系, 在单元局部坐标中, 对每一节点再补上一个绕 z 轴转动的角位移 θ_{zi}, 每个节点视为有 6 项节点位移分量 $u_i, v_i, w_i, \theta_{xi}, \theta_{yi}, \theta_{zi}$, 6 个自由度。这样, 单元刚度矩阵就被扩大成为 24×24 阶的方阵。方阵中对应于 θ_{zi} 的行与列皆给为零元素, 则此扩大的单元刚度矩阵在局部坐标系内, 有 4 行 4 列零元素, 单元刚度矩阵按节点分块可表示为

$$
\boldsymbol{k}^e = \begin{bmatrix} \boldsymbol{k}_{ii} & \boldsymbol{k}_{ij} & \boldsymbol{k}_{im} & \boldsymbol{k}_{in} \\ \boldsymbol{k}_{ji} & \boldsymbol{k}_{jj} & \boldsymbol{k}_{jm} & \boldsymbol{k}_{jn} \\ \boldsymbol{k}_{mi} & \boldsymbol{k}_{mj} & \boldsymbol{k}_{mm} & \boldsymbol{k}_{mn} \\ \boldsymbol{k}_{ni} & \boldsymbol{k}_{nj} & \boldsymbol{k}_{nm} & \boldsymbol{k}_{nn} \end{bmatrix} \tag{4.147}
$$

每个子块是 6×6 阶的子矩阵

$$
\boldsymbol{k}_{rs} = \begin{bmatrix} \boldsymbol{k}_{rs}^p & & 0 & 0 & 0 & 0 \\ & & 0 & 0 & 0 & 0 \\ \hdashline 0 & 0 & & & & 0 \\ 0 & 0 & & \boldsymbol{k}_{rs}^b & & 0 \\ 0 & 0 & & & & 0 \\ \hdashline 0 & 0 & 0 & 0 & 0 & 0 \end{bmatrix} \qquad (r, s = i, j, m, n) \tag{4.148}
$$

式中, $\boldsymbol{k}_{rs}^p$ 为平面应力单元刚度矩阵的子块, 见式(4.54); $\boldsymbol{k}_{rs}^b$ 为矩形薄板单元刚度矩阵的子块; 对应于 θ_{zi} 的部分为零元素。这反映出在局部坐标系内可以分别研究两者各自的单元刚度。

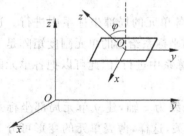

图 4.17　壳体单元坐标变换

式(4.147)是在单元的局部坐标系内给出的矩阵, 而组成柱壳的各单元的局部坐标一般是不一致的, 需要变换到统一的坐标系。取总体坐标系 $\bar{x}\bar{y}\bar{z}$ 的 $\bar{y}$ 轴与柱壳母线一致, 设单元局部坐标系的 y 轴与 $\bar{y}$ 轴一致, z 轴与 $\bar{z}$ 轴间的夹角为 φ, 如图 4.17 所示。局部坐标系内的线位移分量 u, v, w 与总体坐标系内的线位移分量 $\bar{u}, \bar{v}, \bar{w}$ 间的关系应为

$$
\begin{bmatrix} u \\ v \\ w \end{bmatrix} = \begin{bmatrix} \cos\varphi & 0 & -\sin\varphi \\ 0 & 1 & 0 \\ \sin\varphi & 0 & \cos\varphi \end{bmatrix} \begin{bmatrix} \bar{u} \\ \bar{v} \\ \bar{w} \end{bmatrix} = \boldsymbol{\phi} \begin{bmatrix} \bar{u} \\ \bar{v} \\ \bar{w} \end{bmatrix}
$$

其中, $\boldsymbol{\phi}$ 为局部坐标系对总体坐标系的方向余弦矩阵。

当壳体变形很小时, 其法线的转角很小, 不同坐标系的转角分量间也有变换关系:

$$
\begin{bmatrix} \theta_x \\ \theta_y \\ \theta_z \end{bmatrix} = \boldsymbol{\phi} \begin{bmatrix} \bar{\theta}_x \\ \bar{\theta}_y \\ \bar{\theta}_z \end{bmatrix}
$$

则任一节点 i 的 6 项位移分量的变换关系为

$$
\begin{bmatrix} u_i \\ v_i \\ w_i \\ \theta_{xi} \\ \theta_{yi} \\ \theta_{zi} \end{bmatrix} = \begin{bmatrix} \boldsymbol{\phi} & \\ & \boldsymbol{\phi} \end{bmatrix} \begin{bmatrix} \bar{u}_i \\ \bar{v}_i \\ \bar{w}_i \\ \bar{\theta}_{xi} \\ \bar{\theta}_{yi} \\ \bar{\theta}_{zi} \end{bmatrix} = \boldsymbol{\lambda} \begin{bmatrix} \bar{u}_i \\ \bar{v}_i \\ \bar{w}_i \\ \bar{\theta}_{xi} \\ \bar{\theta}_{yi} \\ \bar{\theta}_{zi} \end{bmatrix}
\tag{4.149}
$$

任一单元有 4 个节点,其全部节点位移的变换关系则为

$$
\boldsymbol{\delta}^e = \boldsymbol{T} \bar{\boldsymbol{\delta}}^e
\tag{4.150}
$$

而转换矩阵为正交矩阵,有 $\boldsymbol{T}^{-1} = \boldsymbol{T}^{\mathrm{T}}$:

$$
\boldsymbol{T} = \begin{bmatrix} \boldsymbol{\lambda} & & & \\ & \boldsymbol{\lambda} & & \\ & & \boldsymbol{\lambda} & \\ & & & \boldsymbol{\lambda} \end{bmatrix}
\tag{4.151}
$$

这里,$\boldsymbol{\delta}^e$ 及 $\bar{\boldsymbol{\delta}}^e$ 分别为单元在局部坐标与总体坐标中的节点位移列阵,各有 4×6 个分量。而单元刚度矩阵的变换关系是

$$
\bar{\boldsymbol{k}}^e = \boldsymbol{T}^{\mathrm{T}} \boldsymbol{k}^e \boldsymbol{T}
\tag{4.152}
$$

式中,$\bar{\boldsymbol{k}}^e$ 与 $\boldsymbol{k}^e$ 分别为单元在总体坐标系与局部坐标系中的单元刚度矩阵,各为 24×24 方阵。从式(4.148)可以看出 $\boldsymbol{k}^e$ 中的各子矩阵的面内刚度与弯曲刚度是不相耦合的,$\boldsymbol{k}^e$ 中对应于绕法线的转角 θ_{zi} 有 4 个零行和 4 个零列。然而,按式(4.152)变换到总体坐标系之后,单元刚度矩阵一般是满秩矩阵了。在总体坐标系下,单元刚度矩阵就可以集合成总刚度矩阵。

要注意的是,当某一节点周围的单元都平行于一个坐标面时,各单元刚阵中对应于绕法线转角 θ_{zi} 的元素皆为零,叠加之后仍为零。此时总刚度矩阵将是奇异的,不能求解;或者,某一节点周围的单元都共面而不平行于某一坐标面时,其叠加后的总刚度矩阵还是奇异的。为使问题可解,就要删去 θ_{zi} 这一自由度,或在该节点加上一个绕 z 轴的约束。当两个相邻单元不共面时,各自的 z 轴不相平行,一个单元的 θ_{zi} 转角对另一个单元会引起绕法线的转角 θ_{zi}。单元刚度矩阵叠加后,在总体坐标系内是可以求解的。

作用在壳体上的载荷也分成两组,一组作用在单元的面内,另一组则垂直于单元平面。可以分别引用平面应力四节点矩形单元和四节点矩形薄板弯曲单元的等效节点载荷公式,组合得出各单元在局部坐标系中的等效节点载荷列阵。再通过转换矩阵 $\boldsymbol{T}$,将其转换成总体坐标系中的等效节点载荷列阵,求出各节点位移。但是,只有在单元局部坐标系内,节点位移才可分为面内位移和弯曲位移两个独立部分,须将总体坐标系下的节点位移 $\boldsymbol{\delta}^e$ 按式(4.150)转换成单元节点位移,再按平面矩形单元应力公式求出应力,按矩形薄板单元内力公式求出弯矩和扭矩等。

空间板壳结构处于空间位置,其输出的应力结果是在各个单元坐标系下的,而且对该单元的顶面、中面与底面是不同的。因此要注意了解程序中的单元输出特性,不要看错了结果。

4.4.4　三角形平板壳单元

任意形状壳体总可以划分成许多小三角形曲壳块,当单元足够小时,每个三角形曲壳块将接近一个三角形平板。单元越小,近似程度越好。三角形平板能拼成任意形状的壳体,而且可以根据需要灵活的加密三角形网格。壳体结构受载荷时,各单元发生面内变形和弯曲

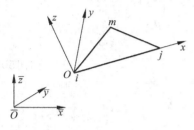

图 4.18　三角形平板壳单元

变形。在小变形情况下,面内变形和弯曲变形互不相关,不相耦合,是一个平面问题与薄板弯曲问题的叠加。

对三角形单元 ijm,可取 i 点为局部坐标系的原点,以 ij 边为 x 轴的正向,y 轴在 ijm 平面内,且垂直于 ij 边,z 轴则垂直于三角形平面,使 x,y,z 轴组成一个右手坐标系,从而也确定了壳单元的法向(图 4.18)。

在平面应力单元的每个节点处,有两个节点位移分量:$\delta_i^p = [u_i \quad v_i]^T (i = i,j,m)$;在薄板弯曲单元的每个节点处,有三个节点位移分量:$\delta_i^b = [w_i \quad \theta_{xi} \quad \theta_{yi}]^T (i = i,j,m)$。因而,在局部坐标系中,平面壳体单元的任一节点处的位移分量共有 5 个。但是,为了便于进行坐标变换,和矩形壳单元一样,需要引进节点位移分量 θ_{zi},其值为零。于是,平面薄壳单元每个节点的位移列阵为

$$\delta_i = [u_i \quad v_i \quad w_i \quad \theta_{xi} \quad \theta_{yi} \quad \theta_{zi}]^T \quad (i = i,j,m) \quad (4.153)$$

这样,三节点三角形单元面内变形有 6 个自由度,其面内位移 u,v 的形函数及刚度矩阵已在第 3 章介绍过;三节点三角形板单元的弯曲变形有 9 个自由度,其形函数及刚度矩阵已在 4.4.2 节做过说明。在局部坐标系内,单元刚度矩阵 k^e 是 18×18 阶的矩阵,按节点分为 9 个子块表示为

$$k^e = \begin{bmatrix} k_{ii} & k_{ij} & k_{im} \\ k_{ji} & k_{jj} & k_{jm} \\ k_{mi} & k_{mj} & k_{mm} \end{bmatrix} \quad (4.154)$$

其中每个子矩阵为

$$k_{rs} = \begin{bmatrix} k_{rs}^p & & 0 & 0 & 0 & 0 \\ & & 0 & 0 & 0 & 0 \\ 0 & 0 & & & & 0 \\ 0 & 0 & & k_{rs}^b & & 0 \\ 0 & 0 & & & & 0 \\ 0 & 0 & 0 & 0 & 0 & 0 \end{bmatrix} \quad (r,s = i,j,m) \quad (4.155)$$

式中,k_{rs}^p 为平面应力单元刚度矩阵的子块,见式(3.25);k_{rs}^b 为相应的平板弯曲部分,可按薄板三角形单元处理。

若单元局部坐标系对总体坐标系的方向余弦矩阵为 ϕ,与式(4.149)相似,两坐标系间 i 节点位移的变换应为

$$\delta^e = \lambda \bar{\delta}^e$$

而

$$\lambda = \begin{bmatrix} \phi & \\ & \phi \end{bmatrix}$$

单元刚度矩阵的变换应为

$$\bar{k}^e = T^{\mathrm{T}} k^e T$$

T 为变换矩阵,有

$$T = \begin{bmatrix} \lambda & & \\ & \lambda & \\ & & \lambda \end{bmatrix}$$

至于单元方向余弦矩阵 ϕ 的具体表达式可见参考文献。另外,在板壳理论中,对绕法线的转角 θ_z 是不加分析的,它们不引起结构的应力和应变。与矩形薄壳单元分析类似,需要消除总刚度矩阵的奇异性,有许多方法可以采用。一种简便的近似处理方法就是对于局部坐标系中的单元刚度矩阵,不管周围单元是否共面,可在其对应于 θ_z 的刚度矩阵对角元素上都加上一个非常小的值 ε,即将式(4.155)改为

$$k_{rs} = \begin{bmatrix} k_{rs}^b & 0 & 0 & 0 & 0 \\ & & 0 & 0 & 0 & 0 \\ 0 & 0 & & & & 0 \\ 0 & 0 & & k_{rs}^b & & 0 \\ 0 & 0 & & & & 0 \\ 0 & 0 & 0 & 0 & 0 & \varepsilon \end{bmatrix}$$

以薄板弯曲单元推演出的壳体单元,是将薄板弯曲单元和平面应力单元简单地叠加在一起,因而单元形状是平面的。广泛应用平面单元的一个基本困难,就是其收敛性问题。对于更复杂的曲面,需要采用曲面单元来描述壳体的真正几何形状,不但可以用较少的单元来代替复杂形状的壳体,还能得到具有相当精度的结果。这方面有四节点的曲面壳体单元和八节点的等参单元等。

板壳单元需要输入的单元特性参数有材料性质参数、板厚等。

4.5 单元测试与单元精度比较

一个单元是否可用,一个有限元模型是否正确,简单而有效的方法是进行计算试验。确定一个单元是否可用的方法有两种:一是小片试验,另一是单元特征值试验。

小片试验的目的是判断有限元解能否收敛于精确解。其做法是取一个包含几个单元的小片,至少有一个节点不在边界上,并在边界上施加约束和载荷。如果计算结果是精确的(与解析解一致),则认为这个单元通过了小片试验。如果这个单元的所有应力分量都通过了小片试验,就认为这个单元是有用的,即随着网格划分越来越细,这种单元的计算结果将趋于精确解。单元通过小片试验说明单元具有包含常应变和刚体位移的能力,并且能保持相邻间的协调性,单元通过小片试验与满足收敛准则是等价的。但通过小片试验并不说明收敛速度如何,即不能说明该种单元是高效的。

单元特征值试验是取一个单一无约束单元,计算其刚度矩阵的特征值,其零特征值的数

目对应于单元刚体运动的数目。多或少的零特征值都是不正确的。单元特征值可以采用一般有限元动力分析程序进行。将每个节点自由度的质量取为单位值,所计算的频率的平方就是所求的特征值。

另外,单元性能还受到网格质量的影响。如果单元的形状过分歪曲,将会严重影响单元的精度。有关网格划分要求将在第 7 章讨论。

单元种类繁多,它们的精度很难进行简单的比较。一般可以通过对同一问题采用不同的单元进行计算,然后比较它们的结果而显示其精度,也可以与相关解析解的结果进行比较。通过划分不同的网格数量或采用不同的单元类型计算同一个问题,通过不同计算方法所得结果比较判断解的精度等。譬如对同一梁结构,采用不同的梁单元或板单元进行网格划分,分析计算并比较其结果。对实际工程结构问题也可以选取其一部分部件,先进行部件计算分析,确定单元及计算精度要求后再推广用于整个结构分析。另外,进行整机试验可能比较困难,但进行部件测试则较易实现,为此从整体模型中取出部分计算,并将计算结果与测试结果进行比较,也是考察在实际应用问题中单元精度的一种方法。

4.6　其他各种单元简介

以上按结构几何形状特征介绍了常用的一维单元、二维单元、三维单元和板壳单元,并作了单元分析。除此之外,还有很多结构分析中应用的单元,如质量单元、弹簧单元、刚性单元、接触单元等。不同类型问题需要采用不同类型的单元,单元类型也影响计算精度。例如对同一平面问题,采用不同类型的单元,如三节点三角形单元、六节点三角形单元、四节点矩形单元、八节点矩形单元,在节点数目、载荷约束相同的条件下,将会给出精度不同的计算结果,读者可以自行建立一个计算模型并做出比较,以便加深对单元选用的理解。针对实际结构采用何种单元,需要综合考虑结构特点、计算精度以及计算时间等因素。在实际结构分析中,要充分了解单元的特点、属性和应用范围,多查看程序中关于单元说明的帮助文件,正确理解单元的属性才能保障有限元计算的准确度。下面对一些其他类型单元再作点简单补充介绍。

1. 质量单元

质量单元只有一个节点,用以表示在该节点处存在一个集中质量。质量单元是最多具有 6 个自由度的点单元,即沿节点坐标系 x,y,z 方向的平动和绕 x,y,z 轴的转动,也可以仅具有 3 个平动自由度。质量单元可以承受节点力、节点力矩及各种体积力作用,单元物理属性包括单元质量和转动惯量,可以输出位移和反作用力。一般用来处理那些不参与分析的部件,将它们按集中载荷处理。例如在分析车架结构问题时,经常采用质量单元来处理如发动机、水箱、油箱等附件载荷。所需输入的单元特性参数就是质量。

2. 弹簧单元

弹簧单元有两个节点,一般位于模型内部,可分为拉压弹簧元和扭转弹簧元两种类型。拉压弹簧元的每个节点具有三个移动自由度,因此可以承受节点力的作用;扭转弹簧元节点具有三个旋转自由度,故可承受节点力矩的作用。弹簧元的物理特性是三个方向的拉伸或扭转刚度值,如果其中两个为零,则弹簧元只能在某一个方向上提供弹性力。弹簧元可以输出位移、单元力或约束反力,它不具有质量。在划分网格时必须控制线上的单元数,一般将线控制为一个单元,一条线划分成两个单元则相当于两个弹簧串联。在有限元建模中,弹簧单元可用于模拟结构的某种约束,一般具有以下几方面的作用。

（1）提供弹性支承约束:弹性约束可以消除模型的刚体位移,弹簧单元输出的单元力便是弹性支承的支承力。

（2）处理约束不足问题:在对称性结构的对称或反对称面上,可施加一刚度很小的弹簧元,从而消除结构的刚体位移,且不致因附加杆单元刚度太大而影响结构原有的变形状态。而对斜边滑动约束,可用大刚度弹簧元沿法线方向施加以实现约束要求。

（3）建立弹性连接:在进行组合结构的有限元分析时,如果考虑连接零件(如螺栓)的弹性,则可用弹簧元连接各个子结构。

（4）消除动力分析时结构的刚体模态。

弹簧元的特性与杆单元有些类似,只是两者的刚度定义方式不同,两者有时可以互换。弹簧元的刚度是直接输入的,而杆单元的刚度须由杆的截面积、长度及材料的弹性模量计算得到。此外,杆单元还可以输出轴向应力-应变,而弹簧元则不行。

3. 刚性单元

刚性单元与普通结构单元有所不同,其单元形状表现为在各节点之间定义刚体连接。刚性连接确定了各节点的主从关系,在独立自由度和从属自由度之间用刚体方程式连接,相互之间没有变形。而在程序中从属自由度从整个方程式中除去。因此对于从属自由度,不能定义强迫位移约束。另外,从属节点自由度只能定义一次,无须输入任何单元特性参数。

刚性单元有两种用法,一是刚性梁,有 6 个自由度,能够同时传递力和力矩,具有刚性梁连接作用;另一是刚性杆,有 3 个自由度,只能传递力不能传递力矩,只能限制两个连接点之间的相对位移,不能约束相对转动,相当于两端铰接的连杆。刚性单元也可以释放节点的某些自由度,以模拟实际结构中的转动副、球面副及移动副等连接条件。刚性单元可以承受节点力和节点力矩作用,能够输出位移及约束反力,它不具备材料属性和物理属性。

刚性单元相当于耦合节点位移约束,处理方式也相同,但与自由度耦合又不完全一样。当作刚性梁时,相当于耦合 6 个自由度;当作刚性杆时,相当于耦合 3 个自由度,但它们可以用于几何非线性分析,而耦合是不能用于几何非线性分析的。

4. p 单元

p 单元内的位移可以在 2 阶到 8 阶间选择,具有求解收敛自动控制功能。与此相对应采用 p 方法进行结构分析,可以依靠 p 单元自动调整单元多项式阶数的功能,达到收敛设定的精度。

在结构的有限元模型中,每个单元都有特定的物理特性和材料特性。此外,梁单元还有截面特性,梁单元的截面特性是对梁单元截面形状和大小的定义。单元物理特性是对单元物理性质和辅助几何特征的描述,如弹簧单元刚度、集中质量元的质量、壳单元的厚度、管单元的内外径、杆单元的面积等,不同类型的单元具有不同的物理特性值。在结构离散时,有时仅仅用单元形状还不能充分表达结构的几何特征,如梁单元、壳单元。其物理特性必须含有规定诸如梁截面形状或壳单元厚度的物理属性。可见,单元物理特性和截面特性可以补充单元对结构几何特征的描述,包含了材料特性、单元类型和物理特性这些综合特征就构成了单元属性。

目前大型通用有限元分析软件的单元库包含的单元十分丰富,有上百种之多,而且还在不断完善更新。除了本书介绍的结构类型单元外,还有大量的专用功能单元以及适用于不同学科领域的单元(如热单元、流体单元、电磁单元等)。利用这些单元可以进行线性和非线性分析,各物理场间单元的配合,还可进行热弹性、热弹塑性、流-固耦合、声-固耦合等多物理场耦合分析。而单元库中单元描述一般包括适用场合与范围(弹性、塑性、应力硬化、大变形、大应变等),每个节点自由度数目,单元假设与限制,需要输入的参量(实参数、材料性能数据、载荷数据要求),单元输出数据(节点位移、单元应力、内力)等。在应用各种新的单元时,要通过了解单元假设,学习单元理论来掌握单元用途。只有对单元属性的充分了解与掌握,才能做好有限元分析任务。

思 考 题

4-1　在含有多种单元、多种材料、多种实常数的模型中如何进行网格划分?

4-2　什么是单元的完备性和协调性要求?为什么要满足这些要求?如果单元不满足协调性要求,情况如何?

4-3　什么是等参单元?它有什么优点?

4-4　什么是参数单元的自然坐标?形函数为什么要写成自然坐标的函数?

4-5　对平面刚架或空间刚架单元,为什么要在局部坐标系内建立单元刚度矩阵?为什么还要坐标变换后再叠加?

4-6　对于空间轴对称问题,其刚体位移分量有几个?在什么方向?如何限制刚体运动?

4-7　基于对同一结构采用不同网格数量或不同单元类型,从位移插值函数方面分析空间四节点四面体单元与八节点六面体单元的求解精度问题。

4-8　在构造薄板弯曲单元时,满足协调性的困难在哪里?解决此困难的途径有哪些?

4-9　验证薄板四节点矩形单元是完备的、非协调单元。

4-10　用平板单元分析壳体,单元内的面内变形与弯曲变形不相耦合,集合成整个结构后,壳体中面内的变形与弯曲变形是怎样耦合起来的?

练 习 题

4-1　试推导杆单元的形状函数、几何矩阵、应力矩阵及刚度矩阵。

4-2　证明:如果四边形四结点单元的形状为平行四边形,用等参单元时该单元的雅可比矩阵为常数矩阵。

4-3　试证明三维平行六面体单元的雅可比矩阵为常数矩阵。

4-4　题图 4.1 所示悬臂梁受集中载荷作用,采用不同的单元与不同的网格划分进行计算并比较它们的精度,同时与梁的理论解进行比较(取 $E=2.0\times10^5$, $\mu=0.3$)。

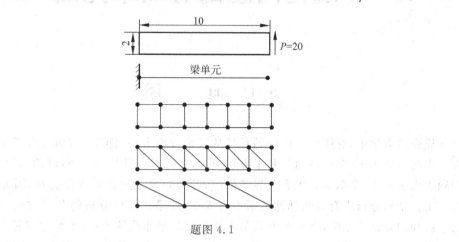

题图 4.1

第5章

非线性问题的有限单元法

5.1 概　述

在线弹性力学中,对所研究的问题总是从三个方面考虑,即几何方面、物理方面和平衡方面。由此形成了 15 个弹性力学基本方程,在特定边界条件和初始条件(动力问题)下的定解问题。由于在 15 个基本方程和边界条件中,各未知量之间都是线性关系,因此称为线性问题。工程结构分析中有时线弹性关系不再成立,如果在结构分析的几何方面、物理方面、力的平衡和边界条件之中,有一个方面的未知量之间呈非线性关系,则称此问题为非线性问题。随着人们对力学学科不断深入地研究和探索,对工程结构的分析越来越精细,各种各样的非线性问题日益凸现出来。这就需要我们掌握和理解非线性有限元法的原理、方法和求解过程,正确地建立各种非线性问题的模型,并能够使用非线性有限元程序计算和分析工程中遇到的非线性问题。

非线性问题一般可分为三类:物理非线性、几何非线性和状态非线性。

物理非线性是指应力应变之间不再呈线性关系,即通常所说的材料非线性问题。许多因素可以影响材料的应力-应变性质,包括加载历史(如弹塑性)、环境状况(如温度)、加载的时间量(如蠕变)等。

几何非线性主要是指大位移小应变(位移比较大,但仍是小应变,如细梁的弯曲)、大位移大应变(位移和应变都比较大,如材料锻压成形)引起的非线性性质,此时应变位移关系中的高次项不能略去,平衡方程也要作相应的变化。几何非线性情况下,变形前后力的方向、微元体的面积和体积都发生了变化,因此应力应变如何定义,以哪个状态来描述所有的物理量,必须重新加以研究。

状态非线性是指许多结构表现出一种与状态相关的非线性行为,这些系统的刚度由于系统状态的改变在不同的数值之间突然变化。其中接触是边界变化非线性问题中一种普遍而重要的情况,接触问题作为边界待定问题,在非线性分析中具有特殊的地位,在汽车结构分析中有着广泛的应用。

虽然产生非线性的原因不同,方程形式不一,但它们都有一个共同特点,即刚度矩阵与待求的节点位移有关。非线性分析的有限元计算最终归结为非线性方程组的求解。非线性分析简而言之就是将系统的平衡方程根据系统的非线性特性不断地进行修正,然后求平衡方程的增量解。

非线性分析涉及塑性、大变形、大应变、超弹性、接触和蠕变等问题,非线性分析包括非线性静力学分析和非线性动力学分析两种求解序列。由于非线性问题的复杂性,利用解析方法求解是非常困难的。随着有限元法在线性分析中的成功应用及推广,它在非线性分析中的应用也获得了巨大的成功,解决了工程实际中的大量问题。

在算法上,非线性问题可分为静态和瞬态两种问题。非线性静态分析将载荷分解成一系列增量的载荷步,并且在每一载荷步内进行一系列线性逼近以达到平衡。每次线性逼近需要对方程进行依次求解(称为平衡迭代)。在一个载荷增量求解完成后,将对刚度矩阵进行调整以反映结构刚度的非线性变化,再施加下一个载荷增量并进行求解。非线性瞬态分析可被分解为连续的随时间变化的载荷增量,在每一时间步上进行平衡迭代,而且瞬态情况还要包括惯性效应的时间积分。

总体来说非线性问题通常不能用一步直接求解的方案,必须分成若干个载荷步,按各个阶段不同的非线性性质逐步求解,也就是采用增量求解方案。这种方案可以避免某些非线性解的发散现象,并提高解的精度,它实质上是把一个非常复杂的非线性加载过程,分割成若干个非线性程度不是十分严重的加载小段,然后逐段求解的思想。

5.2　弹塑性增量有限元分析

在第 2 章介绍了塑性力学基础,建立了弹塑性矩阵。对各类结构问题,如平面问题、空间问题和轴对称问题等,都可据此导出它们的弹塑性矩阵。为了理解和应用弹塑性矩阵 D_{ep},下面给出其在空间状态下的一个表达式。首先求出 D_p,再利用空间问题的弹性矩阵表达式 D_e,代入式(2.75),即得空间问题的弹塑性矩阵:

$$D_{ep} = \frac{E}{1+\mu} \begin{bmatrix} \frac{1-\mu}{1-2\mu} - \omega S_x^2 & & & & & \\ \frac{\mu}{1-2\mu} - \omega S_x S_y & \frac{1-\mu}{1-2\mu} - \omega S_y^2 & & \text{对} & & \\ \frac{\mu}{1-2\mu} - \omega S_x S_z & \frac{\mu}{1-2\mu} - \omega S_y S_z & \frac{1-\mu}{1-2\mu} - \omega S_z^2 & & \text{称} & \\ -\omega S_x \tau_{xy} & -\omega S_y \tau_{xy} & -\omega S_z \tau_{xy} & \frac{1}{2} - \omega \tau_{xy}^2 & & \\ -\omega S_x \tau_{yz} & -\omega S_y \tau_{yz} & -\omega S_z \tau_{yz} & -\omega \tau_{xy} \tau_{yz} & \frac{1}{2} - \omega \tau_{yz}^2 & \\ -\omega S_x \tau_{zx} & -\omega S_y \tau_{zx} & -\omega S_z \tau_{zx} & -\omega \tau_{xy} \tau_{zx} & -\omega \tau_{yz} \tau_{zx} & \frac{1}{2} - \omega \tau_{zx}^2 \end{bmatrix}$$

$$\tag{5.1}$$

式中

$$\omega = \frac{9G}{2\bar{\sigma}^2 (H' + 3G)}$$

其中,G 为剪切模量。

非线性问题经过线性化处理之后,形成增量形式的方程。有了这些方程,就可以按通常的方法进行有限元离散,从而得到非线性问题的有限元基本方程。

对于非线性问题通常不能一步直接求解,必须分成若干个载荷步,按各个阶段不同的非线性性质逐步求解,也就是采用增量求解方案。增量求解问题就是在已解出 0、Δt、$2\Delta t$、$\cdots$、t 各载荷步的应力和位移下,再进一步求出 $t + \Delta t$ 步时的应力和位移。

首先进行一次线弹性的分析,得到弹性极限载荷 $\boldsymbol{F}_e$ 下结构的位移、应变和应力,分别记为 δ_0,ε_0,σ_0。即以结构的弹性极限载荷作为第一个增量,其余的载荷再分成 n 个增量,只要载荷增量适当小,式(2.76)的应力增量和应变增量的关系可近似地表示成

$$\Delta\boldsymbol{\sigma} = \boldsymbol{D}_{ep}\Delta\boldsymbol{\varepsilon} \tag{5.2}$$

且认为 $\boldsymbol{D}_{ep}$ 仅与加载前的应力水平有关,而与应力和应变的增量无关。这样式(5.2)就可以视为是线性的。当作用载荷增量 $\Delta\boldsymbol{F}_1$ 时,对处于弹性状态部分的单元,单元刚度矩阵用下式计算:

$$\boldsymbol{k} = \iiint \boldsymbol{B}^T \boldsymbol{D}_e \boldsymbol{B} \mathrm{d}V \tag{5.3}$$

而对于进入塑性状态部分的单元,单元刚度矩阵则改用弹塑性矩阵计算:

$$\boldsymbol{k} = \iiint \boldsymbol{B}^T \boldsymbol{D}_{ep} \boldsymbol{B} \mathrm{d}V \tag{5.4}$$

而 $\boldsymbol{D}_{ep}$ 中的应力取增量加载前的应力 σ_0。将单元刚度矩阵按前述的同样方法组装成整体刚度矩阵,由此求解出 $\Delta\delta_1$:

$$\Delta\delta_1 = \boldsymbol{K}(\sigma_0)^{-1}\Delta\boldsymbol{F}_1 \tag{5.5}$$

进而求出 $\Delta\varepsilon_1$ 和 $\Delta\sigma_1$,叠加求得第一次加载后的位移、应变和应力:

$$\begin{cases} \delta_1 = \delta_0 + \Delta\delta_1 \\ \varepsilon_1 = \varepsilon_0 + \Delta\varepsilon_1 \\ \sigma_1 = \sigma_0 + \Delta\sigma_1 \end{cases} \tag{5.6}$$

在作用第 i 次载荷增量 $\Delta\boldsymbol{F}_i$ 后,通过求解

$$\Delta\delta_i = \boldsymbol{K}(\sigma_{i-1})^{-1}\Delta\boldsymbol{F}_i \tag{5.7}$$

可求出

$$\begin{cases} \delta_i = \delta_{i-1} + \Delta\delta_i \\ \varepsilon_i = \varepsilon_{i-1} + \Delta\varepsilon_i \\ \sigma_i = \sigma_{i-1} + \Delta\sigma_i \end{cases} \tag{5.8}$$

重复上述过程,直至第 n 个载荷增量,最后求出弹塑性状态下的位移、应变和应力。这一方法称为增量切线刚度法。由于每次载荷增量步都需重新计算一次刚度矩阵,所以也称为变刚度法。其他还有初应力法等,在此不一一介绍。

弹塑性问题求解的基本过程与弹性问题相似,其处理流程依然主要由建模、加载求解和结果处理 3 个步骤组成,不过在非线性分析过程中需要加入与求解问题相适应的非线性特性。考虑到模型的非线性特性,要取用一些适应于弹塑性分析的特殊单元类型和定义一些特定的材料属性。譬如梁单元就有弹性梁单元、塑性梁单元和可以考虑材料的大应变及大变形的梁单元等,这方面要根据程序中提供的单元参考手册,了解单元的功能,清楚单元的属性,理解程序的算法,多看一些参考资料以便正确地完成计算。

5.3　几何非线性问题的有限元法

几何非线性主要指大位移小应变和大位移大应变两种情况,统称为大变形情况。大应变几何非线性解决大的局部变形问题,程序通过调整反映几何变化的单元形状来解决大应变问题。大位移表示由于结构变形导致的单元空间变化而引起的结构总刚度变化,程序利

用更新单元方位作为结构变形来解决大位移问题。对于大应变情况,位移及其导数已不再是很小的量了。变形前固定在物体上的正交坐标系,变形后就不再正交了,需要采用不同的坐标系,相应对变形前后的各力学量,就有不同的表达形式,通常采用以下几种方式。一种是拉格朗日描述或叫做物质描述方法,即变形前后的各力学量,都是以没有变形的原始坐标作为基准来表示的,例如变形后物体的平衡状态仍是用变形前原来的坐标来表达的。另一种是欧拉描述或叫做空间描述方法,即变形前后的各力学量,都是以变形后新的坐标系作为参考基准来表示的。例如对 $t+\Delta t$ 时刻物体的平衡,是用 $t+\Delta t$ 时刻的坐标系来描述的。再有一种修正的拉格朗日描述,即对于变形后时刻的各力学量,是以前一个时刻的坐标 t 时刻来描述的。

无论是拉格朗日描述还是欧拉描述,其几何方程都是非线性的,方程的表述也非常复杂,一般要采用张量形式。大变形问题的有限单元法,既包括几何非线性,也包括材料非线性。在固体力学问题中常采用拉格朗日描述方法和修正的拉格朗日描述方法。

拉格朗日描述方法的基本思想是选一固定不动的直角坐标系,在变形前物体内一点的坐标为 X_i 事先已知。变形后这个质点的坐标为 x_i,它是未知待求的。未知量可用质点的位移 $u_i=x_i(X_i)-X_i$ 表示,这样把 u_i 看作是 X_i 的函数。设变形前的状态是自然状态,对应的应力和应变为零。将变形前的构形作为参考构形,变形后的构形以及相应的应力应变是待求的,采用的度量是克希霍夫应力和格林应变。

弹性大变形或有限变形问题可以用全量方法研究。即直接求在已知载荷和约束下总的变形和应力。弹塑性的和黏性-蠕变的有限变形问题,与变形的历史有关,必须采用增量方法求解。从 t 到 $t+\Delta t$ 的增量期间,用拉格朗日描述方法求解,必须选定一个已知状态的构形为参考构形,以便定义克希霍夫应力和格林应变。

一种方法是:完全的拉格朗日表述(简称 T.L. 表述),取 $t_0=0$ 时刻的构形作为参考构形,在所有的时间步长内的计算,包括 $t+\Delta t$ 时刻待求的变量,都参照时刻 $t_0=0$ 的构形来定义。另一种方法是:修正的拉格朗日表述(简称 U.L. 表述),在时间步长 $[t,t+\Delta t]$ 的增量求解期间所有变量是以时刻 t 的构形为参考构形来定义的。对不同的时间步长的增量求解,不断地修改参考构形。在大变形增量问题的有限元计算中,使用 T.L. 方法还是 U.L. 方法,主要根据计算效率来考虑,U.L. 公式的计算效率更高一些。多数情况要看所采用的材料本构规律是如何定义的。例如,在弹塑性分析中,如果屈服函数和本构方程是由相对于初始构形的克希霍夫应力定义的,在分析中最好采用 T.L. 方法。如果屈服函数和本构方程是用欧拉应力定义的,最好采用 U.L. 方法。

几何非线性问题采用上述两种方法处理,而在非线性动力分析中采用隐式时间积分(Newmark 法和 Wilson-θ 法)或显式时间积分(中心差分法)的方法。隐式时间积分通常用来分析结构振动问题,显式时间积分主要用来分析波传播现象。

从有限元角度看大应变效应可以这样理解,结构总刚度取决于它的组成部件(单元)的方向和单元刚度,当一个单元的节点发生位移后,那个单元对总刚度的贡献可以以两种方式改变。一是单元的形状改变,其单元刚度将改变;二是单元的取向改变,其局部刚度转化到总刚度的变换也将改变。小变形和小应变时,刚度变化很小,可以不计。而大应变分析表明,由单元的形状和取向改变导致的刚度变化,将是非线性的,大应变分析中必须采用迭代求解。在大应变求解中,所有应力-应变的输入和结果要依据真实应力和真实应变,对真实应变超过50%的塑性分析,应使用特殊的大应变单元。鉴于一般非线性问题分析的困难,除了从理论上掌握有关知识体系之外,下面列出非线性分析中要注意的几个问题。

1. 单元形状

大应变分析中低劣的单元形状(如大的细长比、过大的顶角及具有负面积的扭曲单元)将影响求解的精度。要通过人工检查的方式充分认识扭曲单元的形状,并加以改进。要解决好模型简化和网格密度等与单元形状有关的问题。

2. 应力刚化和旋转软化

所谓应力刚化是指面内应力和横向刚度之间的联系,应力刚化解决由应力状态所引起的结构刚度的增大或减小。譬如在缆索或薄膜等的结构中,当它绷紧时会产生垂向刚度。这种结构的面外刚度,可能会受结构本身面内应力的状态的影响,在大变形分析中要考虑应力刚化效应。通过生成和使用一个称作"应力刚化矩阵"的辅助刚度矩阵加到主刚度矩阵来考虑应力刚化效应。而旋转软化则是针对由物体变形引起的刚度减小,这在旋转体的分析中往往很重要。但是,在考虑应力刚化和旋转软化的非线性效应时,要结合具体问题和具体情况,使用或不使用应力刚化及旋转软化。

3. 合理地使用平衡迭代和解决收敛性问题

要使用足够多的平衡迭代,以保证在迭代次数内达到收敛。包括正确地设置时间步长,采用自动时间步长,使用线性搜索、弧长方法等。可首先构造一个简单的模型,通过分析这个简化模型,确保完全理解处理非线性分析的相关问题,同时也对结构的特性有个初步的了解。

4. 要检验分析结果

通过标准实例的分析,表明已经理解并能正确应用非线性分析技术,完全能够理解迭代历程的每一步,判断数值结果的有效性及合理性,绘出载荷和响应历程的曲线图。载荷和响应历程的图形应当和结构特性的期望值相一致。

总之,在非线性问题研究中,要了解算法特点,理解材料特性与几何特性,熟练应用程序,不断积累分析经验,才能得出正确的结果。

5.4　接触问题的有限元法

接触问题源于固体力学,在自然科学和机械工程等领域既十分重要又难以求解。汽车工程中,如齿轮啮合、轮胎与路面的滚动接触、汽车碰撞等都属于典型的接触问题,其本身具有高度的非线性行为。在产品设计中,常常需要确定两个或多个相互接触物体的位移、接触区域的范围、接触面上的应力分布情况等。在第2章,专门介绍了弹性力学中的经典赫兹接触解,赫兹接触问题可以作为学习和理解弹性接触问题的一个良好的范例。但是弹性接触理论所得出的一些公式只能适用于一些形状简单及接触状态不复杂的问题,对工程中的大量问题还是要采用数值分析的方法,有限元法就可以用来解决不同类型的接触问题。

如前所述接触问题本质上属于非线性,这些非线性表现为多个方面。比如边界条件的变化问题,接触区的单面约束性质等。由于在接触过程中接触区域不断地发生变化,事先通常不能确定哪些节点、边界以及表面相互接触。接触分析往往与非线性问题相联系,如弹塑性接触问题、大位移和大应变接触问题等,因此接触问题必须依赖于非线性有限元法。

接触问题的复杂性表现在两个方面:其一,在求解问题之前,并不知道接触区域表面之间是接触还是分开的,这种状态变化而引起的刚度突变,要根据载荷、材料、边界条件和其他因素而定;其二,大多数的接触问题需要计算摩擦(切向静摩擦和动摩擦),有多种摩擦模型可供选择,它们都是非线性的,摩擦使得解的收敛性变得更加困难。

从接触对象看可分为刚体接触、柔体接触以及刚体-柔体混合接触。一般情况下,一种软材料和一种硬材料接触时,可设定为刚体-柔体的接触,许多金属成形问题可归为此类接触,而柔体-柔体的接触,是一种更普遍的情况,此时两个接触体都是变形体。

接触还可区分为法向接触和切向接触、静态接触和动态接触、持续接触和碰撞等。在法向方向上,接触体要满足穿透或非穿透的物理条件。在切向方向上,相互接触的物体之间存在着摩擦力。而碰撞则属于动态接触问题。接触问题有不同的描述和计算方法,需要区分接触问题的类别,不同的接触分析类型可能有不同的过程。不同类型的接触需要不同的接触界面模型来模拟,不同材料间的接触需要定义不同的接触参数,要根据不同接触方式,采用不同的接触单元。

描述接触问题的简单方法是采用刚体接触模型,它不考虑物体的变形,虽然刚体接触不属于有限元法讨论的范畴,但现在的发展趋势是将有限元法和多刚体方法结合起来,充分利用二者的优点,建立多刚体有限元混合算法,以达到解决接触问题,且计算效率和计算精度高的目的。如对于汽车碰撞,在碰撞过程中采用有限元法计算,而在汽车未碰撞或脱离碰撞后,则采用多刚体方法。

在用有限元法求解接触问题时,结构离散化原则上与线性结构相同,但要把加载前分别位于两个结构上已经接触的、节点位置相同的节点,或者加载后可能接触的节点均视为接触边界,这种接触边界上成对的节点称为接触对。根据两接触体接触边界的不同可分为点-点、点-线、线-面和面-面接触等,其实质反映的是二维和三维接触问题。

接触问题中,最重要的区域是接触部分。把在两个或多个结构相连的区域,受到的某些表面位移和应力的限制,称为接触条件。通过接触条件,可以判断出两个或多个结构之间是以什么状态相联系的。这种接触条件一般分为三种:分离接触条件、黏结接触条件和滑动接触条件。

有限元在接触问题中的求解方法主要有迭代法和数学规划法,另外一种普遍采用的方法就是接触单元法。接触单元是覆盖在分析模型接触面之上的一层单元,接触单元将接触点的位移和接触力,根据接触条件,表示成单元的形式,通过指定的接触单元来识别可能的接触匹对,和普通单元一样,将接触单元直接组装到总体刚度方程中,带来了使用上的方便性。

借助于有限元法,可以计算接触区域的变形,对上述各种接触问题的求解,已经取得了很大的进展。但由于处理接触问题存在着不同的接触假设,它们在计算量和实用性方面相差甚远。尽管计算机的性能日益增强,但处理诸如汽车碰撞类型的接触问题仍需高性能的计算机,普通计算机是不足以解决大型结构接触问题的。究其原因一方面是模拟和分析的问题本身越来越复杂,另一方面则是用有限元法计算动力学问题需求解庞大的方程组,其整体的计算步骤难以根本性地缩减。而且由于非线性,每步的计算还需一个迭代过程。因此人们还在花费时间和精力来发展和完善更有效的算法。

以上仅仅介绍接触问题的若干基本概念,详细的理论推导和求解过程,可阅读有关文献。在应用有限元法进行接触问题分析时,要熟练掌握程序操作步骤,理解程序中所设定的每一参数,而且要对所分析模型进行检验,对分析结果进行评价,只有确保每一环节清楚无误,才可能得出正确的解答。

5.5　非线性问题的基本算法

整个非线性问题可概括为一种格式:拉格朗日格式;两种解法:隐式和显式求解;三种非线性:材料、几何、接触非线性。

非线性问题有限元离散化后得到如下形式的代数方程组:

$$K(\delta)\delta = R \tag{5.9}$$

对于非线性方程组,由于 $K(\delta)$ 依赖于未知量 δ,因而不可能直接求解,一般应采用迭代算法。至于非线性有限元法分析则与线性问题类似,仍由三个基本步骤组成,但需要反复迭代。

1. 单元分析

和线性问题相比,其基本不同之处在于单元刚度矩阵的形成有所差别。当仅为材料非线性时,则应使用材料的非线性应力-应变关系;当仅为几何非线性时,在计算应变-位移矩阵 B 时,应考虑位移的高阶导数项的效应,对所有积分应计及单元体积的变化;对于同时兼有材料非线性和几何非线性的两种非线性问题时,则应考虑这两种非线性的耦合效应。

2. 组装总刚度矩阵

由单元刚度矩阵组装成总刚度矩阵及约束条件的处理,与线性问题基本相同,只是通常将总刚度方程写成增量形式。

3. 求解非线性方程组

非线性有限元方程的求解,基本上都采用线性化的方法,即将非线性方程组以一个线性方程组来近似,由此构造一种迭代格式,用以逐次逼近所求的解,这就是迭代法的思想。

迭代算法有很多种,众多算法各有特点,在精度、计算效率、收敛速度上都有所不同。通用程序中也是编入了多种方法以供选择,其基本算法有直接迭代法、牛顿-拉普森(Newton-Raphson)法、增量法、弧长法等。迭代法的基本过程可简单描述如下。

对于非线性方程 $f(u)=0$,取其解的近似值 u_{i-1},在 u_{i-1} 点附近泰勒展开,忽略高次项,则得到对应的近似的线性方程:

$$f(u) \approx f(u_{i-1}) + f'(u_{i-1})(u - u_{i-1}) \tag{5.10}$$

由式(5.10)得

$$f(u_{i-1}) = -f'(u_{i-1})\Delta u_i \tag{5.11}$$

式中，$\Delta u_i = u - u_{i-1}$，式(5.11)即为非线性方程(5.10)的近似的线性方程。求解式(5.11)，得到新的近似值：

$$u_i = u_{i-1} + \Delta u_i$$

以 u_i 为新的近似值，重复以上过程，直到此近似值满足一定的精度要求，即适当的收敛准则被满足后，迭代就停止，该近似值就是所要求的解。

用有限元法分析非线性问题，其求解思想也是如此。例如对材料非线性问题，其刚度矩阵不再是常数，而与应变和位移等量有关，可记为 $K(\delta)$，结构的整体平衡方程为如下的非线性方程组：

$$\boldsymbol{\Psi}(\boldsymbol{\delta}) = \boldsymbol{K}(\boldsymbol{\delta})\boldsymbol{\delta} - \boldsymbol{R} = 0 \tag{5.12}$$

在非线性有限元分析中，根据位移法得到的非线性方程就是对应于某一时刻(例如 $t + \Delta t$)的平衡方程(在静态分析中时间步即为载荷步)，即

$$\boldsymbol{R}^{t+\Delta t} - \boldsymbol{F}(\boldsymbol{\delta})^{t+\Delta t} = 0 \tag{5.13}$$

式中，$\boldsymbol{R}^{t+\Delta t}$ 表示在 $t + \Delta t$ 时施加的外载荷；$\boldsymbol{F}(\boldsymbol{\delta})^{t+\Delta t}$ 表示在 $t + \Delta t$ 时单元内的应力所对应的节点力。与上述说明一样，式(5.13)的近似的线性方程为

$$\frac{\partial \boldsymbol{\Psi}}{\partial \boldsymbol{\delta}_{i-1}}\bigg|^{t+\Delta t} (\boldsymbol{\delta} \quad \boldsymbol{\delta}_{i-1}^{t+\Delta t}) = \boldsymbol{R}^{t+\Delta t} \quad \boldsymbol{F}_{i-1}^{t+\Delta t} \tag{5.14}$$

记 $\Delta \boldsymbol{\delta}_i = \boldsymbol{\delta} - \boldsymbol{\delta}_{i-1}^{t+\Delta t}$，而

$$\frac{\partial \boldsymbol{\Psi}}{\partial \boldsymbol{\delta}_{i-1}}\bigg|^{t+\Delta t} = [\boldsymbol{K}(\boldsymbol{\delta})_{i-1}]^{t+\Delta t}$$

式(5.14)就变成

$$[\boldsymbol{K}(\boldsymbol{\delta})_{i-1}]^{t+\Delta t} \Delta \boldsymbol{\delta}_i = \boldsymbol{R}^{t+\Delta t} - \boldsymbol{F}_{i-1}^{t+\Delta t} \tag{5.15}$$

下一个近似值为

$$\boldsymbol{\delta}_i^{t+\Delta t} = \boldsymbol{\delta}_{i-1}^{t+\Delta t} + \Delta \boldsymbol{\delta}_i \tag{5.16}$$

方程(5.15)和方程(5.16)就构成了求解非线性有限元方程(5.12)的牛顿迭代法的基本方程。它的初始条件为

$$\boldsymbol{\delta}_0^{t+\Delta t} = \boldsymbol{\delta}^t, \quad \boldsymbol{F}_0^{t+\Delta t} = \boldsymbol{F}^t, \quad [\boldsymbol{K}\boldsymbol{\delta}_0]^{t+\Delta t} = [\boldsymbol{K}\boldsymbol{\delta}]^t \tag{5.17}$$

使用方程(5.15)和方程(5.16)不断进行迭代，直到适当的收敛准则被满足后，迭代就停止。这就是牛顿迭代法。牛顿迭代在每次迭代时，都要重新形成切线刚度阵，其计算量是相当大的。为了节省计算时间，提高求解效率，人们又提出了修正的牛顿迭代法，它的基本方程是

$$[\boldsymbol{K}(\boldsymbol{\delta})_{i-1}]^t \Delta \boldsymbol{\delta}_i = \boldsymbol{R}^{t+\Delta t} - \boldsymbol{F}_{i-1}^{t+\Delta t} \tag{5.18}$$

$$\boldsymbol{\delta}_i^{t+\Delta t} = \boldsymbol{\delta}_{i-1}^{t+\Delta t} + \Delta \boldsymbol{\delta}_i$$

初始条件同式(5.17)。它与牛顿迭代的区别就在于，刚度阵只在每次加载步开始时重新计算(甚至在几个加载步中都保持不变)，而在迭代过程中刚度阵不再重新形成。这样在每次迭代中，只须计算右端项及回代。

注意方程(5.15)和方程(5.18)中的 $\boldsymbol{F}_{i-1}^{t+\Delta t}$，它表示在 $t + \Delta t$ 时，对应于 $i-1$ 次迭代状态下单元内的应力所对应的节点力。它的计算是根据 $t + \Delta t$ 时第 $i-1$ 次迭代的应力来进行的。此时的应力计算按下式进行：

$$F_{i-1}^{t+\Delta t} = \int_V \boldsymbol{B}^T \boldsymbol{\sigma}_{i-1}^{t+\Delta t} \, \mathrm{d}V \tag{5.19}$$

对修正的牛顿迭代法作进一步的改进,取 $\boldsymbol{K\delta}_0 = [\boldsymbol{K\delta}]'$,即在所有的加载步中刚度矩阵都保持不变,就取为系统初始状态的弹性刚度矩阵,在计算过程中,只修正右端项,这就是通常所说的初应力法。由于增量求解会导致误差的逐步积累,最终使结果失去可靠性。目前能克服纯增量求解方法误差积累问题的比较好的算法就是牛顿-拉普森方法。它通过设定误差容限,在每一个载荷增量的末端达到平衡收敛。为了加强问题的收敛性,还采用一系列功能来增强求解的收敛性,如自适应下降、线性搜索、自动载荷步、二分法和弧长法等。

求解非线性方程组 $\{\boldsymbol{\varPsi}(\boldsymbol{\delta})\} = 0$ 还有一个更简单的方法——直接迭代法。只要在每次迭代过程中,逐步修改应变和位移,使之满足非线性的应力-应变关系即可。先取一个初始近似解 $\boldsymbol{\delta}_0$,由应力-应变关系求出 $\boldsymbol{K}(\boldsymbol{\delta}_0) = \boldsymbol{K}_0$,由式(5.12)求得第一个改进的近似解:

$$\boldsymbol{\delta}_1 = \boldsymbol{K}_0^{-1} \boldsymbol{R}$$

重复以上过程,从第 i 次近似解求第 $i+1$ 次近似解的公式为

$$\boldsymbol{\delta}_{i+1} = \boldsymbol{K}_i^{-1} \boldsymbol{R} \quad \text{而} \quad \boldsymbol{K}_i = \boldsymbol{K}(\boldsymbol{\delta}_i) \tag{5.20}$$

重复上述计算,直到计算结果满足收敛要求为止。直接迭代法每步采用的都是割线刚度矩阵,所以也叫割线刚度法。直接迭代法只适用于与变形历史无关的非线性问题,而对于依赖于变形历史的非线性问题是不适用的。

除了上面介绍的迭代法以外,非线性问题求解的方法还有很多,由于非线性问题的特殊性质,改进分析的精度和效率的新算法仍在研究之中。非线性问题的求解没有一种普遍有效的方法,众多算法各有优缺点。在通用程序中,一般列出了多种不同的算法,供用户根据问题的性质选择使用。

总之,对增量方程求解的平衡迭代,关键在两步:一是将载荷分成若干个增量载荷,采用逐段增量求解的方案;另一是在每一个增量加载步中,进行线性化的处理。至于线性化处理带来的误差,是靠来回平衡迭代修正解决的。对非线性问题通常不能采用一步直接求解的方案,必须分成若干个载荷步,按各个阶段不同的非线性性质逐步求解。采用增量求解方案的目的是确定物体在一系列离散的时间点处于平衡状态的力学量,即位移、应变、应力、速度等静力学和运动学参量。增量求解问题就是在已解出 $0 \sim t$ 的所有时间点的解,再进一步求出时间为 $t + \Delta t$ 时刻的各力学量。即通过将载荷分成一系列载荷增量,对每个增量实施求解,求解完成后,继续下一个载荷增量之前要调整刚度矩阵以反映结构刚度的非线性变化。另外载荷增量大小的选择也是非常重要的,较大的步长会使一个增量步中的循环次数增多,过小的步长会降低分析的效率。程序中一般通过调整载荷增量步数、每个载荷增量允许的迭代次数以及每次矩阵更新迭代的次数来加以控制。在以迭代法为基础的增量求解过程中,每次迭代结束后,应检查得到的解是否收敛到误差范围之内或者迭代是否发散。如果收敛误差太松,那么会得到不精确的解。如果收敛太紧,就会花费太多的计算量。适当的收敛准则对于增量求解的策略是否有效是至关重要的。在收敛准则中所用的求解变量一般采用位移、力和增量内能。对于不同类型的非线性分析问题,用各种收敛性检查时,可反映出不同的特性。现代程序中由用户设置迭代收敛的误差值,当迭代误差小于用户设置的值时,则终止迭代。在设置误差之前,要确定收敛误差是采用建立在上述位移、力和增量内能三者之中的任何组合基础上的,可以选择一个或两个的组合。

　　本章主要介绍一些非线性有限元分析的基本概念,非线性有限元分析技术的详细讨论超出了本书的范围,建议需要进一步学习的读者阅读非线性有限元分析方面的专著,加深对非线性理论的理解,加深对非线性程序的了解,做好非线性问题的分析。

思　考　题

5-1　非线性问题一般分为几类? 是如何定义的?

5-2　非线性弹性问题与弹塑性问题本质及求解过程有什么异同之处?

5-3　简述弹塑性问题有限元求解过程。

5-4　几何非线性问题可以分为哪两大类? 各有什么特点?

5-5　如何理解非线性问题中的载荷步与时间步?

5-6　接触问题可以划分成哪些类型?

5-7　非线性问题的基本算法有哪些? 各有什么特点?

5-8　试举出汽车工程中结构非线性问题的一些实例。

第 6 章

动力学问题的有限单元法

  汽车是一个运动物体,承受着复杂的动态载荷,仅仅用静态分析方法是不行的,其本质上应属于动力学问题。汽车结构主要是承受随时间变化的载荷作用,即承受动载荷的作用。考虑动载荷作用的问题就称为动力学问题。动力学中的位移、应变和应力都是时间的函数,但是建立动态有限元分析所需的位移形函数和静力学具有相同的形式。无论是汽车结构振动、汽车结构疲劳,还是汽车平顺性等动态特性,都需要将汽车静态分析设计转变为动态分析设计,只有这样才能真正掌握汽车性能,解决汽车设计中的关键问题。了解结构的动力特性,是改进现有结构性能,设计与开发新结构的重要基础。

  结构动力特性的分析可以从系统分析和特征分析入手。系统分析是一种研究系统特性的方法,即研究在一定输入激励下结构的响应。对线性系统而言,输入输出之间的关系是系统的一种基本属性,可以用来预测在不同状况下的特性,其中模态分析就是系统分析的一种手段。特征分析则研究改变环境状况时结构的特性,例如分析发动机加速过程中振动的特性,此时研究发动机结构的振动特性随转速变化的情况。

  动力学分析主要涉及振动的固有频率、谐响应、响应谱以及动力瞬态响应等问题。

  对一单自由度的振动系统,设物体的质量为 m,阻尼系数为 c,弹簧刚度为 k,其动力学方程可写为

$$m\ddot{z} + c\dot{z} + kz = F(t) \tag{6.1}$$

式中,$F(t)$ 为激振函数。对汽车结构而言,它可以是内部激振力(如发动机激振),或是路面不平的作用效应。

  对于一个多自由度系统的复杂结构,可类似式(6.1)写出动力分析中的有限元系统的振动方程:

$$M\ddot{\delta} + C\dot{\delta} + K\delta = F(t) \tag{6.2}$$

式中,M、C、K 和 $F(t)$ 分别是系统的质量矩阵、阻尼矩阵、刚度矩阵和激振力向量;δ、$\dot{\delta}$、$\ddot{\delta}$ 分别是位移、速度和加速度向量。给定 M、C、K 和 $F(t)$,就可计算作为时间函数的位移、速度和加速度,这就是振动的动力响应问题。

6.1 动力学有限元分析的基本方程

  在动力有限元分析中,如第 2 章所述,引入时间坐标,但采用空间离散方式,假设插值函数形式为

$$u_i(x,y,z,t) = \sum_{k=1}^{m} N_k u_{ik}(t) \tag{6.3}$$

式中，m 为单元节点数，其他符号的意义与静力分析情况相同，只是节点位移参数 $u_{ik}(t)$ 是时间的函数。

动力有限元方程的推导过程与静态分析过程基本相同，只不过多出惯性力和阻尼力项。首先将结构离散，使结构成为一个多自由度的单元组合体。在计算中必须考虑和时间有关的动载荷作用下的应力、应变和位移。根据达朗贝尔原理，把惯性力和阻尼力看作体力，就可以将结构动力问题转化为相应的瞬时静力问题来求解。

根据假定的单元位移模式，用单元节点位移来表示单元内的位移

$$\boldsymbol{f} = \boldsymbol{N}\boldsymbol{\delta}^e \tag{6.4}$$

式中，单元形函数矩阵 $\boldsymbol{N}$ 与静力问题相同，它的各元素只是点的坐标的函数，与时间无关；而单元内各点的位移，既是点的坐标的函数，又是时间的函数。单元内的速度、加速度为

$$\begin{cases} \dot{\boldsymbol{f}} = \boldsymbol{N}\dot{\boldsymbol{\delta}}^e \\ \ddot{\boldsymbol{f}} = \boldsymbol{N}\ddot{\boldsymbol{\delta}}^e \end{cases} \tag{6.5}$$

将单元惯性力——$\rho\ddot{\boldsymbol{f}}$ 与阻力——$\mu\dot{\boldsymbol{f}}$ 作为体积分布载荷分配到单元各节点上，得到单元节点载荷为

$$\begin{cases} \boldsymbol{F}_\rho^e = -\iiint \boldsymbol{N}^{\mathrm{T}} \rho \ddot{\boldsymbol{f}}\, \mathrm{d}V \\ \boldsymbol{F}_\mu^e = -\iiint \boldsymbol{N}^{\mathrm{T}} \mu \dot{\boldsymbol{f}}\, \mathrm{d}V \end{cases} \tag{6.6}$$

式中，ρ 为材料的密度；μ 为材料的阻尼系数。将式(6.5)代入式(6.6)，有

$$\begin{cases} \boldsymbol{F}_\rho^e = -\iiint \boldsymbol{N}^{\mathrm{T}} \rho \boldsymbol{N} \ddot{\boldsymbol{\delta}}^e\, \mathrm{d}V = -\boldsymbol{m}^e \ddot{\boldsymbol{\delta}}^e \\ \boldsymbol{F}_\mu^e = -\iiint \boldsymbol{N}^{\mathrm{T}} \mu \boldsymbol{N} \dot{\boldsymbol{\delta}}^e\, \mathrm{d}V = -\boldsymbol{c}^e \dot{\boldsymbol{\delta}}^e \end{cases} \tag{6.7}$$

式中

$$\boldsymbol{m}^e = \iiint \boldsymbol{N}^{\mathrm{T}} \rho \boldsymbol{N} \mathrm{d}V \tag{6.8}$$

称为单元质量矩阵，而

$$\boldsymbol{c}^e = \iiint \boldsymbol{N}^{\mathrm{T}} \mu \boldsymbol{N} \mathrm{d}V \tag{6.9}$$

称为单元阻尼矩阵。单元质量矩阵与单元阻尼矩阵都是对称矩阵。将惯性力、阻力作为载荷处理，则得到用节点位移表示的单元平衡方程：

$$\boldsymbol{k}\boldsymbol{\delta}^e = \boldsymbol{F}^e - \boldsymbol{m}\ddot{\boldsymbol{\delta}}^e - \boldsymbol{c}\dot{\boldsymbol{\delta}}^e$$

或

$$\boldsymbol{m}\ddot{\boldsymbol{\delta}}^e + \boldsymbol{c}\dot{\boldsymbol{\delta}}^e + \boldsymbol{k}\boldsymbol{\delta}^e = \boldsymbol{F}^e \tag{6.10}$$

按有限元法中组集总刚度矩阵的方法，最终建立按有限元法的系统动力学问题的基本方程：

$$\boldsymbol{M}\ddot{\boldsymbol{\delta}} + \boldsymbol{C}\dot{\boldsymbol{\delta}} + \boldsymbol{K}\boldsymbol{\delta} = \boldsymbol{F}(t) \tag{6.11}$$

式中,刚度矩阵 K 和静力分析一样,可由单元刚度矩阵集成得到,而整体质量矩阵 $M = \sum m^e$ 和阻尼矩阵 $C = \sum c^e$,同样由相应单元矩阵集合而成,而且叠加合成的 M、C 也是对称的。所以下面主要讨论如何建立结构的质量矩阵 M 和阻尼矩阵 C。结构有限元动力分析比静力分析的计算量大得多,相当于多次的静力计算。为减少计算量,可以从计算方法及计算程序,或是从力学角度简化动力方程,这称为动力方程的简化。在动力分析中一般采用两种质量矩阵,即一致质量矩阵和集中质量矩阵。

6.1.1　一致质量矩阵

式(6.8)中的形函数矩阵与推导单元刚度矩阵时的形函数矩阵完全一致,故把按式(6.8)计算的 m^e 称为一致质量矩阵。按照各种类型单元形函数矩阵积分可得。

例如平面三节点三角形单元,面积为 A,厚度为 t,密度为 ρ,其一致质量矩阵是

$$m^e = \frac{\rho A t}{3} \begin{bmatrix} \frac{1}{2} & 0 & \frac{1}{4} & 0 & \frac{1}{4} & 0 \\ 0 & \frac{1}{2} & 0 & \frac{1}{4} & 0 & \frac{1}{4} \\ \frac{1}{4} & 0 & \frac{1}{2} & 0 & \frac{1}{4} & 0 \\ 0 & \frac{1}{4} & 0 & \frac{1}{2} & 0 & \frac{1}{4} \\ \frac{1}{4} & 0 & \frac{1}{4} & 0 & \frac{1}{2} & 0 \\ 0 & \frac{1}{4} & 0 & \frac{1}{4} & 0 & \frac{1}{2} \end{bmatrix} \tag{6.12}$$

而杆单元,设其横截面积为 A,长度为 l,密度为 ρ,其一致质量矩阵是

$$m^e = \rho A l \begin{bmatrix} \frac{1}{3} & \frac{1}{6} \\ \frac{1}{6} & \frac{1}{3} \end{bmatrix} \tag{6.13}$$

再如梁单元,其横截面积为 A,长度为 l,密度为 ρ,其一致质量矩阵是

$$m^e = \frac{\rho A l}{420} \begin{bmatrix} 156 & -22l & 54 & 13l \\ -22l & 4l^2 & -13l & -3l^2 \\ 54 & -13l & 156 & 22l \\ 13l & -3l^2 & 22l & 4l^2 \end{bmatrix} \tag{6.14}$$

将结构所有的单元质量矩阵 m^e 按节点集成就形成了整体质量矩阵 M,这样形成的整体质量矩阵和整体刚度矩阵一样是带状的对称方阵。

6.1.2　集中质量矩阵

一致质量矩阵是严格依照分布惯性力的合理分配而求得的。为了简化计算,常将单元的质量都假设集中在各节点上,则某一节点的加速度不引起其他节点的惯性力。这样形成

的质量矩阵是对角矩阵,由此集合而成的整体质量矩阵也是对角矩阵。这种对角形的质量矩阵称为集中质量矩阵。例如平面三节点三角形单元的集中质量矩阵是

$$
\boldsymbol{m}^{e} = \frac{\rho At}{3}
\begin{bmatrix}
1 & & & & & 对 \\
0 & 1 & & & & 称 \\
0 & 0 & 1 & & & \\
0 & 0 & 0 & 1 & & \\
0 & 0 & 0 & 0 & 1 & \\
0 & 0 & 0 & 0 & 0 & 1
\end{bmatrix}
\tag{6.15}
$$

杆单元的集中质量矩阵是

$$
\boldsymbol{m}^{e} = \frac{\rho Al}{2}
\begin{bmatrix}
1 & 0 \\
0 & 1
\end{bmatrix}
\tag{6.16}
$$

而对于梁单元,相当于把质量平均分配并集中到两个节点,忽略梁截面转动的惯性,其集中质量矩阵为

$$
\boldsymbol{m}^{e} = \frac{\rho Al}{2}
\begin{bmatrix}
1 & 0 & 0 & 0 \\
0 & 0 & 0 & 0 \\
0 & 0 & 1 & 0 \\
0 & 0 & 0 & 0
\end{bmatrix}
\tag{6.17}
$$

从式(6.17)可见,集中质量矩阵比一致质量矩阵要简单得多,根据计算经验,在单元数目相同的条件下,用集中质量矩阵计算出的振动频率稍低于用一致质量矩阵计算出的频率,两者精度相差不多,集中质量矩阵对结构的动力分析是非常有利的。

6.1.3　阻尼矩阵

阻尼是动力学问题的固有特性,阻尼引起能量的耗散和自由振动的振幅随时间的衰减,考虑动力分析的阻尼效应对结构分析结果的准确性至关重要。另外在动力分析中,有时需要引入阻尼来保证数值算法的稳定性。有限元分析中通常采用比例阻尼方法。

(1) 设阻尼力正比于运动速度,即认为阻尼与结构动力状态下的速度相关。大多数工程阻尼器基于黏性材料特性,阻尼力由一定的速度差引入。如汽车减振器,其阻尼力 R_c 与阻尼器两端的速度差 Δu 成正比,即 $R_c = \mu \Delta u$,则单元阻尼矩阵就是式(6.9):

$$
\boldsymbol{c}^{e} = \iiint \boldsymbol{N}^{\mathrm{T}} \mu \boldsymbol{N} \, \mathrm{d}V
$$

当 ρ, μ 在单元内都是常值时,比较式(6.9)与式(6.8)可见单元阻尼矩阵和单元质量矩阵的积分形式完全相同,只相差一个常系数,所以单元阻尼矩阵与单元质量矩阵是成比例的,这可称为比例阻尼,即 $\boldsymbol{c}^{e} = \mu/\rho \boldsymbol{m}^{e}$。将全部单元的阻尼矩阵按节点集合,就可得到整体阻尼矩阵 $\boldsymbol{C}$。

(2) 设阻尼力正比于应变速度,如材料内摩擦引起的结构阻尼,此时阻尼力可表示为 $\mu \boldsymbol{D} \dot{\boldsymbol{\varepsilon}}$,则单元阻尼矩阵为

$$
\boldsymbol{c}^{e} = \iiint \boldsymbol{N}^{\mathrm{T}} \beta \boldsymbol{N} \, \mathrm{d}V = \beta \boldsymbol{k}^{e}
\tag{6.18}
$$

式中,β 为比例常数,此时单元阻尼矩阵正比于单元刚度矩阵。

（3）一般情形下单元阻尼矩阵可看作是单元质量矩阵和单元刚度矩阵的线性组合：

$$c = \alpha m + \beta k \tag{6.19}$$

式中，系数 α, β 与结构的固有频率和阻尼比有关。而整体的阻尼矩阵可由单元的阻尼矩阵推导得出，并有类似的形式：

$$C = \alpha M + \beta K \tag{6.20}$$

用式(6.20)表示阻尼矩阵，在计算时可以不必专门存储阻尼矩阵 C，从而节省储存量。一般而言，C 中的 αM 部分对低阶振型影响较大，βK 部分对高阶振型影响较大。采用比例阻尼的优点是进行动力问题分析时的各自由度之间可以解耦，从而使问题的求解变得方便。结构的阻尼矩阵是一个相当复杂的问题，可以不成比例，甚至可以是不对称的，譬如非比例阻尼模型、非线性阻尼问题等，这里只限于讨论近似的、假想的比例阻尼。

6.2　结构的固有频率及振型

弹性结构的振动本身是连续体的振动，位移是连续的，具有无限多个自由度。经有限元离散化之后，连续系统的振动就离散化为有限个自由度系统的振动。求结构的固有频率及振型是动力分析中的基本内容，而系统的振动特性可以通过固有频率和固有振型来表示。系统的固有频率和固有振型，称为模态参数，相应的分析过程也称为模态分析。分析表明，阻尼对结构的固有频率和振型影响不大，所以在求频率和振型时可以略去不计。

既没有外力，又没有阻尼，系统将作自由振动，其振动方程为

$$M\ddot{\delta} + K\delta = 0 \tag{6.21}$$

自由振动时各节点作简谐运动，其位移可以表示为

$$\delta(t) = \delta_0 \sin(\omega t + \varphi) \tag{6.22}$$

式中，δ_0 为各节点的振幅向量，即固有振型；ω 为与该振型对应的固有频率；φ 为相位角。

将式(6.22)代入式(6.20)，得

$$(K - \omega^2 M)\delta_0 = 0 \tag{6.23}$$

由于各节点的振幅 δ_0 不可能全为零，所以上式括号内矩阵的行列式必须为零，由此可求得结构固有频率的方程：

$$|K - \omega^2 M| = 0 \tag{6.24}$$

方程(6.24)的解法，就是线性代数中的特征值问题。设结构经离散化后有 n 个自由度，则结构的刚度矩阵 K 和质量矩阵 M 都是 n 阶方阵，所以式(6.24)是关于 ω^2 的 n 次代数方程组，由此可以解出结构的 n 个固有频率 $\omega_1, \omega_2, \cdots, \omega_n$，并按由小到大依次排列。其中 ω_1 表示最低频率，称为基频。在特征值计算过程中，有时对某一特定范围内的频段感兴趣，可以进行频率移动，通过移频可以求解特定频段范围的频率。

第 i 阶的特征向量 δ_{0i} 表示出系统按频率 ω_i 振动时，各节点位移振幅间的相对关系，也可以说是相对的振幅。它表示出此系统振动的一种特定的位移形式，故称之为 i 阶模态，也称之为 i 阶振型。进一步可以求出各节点在自由振动中的位移的一般解：

$$\delta = \delta_{01}\cos(\omega_1 t + \varphi_1) + \delta_{02}\cos(\omega_2 t + \varphi_2) + \cdots + \delta_{0n}\cos(\omega_n t + \varphi_n)$$

δ_{0i} 的具体数值以及相位角 φ_i 的大小要根据系统运动的初始条件来确定。一般情况下，一个

离散化结构的自由度数 n 不会太少,其固有频率也有 n 阶,相应要花费大量的计算机时。但实际工程结构问题中,通常只需求出前几阶较低的振动频率和振型,因为低阶振动对结构的动力影响最大。汽车结构的各个部分,其固有振动频率都处在一定范围,通过研究汽车结构的振动特性,尤其是对构件动力影响大的低阶振型,可有效地选择最佳结构方案。在求出结构无阻尼自由振动的频率和振型之后,可用振型叠加法或逐步积分法求解结构的振动方程(6.11),以求出结构各节点在强迫振动时的瞬态位移,进而求得各单元在振动时的瞬态应力。

对于特征值问题,数学上有很多有效解法以及相应的标准程序可供选用,譬如子空间迭代法、分块的兰索斯法、广义雅可比法、Ritz 向量直接叠加法等,这些方法各有特点,分别适用于求解不同类型、不同规模的问题。例如子空间迭代法就是一种求解大型广义特征值问题的有效方法,该方法可以求解局部(一般是最低) p 个频率及对应的振型,基本的子空间迭代法主要有三个步骤:①取 q 个初始迭代向量($q>p$);②用 q 个向量同时迭代和 Ritz 分析得到特征值和特征向量的近似值;③用斯图姆(Sturm)序列检查来验证欲求的特征值和特征向量。一般建议 $q=\min(2p,p+8)$,目的是使 p 个特征值及对应的特征向量更精确。在实际计算时要了解相关算法的性质,正确选用不同算法解决不同类型的模态分析问题。

有限元法中进行模态分析时对物体不需施加任何约束,此时计算结果前六阶为零频率刚体模态。也可以将分析频率范围从大于 0 Hz 开始计算,此时将不包括刚体模态,所得结果就是结构的弹性模态频率。不加约束的模态属于自由模态分析,另外还有约束模态分析,此时系统按实际约束情况施加约束。

6.3　结构的动力响应

结构系统的动力响应,就是求解系统的动力方程式(6.11),以求得位移、速度、加速度等的值。从数学上看,方程式(6.11)代表的是一组常系数的二阶线性微分方程,由于 M,C,K 的阶数非常高,使得求解需要很大的容量与机时。因此需要采用求解效率高的方法,目前主要有两种方法,一是直接积分法,二是振型叠加法。这两种方法初看是很不同的,但实际上是紧密相连的。至于选择哪一种方法主要取决于计算的效率。

6.3.1　直接积分法

直接积分法又称为逐步积分法,是将方程(6.11)在数值上逐步积分的方法。"直接"的意思就是在数值积分前,方程不转换成其他形式,在一系列时间步长 Δt 上对方程进行数值积分。直接积分法主要基于以下两个思想。

(1) 在时间区间上进行离散,将本来要在任何时刻 t 都应满足的动力方程式(6.11)的位移向量 $\delta(t)$,代之以只要在离散的时间区间 Δt 上满足方程,而任意两个连续时间点之差就称为积分时间步长。方程求解成为只须去寻求在一些离散的时间点上的平衡,问题变得基本上与静力平衡问题一样,不过是包含了惯性力和阻尼力的影响。这样在静力分析中所采用的所有求解技术大体上都可以用于直接积分。

（2）假定了在每个时间区间 Δt 内的位移、速度、加速度的变化。对位移、速度、加速度的变化采取不同的假定形式就引出不同的方法，该假定的形式决定了求解过程的精度、稳定性和计算量的大小。由于所采取的假设不同，因而有不同的逐步积分法。

这样直接积分的问题成为从已知的 $0, \Delta t, 2\Delta t, \cdots, t$ 的解来求解下一个时间步 $t + \Delta t$ 时的解。常用的方法有中心差分法，威尔逊(Wilson)-θ 法和纽马克(Newmark)法等。其中中心差分法是显式积分，Wilson-θ 法和 Newmark 法为隐式积分。中心差分法是条件稳定算法，必须规定时间步长不能太大，而 Wilson-θ 法和 Newmark 法则可以是无条件稳定的。在计算时要了解各种算法的精度与稳定性。

直接积分法的计算成本是与求解所要求的时间步的数目成正比的，因此选择适当的时间步长是很重要的。在进行结构动力响应分析时，一定要了解和清楚所采用的方法，知道各种方法的特点及条件，从理论及算法上多去把握问题，不断积累求解动力问题的经验。

6.3.2　振型叠加法

振型叠加法又称为模态叠加法，其基本思想是将 n 阶自由度系统的动力方程，进行一次坐标变换，用振型坐标代替原来的有限元节点坐标。这一坐标变换的目的是用解除耦合的办法来简化方程的计算，同时大大减少方程的求解阶数。经过模态矩阵变换后，化为互不耦合的 n 个单自由度问题，进行逐个求解，再叠加得到动力响应的结果。

在 6.2 节所述解出无阻尼自由振动的固有频率和固有振型之后，将位移向量 $\boldsymbol{\delta}(t)$ 看成是振型 $\boldsymbol{\delta}_{0i}$ 的线性组合，即引入变换：

$$\boldsymbol{\delta}(t) = \boldsymbol{\delta}_{01} x_1(t) + \boldsymbol{\delta}_{02} x_2(t) + \cdots + \boldsymbol{\delta}_{0n} x_n(t) = \boldsymbol{\Delta} \boldsymbol{X}(t) \tag{6.25}$$

式中，$\boldsymbol{\Delta}$ 是振型矩阵：

$$\boldsymbol{\Delta} = \begin{bmatrix} \boldsymbol{\delta}_{01} & \boldsymbol{\delta}_{02} & \cdots & \boldsymbol{\delta}_{0n} \end{bmatrix} \tag{6.26}$$

$\boldsymbol{X}(t)$ 是待求的振型幅值向量：

$$\boldsymbol{X}(t) = \{ x_1(t) \quad x_2(t) \quad \cdots \quad x_n(t) \}^{\mathrm{T}} \tag{6.27}$$

将变换式(6.25)代入动力方程式(6.11)，并利用特征向量的正交性，方程化简为 n 个互不耦合的单自由度系统的振动方程：

$$m_i \ddot{x}_i + c_i \dot{x}_i + k_i x_i = f_i$$

分别对每个方程直接求解，将求得的 x_i 代入式(6.25)，由 n 个振型的响应叠加，即可得结构的动力响应。为了计算的效率起见，一般并不计算全部 n 个振型，而只是计算前 m 个最低的频率($m < n$)以及它们对应的振型，并将这 m 个响应叠加起来。通常高阶振型对系统的实际影响较小，而且有限元法得到的高阶振型和实际情况相差往往较大，因此求解低阶振型可以满足实际振动问题在计算精度上的要求。至于 m 的大小取决于结构的复杂程度，以及载荷分布和频率范围。当然振型叠加法的有效性取决于在分析中必须包含的振型数目。例如路面载荷引起的有效振型较少，可以采用振型叠加法，而冲击载荷激起的有效载荷较多，通常采用直接积分法。

动力分析问题一般可以分为谐响应分析、瞬态响应分析、频率响应分析与谱分析等。每一种分析类型都可以通过上述直接积分法和振型叠加法进行求解。

谐响应分析是研究按正弦规律变化的载荷作用下的响应问题。谐响应分析是针对稳态响应的,例如结构对恒速运转的机械的响应。

瞬态响应分析是计算结构在任意随时间变化的载荷作用下的响应,也叫做动力响应分析或时间历程分析。瞬态响应分析可以是在某一确定频率下的激励,而频率响应分析则是在变频率外激励作用下的响应,它可以得到结构上任意点随频率变化的响应情况。

响应谱分析则通过计算每个独立振型的最大值,然后合并这些最大值,从而得出结构的最大响应。

动力分析问题的求解可以在时域内求解或者在频域内求解。动力学问题与静力学问题的本质不同之处在于需要考虑在时间域上的离散,这就是时域积分方法。时域积分法是求解结构瞬态动力响应问题的有效方法之一,该方法主要处理确定的动力学载荷问题,此时动力学方程可以作为施加载荷的函数而直接积分,在时域上进行离散,在时域上逐步数值积分。而对随机载荷问题,如汽车在路面上运动的情况,在频域内描述就非常有效,可以采用谱响应分析方法。

动力响应问题往往求解规模较大,采用缩减自由度数目的方法,可以提降低方程阶数,提高计算效率,这类方法有静力缩聚法、模态综合法、主从自由度法等。静力缩聚法比较适用于刚架系统、板壳类结构的有限元动力分析,它们经常可以忽略对应于节点转角的质量,只用求解对应于节点线位移的降阶的动力方程。模态综合法可以用于随机振动分析问题。

另外在具体解决工程结构问题时,有多少个频率会被外载荷激起,有多少阶振型需要加入到响应分析中去,这些都要针对具体问题具体分析。譬如整车振动一般就划分为低频振动和中高频振动噪声问题,因此分析整车振动问题和噪声问题所需要的频段是不同的。

6.3.3　非线性动力分析的若干问题

有限元法中非线性动力响应的求解基本上采用前面讨论过的一些方法,即增量有限元法。非线性静力平衡方程求解采用迭代法及时间积分法,其中时间积分法可以是振型叠加法或直接积分法,所用的直接积分法有中心差分法、Wilson-θ 法和 Newmark 法,这与线性动力分析所采用的方法相同,而平衡迭代可选用修正的牛顿迭代法等。

在非线性动力分析时所采用的中心差分法,其基本假定、求解所考虑的平衡方程以及逐步求解的过程都与线性动力分析的相同。要注意的是,因为中心差分法是条件稳定的,必须规定时间步长不能太大。在非线性分析的每个时间步求非线性响应时,都是通过近似地看作线性分析的方式来实现的。但是在非线性分析中,系统的刚度在变化,时间步长要随着计算过程进行调整。而步长的临界值可以采用下列条件进行控制:

$$\Delta t < \Delta t_{\text{u}}, \quad \Delta t_{\text{u}} = \frac{2}{\omega_{\max}} = \frac{T_{\min}}{\pi}$$

这里 $\omega_{\max}$ 是系统最大的无阻尼固有频率,$T_{\min}$ 是有限元系统的最小周期。

Wilson-θ 法的基本假定与线性动力分析相同,其与线性分析时的不同就在于刚度矩阵在求解过程中要根据系统的非线性特性不断地进行修正。在每次迭代结束以后,要根据选定的收敛准则进行检查。如果收敛,迭代就结束,转到求该时间步的位移、速度和加速度。若没有收敛,则继续迭代,直到达到规定的迭代次数限制为止。否则要重新形成刚度矩阵或采取缩小时间步长等措施再进行计算。值得注意的是:在非线性动力响应分析中,因为在增量求解过程中的误差直接影响到下一个时间步的解,它比静力分析更严格地要求平衡迭代。

Newmark 法与 Wilson-θ 法的求解思路、基本过程都是相同的,只是关于位移、速度、加速度变化的基本假定不同,因此在求位移、速度、加速度时的公式也不同。

在非线性动力分析中所采用的振型叠加法与线性动力分析时所述的相同。但在非线性分析中,振型与频率一直在变化,因此在逐步求解过程中,当刚度矩阵重新形成时需要重新计算振型与频率。

在非线性有限元方程求解时,为了使求解更有效,需要确定合适的求解方案,包括求解的方法、调整加载增量、是否重新形成刚度阵、收敛误差、迭代次数参数的选择等,目的是为了得到尽可能精确的和低成本的解。要建立平衡迭代的收敛准则并检查迭代是否收敛。以下提供一些经验,以帮助非线性有限元方程求解时,如何选择合理的求解方案和策略。

1. 静力分析

在静力问题的初始分析中,因为不知道响应的特性,一般采用在每个载荷步开始时,重新形成刚度阵,但不用平衡迭代来进行分析。载荷增量可根据非线性特性的知识或以类似的分析进行估算。在得到解的估算值后,对于解的精度必须进行检验。

对于解的精度的检验有两种可用的方法。第一种方法是将发生非线性响应的载荷步缩小,再进行计算,然后比较这两种解。如果在第二个解中计算出相同的响应,那么第一个解就被确认。如果有重大差别,那么就要求载荷步进一步缩小。第二种方法是在解的非线性部分采用平衡迭代计算得出的响应与原来的解进行比较。

而平衡迭代又有多种方法可供选择,如修正的牛顿迭代法和拟牛顿法,至于选择哪种方法,取决于所分析问题的非线性类型。一般在结构的刚度减小(如材料由弹性进入塑性)时,修正的牛顿迭代法求解成本较低。对于出现复杂的非线性时,拟牛顿法更可取。一般情况下,载荷步长应适当的小,以便使得最多在约 20 次迭代之内达到收敛。当然收敛准则必须根据问题的特性小心地选取。

2. 动力分析

动力分析时一般都采用平衡迭代,但是可以不必在每个时间步重新形成刚度阵。在动力分析中,由于有惯性力使得任何突然的非线性趋于平滑,这有助于在迭代中给出迅速的收敛。由于在动力分析中经常出现慢硬化并且希望较少的迭代次数,多采用拟牛顿法。

在非线性动力分析中,由于系统的特性在响应期间是变化的,所以系统的周期是变化的。因此在响应计算中,选择时间步大小要考虑周期变化的因素。至于时间积分方法的选取,因为直接积分法在每个时间步所花的计算量较多,因此一般在需要考虑的振型较多而分析的时间区域较短的情况下选用直接积分法。在需要考虑的振型较少而时间区域较长的情况下用振型叠加法。此外,对非线性分析问题,振型叠加法有所限制,它只适用于轻微的或局部的非线性情况。

至于相关公式的详细推导,不在这里列出,有兴趣的读者可参阅有关非线性有限元分析专著,或者阅读相关的专业参考书。

思 考 题

6-1 如何计算一致质量矩阵与集中质量矩阵?

6-2 结构动力响应有哪些计算方法?各有什么特点?

6-3 ANSYS程序中模态分析采用哪些计算方法?各有什么特点?

练 习 题

6-1 如题图6.1所示单自由度弹簧-质量系统,弹簧拉压刚度为98 N/m,质量大小为100 kg,试用有限元法计算该系统自由振动的频率。

6-2 如题图6.2所示,悬臂梁的右端安放一质量为$G=12$ kN的电机,已知梁截面尺寸$h=0.2$ m,$b=0.1$ m,材料弹性模量为30 GPa,泊松比为0.2,密度为2400 kg/m³,试求该梁前六阶频率和振型。若电机转动时其离心力的垂直分力为$P(t)=10\sin 2\pi t$ (kN),试计算其动态响应。

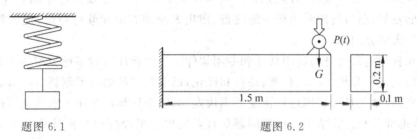

题图6.1　　　　　　　　　　题图6.2

第7章

结构分析有限元法的实现

7.1 概　　述

有限元法及其相关理论的研究,国内外几乎同步开展。但是目前国内市场上的商品化有限元分析软件多为国外软件所垄断,这些软件解题规模大,建模和分析功能强,计算效率和可靠性高,能够适应广泛的工程领域问题。国内先后引进了 SAP、ADINA、NASTRAN、ANSYS、MARC、ABAQUS、LS-DYNA 等通用和专用程序,有限元软件也从早期的只能在大型机、小型机上运行,到今天可以在微机上运行,这些都对有限元法的普及起了极大的推动作用,为设计人员的使用提供了极大的方便。随着计算机软硬件技术的发展,尤其是计算机操作系统和图形学的发展,有限元软件版本也不断更新,功能及性能不断扩充和提高,成为用户界面友好、前后处理和图形功能完备、使用方便的有限元软件系统,能够解决汽车工程领域的绝大部分问题。

有限元软件通常可分为通用软件和专用软件。通用软件可对多种类型的工程和产品的物理力学性能进行分析、模拟、预测、评价和优化,以实现产品的技术创新。随着数值分析方法的逐步完善,尤其是计算机运算速度的飞快发展,整个计算系统用于求解运算的时间越来越少,而数据准备和运算结果的描述问题却日益突出。工程师在分析计算一个工程问题时有 70% 以上的精力要花在数据准备和结果分析上。问题的突出点体现在两个方面:一是有限元建模需要花费大量时间,二是海量数据和分析结果难以取舍。这就促使发展了有限元的前后处理程序。目前几乎所有的商业化有限元程序系统都配置了功能较强的前置建模和后置数据处理模块,具备友好的图形用户界面,使用户能以可视图形方式直观快速地进行网格自动划分,生成有限元分析所需数据,并按要求将大量的计算结果整理成变形图、应力等值分布云图,以及列表输出等。前后处理程序将复杂的交互式图形与算法相结合,大大简化了模型的构建和验证,以及分析结果的表达。不仅如此,还编制了一些专用的前后处理软件,开发了专用网格划分工具,如 Hypermesh、MSC. Patran 等,这些软件前后处理功能十分丰富,特别是网格生成功能,能够处理各种复杂模型的网格划分问题,使得建模效率和模型精度大大提高。

目前有限元分析系统的另一个特点是与各类 CAD 软件的集成使用,即在 CAD 软件系统中预装了有限元软件,这样在完成零部件的几何造型设计后,就可以划分网格并进行计算,将分析与设计并行进行,从而大大提高了设计水平和效率,改变了传统的只设计不分析的设计路线。另外大型通用有限元软件都为 CAD 软件(如 Pro/E、UG、SolidWorks、CATIA 等)留有接口,能够导入 CAD 几何模型,使得模型处理越来越方便。

但在实际使用中许多数据准备工作还是要人工进行的,有限元模型数据量一般都非常庞大,而且要求细致准确,这就难免在建模过程中发生各种各样的错误,从而影响计算结果的准确性。有限元程序操作还要经过一定的学习和训练才能掌握。要想学好、用好有限元软件,要求分析人员具备对实际工程结构力学特性的正确把握,对单元特性的准确理解,对计算方法的清楚了解,对计算结果的明确判断以及对结构模型的最终评价能力。

有限元分析是一项综合性工作,需要从结构的物理力学模型中抽象出有限元计算模型,需要熟练掌握有限元程序的使用并在各类计算机上实施,需要对计算前后大量信息数据的判断处理,当然也包括有限元分析经验的不断积累。

有限元分析的基本步骤如前所述,即网格划分、单元分析和整体组装。而有限元分析软件也正是按照这个思想编程的,只是增加了数据的前后处理工作。简单而言就是从几何建模到有限元建模。值得注意的是通常的产品三维数模多是按照制造工艺要求绘制的,与有限元模型要求并不完全一致,此图形非彼图形,几何模型不等于有限元模型。导入的图形虽然表面上看是联系在一起,但是并没有黏合在一起,并没有形成一个连续体。实际问题中人们往往忽视这一点,以为工程三维数模拿来就能用,混淆了三维数模与有限元模型的区别。因此这里强调指出有限元分析中所涉及的几何模型是指按照实际结构的几何造型特征,按照其物理力学特性,建立符合有限元模型要求的几何图形。譬如几何建模中的“共点、共线、共面”原则就是指按照有限元模型的要求将整个几何图形构成一个连续体。从解决工程实际问题的角度来看,结构分析的内容可以归纳为以下几个方面。

首先要研究结构的特点,提出对问题的合理简化,包括形状的简化、材料的简化、支承的简化和载荷的简化等,提炼出与力学性能要求一致的几何模型,制定分析方案。

其次是数据的前处理,即建立有限元模型。目前一般通用程序都配有前处理软件,可通过建立零部件或结构的几何模型,完成网格划分,添加材料物理性质数据、边界条件和载荷数据等。

再次是运行有限元分析程序,进行计算。虽然这一过程可以看作是“黑箱”,但对于许多问题,尤其是非线性问题,还是要能够了解其算法并能够跟踪计算进程。

最后是计算结果的处理,即整理并分析输出的计算结果,判断计算是否合理,撰写有限元分析报告,拿出设计方案。

简而言之,前处理程序的主要功能就是单元网格划分、单元与节点编号、单元属性设置与边界条件导入等,同时利用图形系统,显示单元划分情况,使分析人员通过观察就可以对网格划分不够理想的地方,利用交互式图形系统做出修改,使其达到要求的网格精度。而后处理程序的主要功能就是使计算结果输出可视化,通过图形和曲线的方式,使分析人员对计算结果有直观清晰的认识,做出客观的判断,寻求最优的结构设计。

正确地建立有限元模型是关键。有限元建模过程是一个用合理的力学模型模拟一个实际结构的过程,这种建模能力来源于力学知识、专业基础和实践经验。有限元分析的技巧来源于对工程实际问题的力学性能和单元属性的认识能力,而这种技巧是在实践中反复试算、修改、评价中不断积累的。基本概念、基础知识、经典理论是理解问题的关键,程序使用、单元性能、分析评价是掌握问题的必然。

目前的有限元分析已经建立了一套标准分析流程,实际的上机操作过程可以归纳为如下几个主要步骤。

1. 建立有限元模型

(1) 建立或导入几何模型;

(2) 定义材料属性;

(3) 划分网格,形成节点与单元。

2. 施加载荷并求解

(1) 施加载荷及载荷选项,施加约束条件;

(2) 计算。

3. 查看结果

(1) 查看分析结果;

(2) 检查结果及评价。

这三大步骤分别对应着有限元程序的前处理、计算与后处理。在有限元分析中中间计算与后处理一般是由程序自动完成的,前处理则需要人工加程序共同完成。由于分析人员理解及处理问题的局限,易于在这个环节出现错误。

7.2　有限元软件前处理

目前的有限元分析软件,基本上都具备数据前处理功能,只是功能强弱不同。前处理模块提供实体建模及网格划分工具,指定后续求解中所需的选择项,用户可以方便地构造有限元模型。而相关前处理的具体操作,在程序使用手册和许多有限元程序应用教材中都有详细的讨论和实例介绍。其典型的前处理菜单主要包含如下内容。

Element Type:用于添加和删除单元类型,如杆、梁、平面、板壳、实体等。

Real Constants:用于添加单元实常数,如板的厚度、弹簧刚度等。

Material Properties:用于定义材料属性,如弹性模量、泊松比、密度等。

Sections:用于定义截面形状比较复杂的梁和壳体。

Modeling:用于建立几何模型的主菜单,如基本图元(节点、单元、点、线、面、体等)。其中 Create 子菜单用于建立几何模型;Operate 子菜单包括对几何图元进行拉伸(Extrude)、布尔运算(Booleans)、比例缩放(Scale)和几何与物理特性计算(Calc Geom Items);Check Geom 用于检查模型质量。需要强调的是布尔运算在几何建模中十分重要,也是修改模型的有效工具之一,布尔操作包括加(Add)、减(Subtract)、交(Intersect)、分解(Divide)、黏接(Glue)、搭接(Overlap)等。其中黏接操作将两个图元接到一起,并保留各自边界;而搭接操作除保留各自的形状外,还可能产生重叠区,形成多个图元;分解是将一个图元分解成两个图元,但两者之间保持连接。要注意学习并灵活运用布尔运算对图形的处理功能。

Meshing:用于设置单元属性和对几何模型划分网格。其中 Mesh Attributes 用于设置网格属性;Mesh Tool 提供一个自动划分单元的工具;Size Controls 用于对单元尺寸进行设置;Modify Mesh 用于对模型进行网格划分;Check Mesh 用于检查网格质量;Clear 用于清除网格。

　　Loads 用于设置边界条件和施加载荷。

　　其他子菜单说明可以参考所学软件,在此不一一解释。

　　以下列出前处理建模菜单的主要内容:

```
Preprocessor
  Element Type
    Add/Edit/Delete
        Structural(Mass,Link,Beam,Pipe,Solid,Shell)
        Constraint(MPC)
        Contact
        Combination(Spring-damper,Combination,Revolute)
        Superelement
  Switch Element Type
        Explict to Implicit,Implicit to Explict
  Real Constants
  Material Properties
    Material Library
    Material Models
      Structural
        Linear: Elastic
        Nonlinear: Elastic,Inelastic,Rate Independent,Rate Dependent
        Density
        Damping
        Friction Coefficient
  Sections
    Section Library,Beam,Shell,Joints
  Modeling
    Create
        Keypoints
        Lines(Lines,Arcs,Splines,Line Fillet)
        Areas(Arbitrary,Rectangle,Circle,Polygon,Area Fillet)
        Volumes(Arbitrary,Block,Cylinder,Prism,Sphere,Cone)
        Nodes(Write/Read Node File)
        Elements(Write/Read Node File,Superelements)
    Operate
        Extrude(Keypoints,Lines,Areas)
        Booleans(Intersect,Add,Subtract,Divide,Glue,Overlap,Partition)
        Scale(Keypoints,Lines,Areas,Volumes,Nodes)
        Calc Geom Items(Keypoints,Lines,Areas,Volumes)
    Move/Modify
        Keypoints,Lines,Areas,Volumes,Nodes,Elements
        Rotate Node CS
        Transfer Coordinate
        Reverse Normals
    Copy
        Keypoints,Lines(Mesh),Areas(Mesh),Volumes,Nodes,Elements
    Reflect
        Keypoints,Lines,Areas,Volumes,Nodes,Elements
    Check Geom
```

```
            Select Small Lines,Show Degeneracy,KP distance,ND distance
Delete
            Keypoints,Lines,Areas,Volumes,Nodes,Elements
Meshing
  Mesh Attributes
            Element type number
            Material number
            Real constant set number
            Element coordinate system
Mesh Tool
            Element Attributes Set
            Smart Size(Fine,Coarse)
               Size Controls(Keypoints,Lines,Areas,Global)
               Mesh(Keypoints,Lines,Areas,Volumes)
               Shape(Tet,Hex,Tri,Quad,Free,Mapped,Sweep)
Size Controls
            Smart Size,Manual Size,Concentrate Keypoints
Modify Mesh
            Refine,Improve
Check Mesh
            Individual Element(Plot Bad Element),Connectivity
Clear
            Keypoints,Lines,Areas,Volumes
Checking Controls
  Model Checking
            Model/FEA Checking
Shape Checking
            Level of shape checking
Toggle Checks
            Aspect Ration Tests
            Shear/Twist Angle Deviation Tests
            Parallel Side Tests
            Maximum Angle Tests
            Jacobian Ration Tests
            Warp Tests
Numbering Controls
  Merge Items
            Nodes,Elements,Keypoints
  Compress Numbers
            Nodes,Elements,Keypoints,Lines,Areas,Volumes
Coupling/Constraint Equation
            Couple DOFs,Coincident Nodes,Constraint Equation,Rigid Region
Loads
  Analysis Type
            Static,Modal,Harmonic,Transient,Spectrum,Eigen Buckling,Substructure
Define Loads
            Settings
            Apply
            Delete
            Operate
  Load Step Options
```

结构单元类型已在第 4 章专门讲述,主要有杆单元、梁单元、管单元、平面单元、三维实体单元、壳单元、接触单元、特殊单元(质量单元、弹簧单元、表面单元、多点约束单元)、显式动力学单元等。在实际使用时要注意查阅单元手册,了解单元属性,正确选用单元。

结构分析类型,主要有 7 个方面:静态分析、模态分析、谐响应分析、瞬态动力学分析、谱分析、屈曲分析和子结构分析。断裂力学问题、复合材料问题、疲劳分析、显式动力学分析等也属结构分析范围。

按照有限元软件前处理功能,建模工作可概括为下述几个方面。

1. 建立几何模型

目前通用程序中一般提供两种获得模型的途径:一是利用程序自带的建模功能创建模型,既可以采用人机交互图形输入方式构建几何模型,也可以采用数据文件形式输入几何模型,在数据文件中用点、线、面和体的数据描述几何模型;二是通过程序的 CAD 接口导入导出几何模型。如前所述,导入的图形要组成一个连续体,否则进行网格划分时,各个图形就可能没有通过单元节点连成一体,载荷也无法通过节点传递,表面上划分了网格,实质上并未达到有限元模型所要具备的连续性条件。

2. 建立有限元模型与网格划分

建立有限元模型有两种方法:一是直接建立节点,然后生成单元;二是建立或导入几何模型,将其离散化成网格模型。这里面还包括设置单元属性数据,即单元类型、材料数据、单元类别编号、单元坐标系,等等;控制网格划分密度;执行网格划分操作和网格检查;修改网格模型。这里面也包括人工划分、手动划分和自动划分方式。网格划分方法应适应结构特点,要注意通过多种途径检查网格质量和有限元模型。某些模型往往还要采用自由度耦合和约束方程等方式处理。

3. 施加载荷及边界条件

施加载荷及边界条件的方式有两种途径:一是在实体模型上施加,这仍然要转换到有限元模型上,要注意实体坐标系与有限元节点坐标的一致性;二是在有限元模型上施加载荷,这就是有限元分析的最终载荷施加状态。广义载荷包括自由度约束、集中力、面载荷、体载荷和惯性载荷等。

目前,通用程序的前处理模块已发展成交互式的图形系统,结合各种实体的图形数据库,运用布尔运算等各种辅助手段可以生成复杂的几何图形及网格。另外通用程序多带有 CAD 接口功能,可以实现几何图形的导入与导出。一种是通过标准 IGES 文件导入,该方法一般要经过 CAD—IGES—通用程序的转换过程。IGES 格式文件能够多次导入,从而可以实现模型的装配。对于复杂图形要注意在导入过程中图元信息的丢失现象,并做好图形修复。另一种是针对 CAD 产品的专用图形文件接口,这类接口直接读取 CAD 图形文件,成功率较高。常用的有:Pro/E 专用接口,UG 专用接口,Parasolid 专用接口,CATIA 专用接口等。虽然通用程序多带有几何模型修复工具,但模型修复的工作量仍然很大。一种处理办法是在专用图形处理软件中,利用 CAD 系统中的交互图形软件的强大功能,按照有限元模型所要求的条件来建立几何模型,既符合产品模型的造型条件,又符合产品模型的力学特征,这样导入到有限元程序中的图形修复工作量将大大减少。

几何模型建成后,就是网格划分,网格划分就是用适当类型和数量的单元离散被分析的结构。即将几何模型人为地划分成若干个规则或不规则形体,然后分别对每个形体划分网格,再将他们拼装成为完整的网格模型。早期的分析软件多采用人工划分网格,这种方式劳动强度大、花费时间长且出错率高,因而就制约了有限元法的分析速度和应用范围,也是有限元法不能推广的原因之一。为此,人们在提高网格划分质量与速度方面作了大量工作,提出了生成有限元网格的各种算法,形成了今天的自动划分或半自动划分网格方式。

划分网格之前要对网格密度进行必要的控制。合理的单元网格密度是获得高精度结果的保证,能确保捕捉应力、应变的分布和梯度变化,塑性区的位置、控制过程和最终塑性区域的大小等。在实际工程计算中,要根据分析目的和问题的性质来控制所划分网格的密度。网格密度控制一般采用分级方式,有人工控制和机器(智能)控制,总体控制和局部控制以及单元体、面、线、点控制等。

许多成熟的商品化软件中所带有的映射划分器、扫描划分器、自由划分器等实际上就对应着各种网格生成算法:映射法、扫描法、自由网格法等。映射法是通用软件中使用最多的一种方法,它根据某种映射函数,将不规则形体映射为参数空间中的正方形、正方体等,然后在其上划分网格,并由映射函数计算节点的真实坐标值,同时记录单元的节点号。规则形体(也称作映射单元)是根据映射函数来定义的。扫描法是把规则形体由某种基平面在空间的扫描运动而构成三维实体,或者是由基准曲线扫描而构成空间曲面。扫描运动轨迹可以是多种曲线,对于轴对称问题特别方便。而自由网格法主要是各种三角划分法和几何分解法。这类方法不需要经过规则形体划分,因而是全自动的。从单元形状看网格划分主要有:三角形面单元划分器、四边形面单元划分器、四面体单元划分器以及六面体单元划分器等。针对自由、映射及扫描划分,根据不同的拓扑形状和单元质量要求,选择适当的单元形状网格划分器。

前处理所需要的人工干预最多,工作量最大,对人的专业知识要求也最高,计算结果的可靠性与精度,计算所需时间和存储容量等在很大程度上都依赖于经过前处理后的结构计算模型。

7.3　有限元软件计算

结构分析计算模块主要包括线性分析、非线性分析以及灵敏度分析及优化设计等,通过施加载荷及边界条件,完成求解计算。有限元软件中通过设置的各种求解器来实现线性方程组的求解,对不同的问题,可选取合适的求解器和求解方法进行求解。

有限元分析计算典型子菜单主要包括如下内容。

Analysis Type:用于设置求解问题类型,如静态、模态、瞬态等。

Define Loads:用于设置边界条件和施加载荷。

Load Step Options:用于定义载荷步,通常用于瞬态问题。

Solve:用于问题求解。

以下列出求解菜单的主要内容。

```
Solution
  Analysis Type
    New Analysis
        Static
        Modal
        Harmonic
        Transient
        Spectrum
        Eigen Buckling
        Substructure
    Restart
    Solution Controls
      Basic
        Analysis Options
          Small Displacement Static
          Large Displacement Static
          Small Displacement Transient
          Large Displacement Transient
        Time Control(Number of Substeps,Time increment)
      Transient
        Full Transient Options
        Damping Coefficients
        Middle Step Criterion
  Solution Options
    Equation Solvers
        Program chosen solver
        Sparse direct
        Pre-Condition CG
        Iterative
        Frontal direct
  Nonliner
    Nonlinear Option
        Line search
        DOF solution predictor
    Equilibrium Iterations
    Creep Option
  Adwanced NL
Define Loads
  Settings
  Apply
    Displacement
    Force/Moment
    Temperature
    Gravity
    Initial Condition
    Load Vector(For Superelement)
  Delete(Loads)
Load Step Options
  Output Controls
    Solution Print out,Grophical Solution Tracking,PGR file,Intergration Points
  Other
```

```
Birth & Death,User Routines
    Read Load Case File
    Write Load Case File
    Initial Stress
Solve
    Current Load Case
    From Load Case Files
    Partial Solution
```

一般来说有限元分析的计算是由计算机完成的,似乎不用多管,其实不然。单载荷步的线性静力求解的过程,确实如此。但是对于动力及非线性等问题,其求解过程十分繁杂,而且不同性质的求解问题具有不同的求解过程。为了使求解更有效,需要确定合适的求解方案,包括选择求解的方法,调整加载增量,是否重新形成刚度矩阵,收敛误差、迭代次数等参数的选取等,其目的是为了得到尽可能精确的解。第5、6章就结构非线性问题及算法等已经作了说明,在此不再重复。在利用非线性有限元法求解工程问题时,采取何种合理的求解方案和策略,需要在了解基本理论与算法、掌握求解技能的基础上进一步深入的学习。

以下就有限元问题的求解过程,尤其是非线性问题归纳出几点注意事项:

(1)要了解程序的运作方式和结构的表现行为,可以首先分析一个简化模型,来初步了解结构的特性、非线性静态、非线性瞬态等分析的不同方面,并且尽量检验分析结果,实施"标准分析",不要一开始就贪大求全。

(2)因为动态及非线性问题的复杂性,需要有足够的网格密度,因此应尽可能简化最终模型。

(3)选取一个合理的时间步/载荷增量,了解各种解法的特点及效果,设法解决收敛性问题及全面的计算结果分析(包括图形分析)。

(4)预测求解时间、规模与内存需求,避免由于硬盘空间或内存不足导致计算速度慢或意外中断。

(5)查找求解失败的原因,是约束不够还是非线性单元崩溃,是单元形态差还是解出现奇异性等。

以上这些经验是从考虑一般的非线性有限元方程的求解和有限元问题的求解过程出发的,由于所分析的线性/非线性问题的特殊性质,往往可能有更好的处理方法。而且随着使用经验的不断积累以及新的研究成果的出现,也相信会有更合理更有效的处理方法。

7.4　有限元软件后处理

经过分析计算得到了结构的应力分布、位移分布、内力分布、温度分布、约束反力、结构的固有特性(频率和振型)、动态响应、疲劳寿命等,利用这些数据,就可以对结构进行分析评价。在满足强度、刚度和动态特性要求下,修改补充原设计方案,对结构进行再设计或优化设计,获得应力分布合理、经济性能优越的最佳设计方案。

后处理模块用于获取并检查求解结果,并对模型做出评价。一般可将计算结果以彩色等值线显示、梯度显示、矢量显示、粒子流迹显示、立体切片显示、透明及半透明显示等图形方式显示出来,也可将计算结果以图表、曲线形式显示或输出,还可以动画方式播放。通用后处理器可了解模型在某一时刻的结果,时间-历程后处理器可观看不同时间段或子步历程上的结果,主要用于处理瞬态和动力分析结果问题。

其中 Plot Results 用于绘出变形或应力结果;List Results 用于列表显示节点解、支反力等;Query Results 用于查询节点或单元解;Element Table 则采用建立单元表形式画出各部件内力图(弯矩图、剪力图等);Path Operations 沿指定路径绘出相关应力分布。

有限元分析的典型后处理菜单主要包含以下内容。

```
General Postprocessor
    Data & File Options
    Results Summary
    Read Results
        First set,Next set,By Load Step,By Time/Freq,By Set Number
    Plot Results
        Deformed Shape,Contour Plot,Vector Plot,Plot Path Item
    List Results
        Nodal Solution,Element Solution,Iteration Summary
    Query Results
        Element Solution,Subgrid Solution
    Nodal Calculations
        Total Force Sum,Summation
    Element Table
        Define Table,Plot Element Table
    Path Operations
        Define Path,Plot Path Item
    Load Case
    Check Element Shape
    Fatigue
        Property Table,Stress Locations,Assign Event,Calculate Fatigue
    Define/Modify
        Nodal Results,Element Results,Element Table Data
```

后处理就是提取结果特征数据和分析处理求解结果信息。有限元分析的计算结果包含大量的特征数据,只有对这些计算数据进行细致的分析之后,才有可能理解计算中所反映的问题,掌握分析对象的状况。有限元分析输出的计算数据类型有两种:一是基本数据,即节点解,如节点位移等;二是派生数据,即单元解,是指根据基本数据导出的结果数据,是导出量。有限元分析通常是计算单元应力/应变和节点、积分点或质心点上的应力应变等,其他还有等效应力、单元能量等。在给定节点处,可能存在不同的应力值,这是由与此节点相邻的个同单元计算而产生的。有限元解输出的节点应力/应变指的是在节点处导出量的平均值,而单元解则给出非平均量。平均的节点应力显示连续的应力,而非平均的节点应力显示不连续的应力。多数情况下输出平均的节点应力,但在弹性模量不同的材料交界处,在不同厚度的壳单元的交界处,应力分量会不连续,此时要显示未经平均的应力。经过对计算结果的加工处理、编辑组织和图形显示,可以把有限元分析得到的特征数据,进一步转换为设计人员所需要的信息,如应力分布状况、应力峰值及所在区域、结构变形状态等,并且绘成直观的图形,从而帮助设计人员迅速地评价和校核设计方案。

计算完毕以后,要考虑以下问题。

1. 计算结果处理

有限元分析的直接结果是输出节点位移和单元应力或结构内力等数据,而实际问题可能提出更多要求,现有程序存在对应力等数据处理不够的方面。例如,对于梁单元,有的软件只计算输出几个截面上的弯矩、轴力、剪力等;对于板、壳、膜单元,有的软件也只输出内力值;对于等参元,有的软件输出的是高斯积分点的应力值。这些数据还不能直接用于强度校核,不能用于与实验应变测试数据的直接对比,不能用于振动幅值及振型的比较,需要进一步的编辑处理。高斯点应力要换算为测点应力,并按相邻单元加权平均等办法对节点应力值进行处理。壳单元要区分上、下表面及中性层的应力,选取最大应力值。梁单元需要针对具体的截面形状、尺寸及对称性,对弯矩、轴力产生的正应力作适当的叠加,以找出危险点的应力值。此外,还有多工况下的最不利载荷组合、计算应力包络等后处理。

2. 计算结果编辑

需要对计算结果数据进行编辑组织,列表排序,检索查询和一些专门处理。

3. 数据的可视化

图形显示计算结果,非常直观,可以清晰地观察计算结果在模型上的分布状况,定性或定量地获取计算结果。其中等值云图(等值线图)是最常用的方法。它将结果数据映射到一组颜色上,通过颜色插值显示在整个模型上。等值图有多种显示方式,如连续颜色显示、梯度颜色显示、实体或面上等值线显示、剖面显示等。另外,还有消隐的图形显示方式、动态图形显示方式、动画显示方式等。

在此基础上,对计算结果做出分析评价,撰写结构分析报告。关于有限元计算结果的分析评价在后面专门讨论。总之,后处理是有限元分析过程中的最后一步,前期的模型简化、网格划分、载荷约束等都和结果数据相关联。要仔细检查结果数据,确认解的有效性,单元划分是否合理,载荷如何影响设计等。同时还必须正确解释计算结果,以便了解结构的特性并能够提出改进设计的意见。在与试验结果进行对比产生问题时,要充分了解试验,确保分析与试验所研究问题的一致性,要注意分析对象与试验对象在几何特性、弹性性能、结构质量、非结构质量、支承方式、刚度阻尼、激励(类型、大小、方向、位置)、响应(类型、方向、位置)方面的差异,注意分析截面应力点与测点是否一致,注意选取的应力状态类型数据是否正确,注意试验数据处理方法是否合理。只有把所有问题都了解透彻,才能理解并评价计算结果,真正使有限元分析应用到汽车结构设计中去。

7.5　有限元分析的其他一些问题

7.5.1　网格划分问题

网格划分是有限元分析计算中的重要环节,对于复杂结构问题,网格划分所占的工作量较大。网格划分的好坏直接影响到计算的精度和速度,甚至会因网格划分不合理而导致计算不收敛。网格划分涉及单元的形状及其拓扑类型、单元类型、网格生成器的选择、网格的密度、单元的编号以及几何元素等因素。从几何角度上看,杆和梁是相同的,但从力学和数值求解上讲则是有区别的。在有限元数值求解中,单元的等效节点力、刚度矩阵、质量矩阵等均用数值积分生成,不同单元的刚度矩阵不同,采用数值积分的求解方式不同,单元选择会因求解问题不一样而不同,因此实际应用中,一定要采用合理的单元来模拟求解。简单来看网格划分可理解为如下三个步骤:定义单元属性、定义网格属性和进行划分网格,但实际网格划分要复杂得多,网格划分是实践性很强的技术。

由于多数通用有限元软件的建模功能都不是很强,尤其是在对于复杂空间曲面很难处理,这给后续的单元网格划分也带来问题。因此,利用现有 CAD 平台(如 CATIA、UGII、PRO/E、Parasolid)完成网格划分工作,或借助专业网格划分软件 HyperMesh 等来完成网格划分是比较好的方法。

一般 CAD 导入的模型都存在着非连续性问题,有限元模型的基本要求是几何上的连续性,若实际模型是由几部分组成的,则需要通过模型的连接或装配来形成连续体。在将 CAD 实体模型导入 CAE 软件的过程中,数据传递面临的一个最大问题是,要将导入 CAE 程序的 CAD 模型改造成适合有限元分析的网格模型。还有导入的模型可能包含许多设计细节,如细小的孔、狭窄的槽,以及建模过程中形成的小曲面等。这些细节往往不是基于结构的考虑,都需要在建立有限元模型过程中予以消除,否则会带来网格划分的困难。CAD 模型是为产品制造服务的,而有限元模型则是为了产品性能分析建立的,两者在图形绘制上要求是不同的,相应模型直接的转换会带来后续网格划分方面的问题。因此既要注意应力集中的区域,又要排除一些细节特征,以提高求解的效率和精度。

现行绘图软件中的几何建模方法非常丰富,模型修复能力较强,能够自动抽取中面,具备网格编辑等技术,其对表面形态的表示方法已经大大超过了 CAE 软件,因此在将 CAD 实体模型导入到 CAE 软件的过程中,可以快速方便地得到完整的可供 CAE 分析使用的连续曲面。既可以利用 CAE 软件的造型功能修正几何模型,也可以放在 CAD 系统中修改模型。如前所述,CAD 模型一般需要修改才能形成适合划分网格的有限元模型,即符合有限元模型要求的几何模型。当几何模型距 CAE 分析的要求相差甚远时,或修复工作量很大时,则干脆重新建模,即"重构"模型。

在采用自动生成网格功能时,可能会出现与想象中不一样的结果。此时要查找原因,并加以处理。例如形成重节点(同一坐标处有不同节点),造成单元间互不相连;同一位置定义了两遍单元;出现了歪曲单元、扭曲单元等。在这种情况下,为了将单元连接起来,需要将节点合并,否则加上载荷运算后,该处就会分离开来。在查出重定义的单元后要将它删除。而当单元的内角大于 $180°$ 或单元的扭角大于 $30°$ 时,需要修改和调整单元的尺寸控制指标,重新划分网格。

总之,有限元分析结果的精度及计算所需时间和存储容量都与网格划分有直接关系,网格划分有章可循,有一定技巧,通过软件学习与练习是可以掌握的。在网格划分时要注意以下几个问题。

1. 网格疏密

网格划分越密,单元、节点越多,分片插值的精度越高,计算结果的精度也就越高。但所需计算时间加长,对计算机存储容量的要求也加大。因此网格疏密应权衡计算精度和计算时间两个因素综合考虑。一个原则是有疏有密。在结构分析数据梯度较大的地方网格应较密,而在其他地方应尽量使用较稀的网格。根据对所计算结构的形状、载荷分布及边界条件等作大致分析后,在预估应力较大及变化较剧烈的部位、载荷作用位置、连接点、约束点、重要分析部位、急剧变化的边界等处,其网格应划分得密些。在同一个网格图上,单元由小到大应逐步过渡。如果应力变化不能事先预估,可以先用比较均匀的单元进行试算,然后根据计算结果重新划分单元,再进行第二次计算。对于动力分析问题,如果只考虑系统振动的低频成分就可以忽略细节因素,使用相对较粗糙的单元,一旦包含高阶频率成分则要求采用足够密的单元网格。如果是弹塑性分析,则单元必须足够密,以便了解塑性区域的产生、扩展及塑性区大小。另外还有接触面的单元划分要求等,需要通过实践不断积累和总结。

2. 单元选用

有限元网格划分中单元类型的选用对于分析精度也有重要的影响,单元有低阶和高阶之分,高阶单元有阶次较高的位移模式,离散精度较高。但单元阶次越高,网格划分、计算时间和存储容量的要求也越高。平面应变单元一般用于模拟厚结构,平面应力单元用于模拟薄结构,板壳单元用于薄壁结构。对块体和四边形,可以选择全积分或缩减积分,对线性六面体和四边形单元,可以采用非协调模式。四边形四节点单元好于三节点三角形单元,六面体单元优于四面体单元和五面体单元,十节点四面体单元与八节点六面体单元具有相同的精度。在初次计算或计算精度没有特别要求时,可选用低阶单元,在最终计算或精度要求较高时,选用高阶单元。按照有限元程序所提供的单元库,也许最初不能判断选用哪个为好。这可以通过阅读帮助文件,查阅相关文献资料,了解单元属性,试用各种单元并进行比较,逐步掌握。事实上,不知道全部单元的属性照样可以使用程序。从结构分析角度来看,了解一些基本常用单元如梁单元、壳单元、实体单元等,多数结构分析就已经可以展开了。如梁单元可用于车身骨架、车架等结构,板壳单元可用于车身、车架等许多结构,实体单元用于三维结构,刚体单元适用于各结构的刚体部分,质量单元则可用于振动分析中加在各节点上的质量。客车车身骨架是梁、柱、筋相互焊接组成的结构,一般可用梁单元进行模型化处理。广义的梁单元包括杆单元(仅有轴向刚度)和梁单元(具有传递力矩及弯曲刚度等)。杆单元通过铰相结合,不能传递力矩(有铰截面,弯矩为零),而梁单元的结合部是刚性结合。采用焊接、铆结以及螺栓连接等方式,能够传递力矩。如想了解构件局部(例如连接处或者螺栓周围)的应力分布,则需要采用板单元或实体单元进行模型化处理。

3. 网格形状

理想的网格形状是网格各边或内角基本相等,若网格边长或内角悬殊太大,则造成单元畸形。畸形单元会影响计算结果的精度,超过一定限度会使计算过程中断。这一点对板壳单元尤其重要。现在一般通用程序中都具备网格检查功能,可以检查每个单元的形态,挑出形态差的单元;可以检查单元形状,如单元细长比、单元最小夹角、雅可比、单元翘曲角等。在网格划分中可以设定网格质量条件,以确保网格质量。

网格质量评价标准有很多,例如单元细长比、单元翘曲角等,通过这些指标即可基本确定所划分的网格是否可用,是否需要改进或重新划分。网格检查时要注意检查边界处网格质量和重点分析部位的网格质量,这些地方的网格质量在很大程度上影响关键分析结果。

以下介绍有关网格质量的几个常用指标。

(1) 单元的细长比(Aspect Ratio):定义为四边形对边中线之半比值。理想单元的细长比为 1,线性单元细长比一般建议小于 3,二次单元小于 10。对于同形态的单元,线性单元对细长比的敏感性较高阶单元高,非线性分析比线性分析更敏感。

(2) 单元翘曲角(Warp Angle):定义为四边形四节点翘曲量最大者对应的正弦角,反映了单元面内的扭转和面外的翘曲程度。平直单元的翘曲角为 0°,一般建议控制在 10°内。

(3) 单元歪斜角(Skew Angle):定义为四边形单元对边中线角的补角。矩形单元的歪斜角为 0°,一般建议控制在 30°内。

(4) 雅可比式的比率(Jacobian Ratio),一般简称为雅可比:定义为单元雅可比矩阵最大与最小值之比。它反映了指定节点(角点、积分点或形心点)单元坐标系与整体坐标系映射函数大小的关系。理想形状单元雅可比沿整个单元维持不变,不能改变正负号。$|J| \neq 0, \infty$,或非负值。

其他还有单元最大/最小内角、单元边长比、单元最小尺寸等,三角形单元也有类似指标。程序中一般设定针对不同单元形状的控制参数,当超过一定限制时则出现警告信息或是出错信息,以便做出修改。

单元的质量和数量对求解结果和求解过程影响较大,如果结构单元全部由等边三角形、正方形、正四面体、立方六面体等单元构成,则求解精度可接近实际值,但由于这种理想情况在实际工程结构中很难做到。因此根据模型的不同特征,划分不同形状种类的网格,有助于改善网格的质量和求解精度。依据上述指标可以对单元质量做出总体评价。另外还可以调整网格疏密过渡、单元节点编号等涉及网格划分问题。网格的疏密主要表现为应力梯度方向和横向过渡情况,应力集中的情况应妥善处理,而对于分析影响较小的局部特征应视具体情况,如外圆角的影响比内圆角的影响小得多。节点编号对于求解过程中的总体刚度矩阵的单元分布、分析耗时、内存及空间有一定的影响。合理的单元节点编号有助于利用刚度矩阵对称、带状分布、稀疏矩阵等方法提高求解效率,同时要注意消除重复的节点和单元。

另外对不同类型网格的组合,其处理原则是要保持跨单元间位移的连续性。这方面的问题或是按位移约束条件处理,或是按组合单元处理。关于结构对称性的利用问题,其处理原则是按照结构对称性和反对称性定理,关键是确定对称面上的位移状态并对对称面上的节点施加必要的位移约束。在网格划分中,还应注意不同曲面实体之间具有共同边界的几何协调性,几何之间的不一致容易引起几何间网格的不协调性。此外,在利用 Parasolid、IGES、Step 等中间数据格式进行模型交换时,一定要注意曲面的光顺性和连续性,尤其是局部细节特征、孔洞特征和曲面不连续对分析结果影响很大。IGES 格式的文件只包含线和面的信息,没有体的信息,而且 IGES 格式往往会丢掉部分信息甚至产生错误几何信息。

目前大型通用有限元软件平台一般提供网格映射划分和自由网格划分等多种方式。映射划分(Mapped)用于曲线、曲面、实体的网格划分方法,可使用三角形、四边形、四面体、五面体和六面体,通过指定单元边长、网格数量等参数对网格进行控制,映射划分适用于规则的几何图形。自由网格划分(Free)用于空间自由曲面和复杂实体,采用三角形、四边形、四面体进行划分,采用网格数量、边长及曲率等来控制网格的质量。对于简单结构可以采用直接建立单元模型的网格直接生成法;对于复杂结构,可以通过几何自动生成法来划分,即在几何元素描述的物理基础上自动离散成有限单元。网格重划分(Remesh)是在每一步计算过程中,检查各单元法向来判定各区域的曲率变化情况,在曲率较大变形剧烈的区域单元,进行网格加密重新划分,如此循环直到满足网格单元的曲率要求为止。网格重划分的思想是通过网格加密的方法来提高分析的精度和效率。网格自适应划分(Adaptive Refinement)的思想是在计算步中,升高不满足分析条件的低阶单元的阶次来提高分析的精度和效率。自适应网格划分必须采用适当的单元,在保证单元阶次的基础上,原本已形成的单元刚度矩阵等特性保持不变,才能同时提高精度和效率。如第4章所述,单元类型按几何维数可以划分为一维、二维和三维单元,而在实际应用中多是采用混合单元结构,即实际工程结构中需要采用多种单元建模技术,包括质量单元、弹簧单元、杆梁单元、平面单元、等参单元、壳单元和三维实体单元等。通用有限元软件处理常规模型功能还可以,但对于处理带有复杂曲面的结构时其网格划分功能显得较弱。因此,实际建模时可以采用CAD平台完成几何建模工作,借助于专用网格划分软件HyperMesh等来划分网格,再用CAE软件进行求解分析,如此形成CAD—HyperMesh—CAE的联合建模与分析流程。

网格划分前要进行总体方案制订,做到"心中有数"。方案包括力学模型构造、单元类型选择、网格密度确定、网格质量标准等多方面的内容。在网格划分和初步求解时,做到先易后难、先粗后细、先关键部位后次要部位,各种单元合理搭配使用。有限元分析中的计算精度和效率形成了一对矛盾,为提高计算精度,增加单元数量往往导致计算效率下降,而网格不规则或密度不够则不能反映关键部位的应力变化情况。对于复杂几何模型,综合运用多种手段建立起高质量的有限元模型是非常重要的一步,需要通过许多工程实践不断摸索、总结和验证才能保证有效地建立好计算模型。

7.5.2　节点位移约束

网格划分之后,还要对模型中的部分节点施加一定的位移约束条件。除了通常意义下的边界位移条件外,还有模型各部分之间可能需要建立某种形式的连接关系。通过节点位移约束还可以消除结构的刚体运动、保持节点间的相对变形关系以及合理利用结构的特殊连接关系等。

有限元模型分析时,要将模型中的一个或者多个节点固定在空间,给出必要的约束,所谓约束就是把节点所具有的自由度在指定的坐标系上加以固定,约束的自由度共有6个可供选择,因而可以实现不同的约束状态。另外强迫位移,也是约束条件的一种。对于静力分析,如果没有正确地约束,通常不能进行求解。所谓没有约束,就好像结构以无重力状态悬浮着。当在某方向施加了载荷后,结构可能会向那个方向发生运动,这就要消除刚体位移。采用过约束来防止刚体运动往往比较方便,但不能在模型上施加不必要的约束,因为每增加一个约束将会增加部件的刚度。如两端简支梁与一端简支一端固定梁,仅仅相差一个附加的转动约束,两者刚度相差1倍以上。过度约束对结构刚度分析影响比强度要大。

1. 节点坐标系

在有限元分析程序中,涉及好几种坐标系,用于描述几何模型和有限元模型,其用途可简要归纳如下:

（1）总体坐标系是最基本的空间描述坐标系，它用于定位所有的几何体和节点单元的方位；

（2）局部坐标系是在总体坐标系中创建的坐标系，用于辅助定位几何体和节点单元的方位及调整节点坐标系的参考基准；

（3）单元坐标系用于确定材料特性主轴，定义单元方位（如梁单元）等；

（4）节点坐标系用于定义节点的自由度方向和节点结果数据的方向，确定节点集中载荷的方向等。

定义节点自由度方向的节点坐标系可以有所不同。在不同的坐标系下，节点的运动自由度所表示的方向是不一样的。在直角坐标系中，u,v,w 分别表示沿坐标轴三个相互垂直方向的位移；在柱坐标系中，u,v,w 分别表示沿径向、切向和轴向的位移；而在球坐标系中，u,v,w 则分别表示沿球的径向和两个切向的位移。同一有限元模型的不同节点可以取不同的位移参考坐标系。这样，通过建立和参考不同的坐标系可以为实现节点位移约束带来很大方便。如常常需要对圆孔的径向或切向施加约束，就要沿孔壁节点建立节点坐标系。

2．绝对位移约束

绝对位移约束是指对节点位移大小的限制，它直接或间接规定了节点某些位移分量的绝对大小。这种约束条件通常包括以下几种类型。

（1）刚性约束：节点位移分量值为零的约束。这种约束常用于消除结构的刚体运动、模拟结构与外界的接触情况以及规定对称结构的边界条件等。结构刚体运动一般情况下为沿三个坐标方向的移动和绕三个坐标轴的转动，因此消除刚体运动须限制这 6 个方向的自由度。

（2）强迫约束：规定节点某一位移分量值为非零值的约束。刚性约束是一种特殊的强迫约束。

（3）弹性约束：相当于弹性支承，处理那些随接触压力变化的约束。弹性约束通过弹簧单元来实现。

3．自由度耦合

耦合用于定义一组节点具有相同的自由度值，在耦合自由度上它们相当于是一个完全刚性的约束关系，保证它们在耦合自由度上的相对位移为零。耦合约束规定一组节点与某一个独立节点（称为主节点）在规定的自由度方向耦合在一起，当主点沿某方向发生位移时，其余相关节点（从节点）也将沿同一方向发生相同的位移，这样边界上的每个节点对便具有相同的位移状态。耦合部分自由度则达到了释放未耦合自由度的效应。每个耦合节点都要在节点坐标系下进行操作。耦合的用途主要有以下几种。

（1）在同一位置两重合节点间形成万向节、铰链、销钉及滑动连接等。其原理是若仅耦合三个平动自由度则相当于铰接（如梁单元之间的铰接）；若耦合三个平动自由度和两个转动自由度，即释放一个转动自由度则相当于销接，以此类推。若只用一个节点可以根据需要释放某些自由度来实现。

（2）在具有周期对称性结构中，如叶轮、车轮、花键轴等，其几何形状、物理性质、边界条件和加载状态沿周向呈周期变化，它们不是轴对称问题，但可取其一子结构进行分析。耦合自由度可用于处理这类周期对称边界条件约束问题。其关键是将扇形区模型的两个对称边界上的对应节点位移耦合,即 $u_i = u_{i+n}, v_i = v_{i+n}$。

(3) 实现小位移条件下的无摩擦接触面模型,即处理滑动边界条件。仅仅耦合接触面法向的节点位移,切线方向节点位移不耦合。

4. 位移约束方程

约束方程是描述多个不同的或相同的自由度之间的线性协调关系,建立的是多个节点之间的刚性连接关系(可称为多点约束)。而耦合仅仅描述两个节点或节点集之间位移的相等关系,即一对一的关系,因此耦合可看作约束方程的特殊情况。在结构分析中某些节点的自由度不是独立的,它们可以由其他的节点自由度确定,这时就可用位移约束方程来处理。处理的方法是把相关的自由度表示为某些独立自由度的线性组合,其表达式可按下式定义:

$$\sum_{i=1}^{n} \alpha_i \mathrm{DOF}_i + \mathrm{Const} = 0$$

式中,α_i 为第 i 个自由度的系数;DOF_i 是第 i 个自由度,n 为方程中参与自由度的项数;Const 是约束方程常数项。位移约束方程的使用给处理工程实际问题带来很大方便,其用途主要有以下几种:

(1) 连接不同类型单元之间的网格;

(2) 连接具有不同自由度的单元;

(3) 建立刚性域;

(4) 描述过盈装配中两界面间的盈量或间隙。

除此之外,利用耦合/约束方程技术,可以实现在多个节点间传递载荷与位移的目的。

约束方程和自由度耦合功能还可以用来帮助划分出优良的网格并降低模型规模。例如对相邻实体可以各自独立划分网格后再通过耦合方式连接起来。由于各个体之间在几何上没有联系,因此不必考虑相互之间的网格影响,可以控制好网格质量。

其他还有连接重合节点以及模拟节点间的刚性连接、刚性平面等问题。由于约束方程的使用,使得在计算工程实际问题时,许多边界条件和连接条件的处理十分方便。

7.5.3　有限元模型的装配

对于大型复杂模型,可以分成几个部件分别建模,充分利用有限元软件中的组装合并技术、子结构技术、超单元技术等软件功能,分别建立部件模型后再加以组装。如轿车白车身或整车模型,其模型规模一般较大,建模工作可以分部件进行,按主要结构件划分为若干个部件组,分别导入到有限元程序中,再进行组装。客车车身也是由六大片所组成,可以将各设计师所绘的几何模型经过适当修改后导入到程序中,再装配成完整车身进行建模分析。模型导入可以是单独几何模型、单独有限元模型或是二者兼有。这样各部件可以独立划分网格,互不关联,从而容易保证各部件的网格质量,然后通过连接技术将各部件"黏合"到一起。当然这种装配模型方式不适用于参数化模型,也就不能用于优化设计分析。

对于一个复杂结构可能需要采用不同单元的组合来分析,或是出现一些比较复杂的边界和约束情况,这些都需要给予适当的处理。这可以理解为广义的模型装配问题(不同单元组合）。例如直梁单元与平面单元连接或板壳单元与三维实体单元连接时，节点位移以及节点自由度不一致，为保持二者协调性，应按具体情况加以适当变换。工程中常见的板梁组合，就需要考虑这一问题。板梁组合模型中，板梁结合处，若连接处理不当，则容易产生应力集中。实际结构板梁组合是焊接在一条线上，而有限元模型中的连接则成为一点，该点就易于产生应力集中。要注意区分受力部件是以板为主，还是以梁为主。从受力分析角度而言，应取形心轴的连线为梁轴线，板则取中面。由于梁的形心与板的中面有时不在一起，必须考虑偏心影响，否则会产生较大的误差。

装配结构中的单元协调问题主要有以下几点。

（1）自由度不同的单元不协调：例如，壳单元或梁单元与实体单元，前两者均包含 6 个自由度，而实体单元只有三个平动自由度，因此后者只传递前两者的平动位移，不传递旋转方向的位移。

（2）有相同自由度的单元不总是协调的：例如，平面梁单元与壳单元，前者具备平动方向的 3 个自由度，而后者包括两个平动自由度和一个旋转自由度，因此壳只能传递梁的平动位移，不能传递旋转方向的值。

（3）三维梁单元与三维壳单元具有相同的 6 个自由度：壳单元旋转自由度与平面旋转刚度相关，为虚拟刚度，不是真实的自由度，因此要注意三维梁单元与壳单元出现不匹配的问题。

不同有限元软件模型的装配方法可能有所不同，要参照相关软件说明书执行。由于存在单元节点编号、材料属性编号、实参数编号等问题，有时这种导入装配方式会引起模型间数据的冲突，要注意软件说明中导入模型的限制要求及文件格式，一般采用标准格式文件，如 ASCII 形式读入和写出都可以实现模型的装配。IGES 格式模型就是标准的 ASCII 码文件，可以进行多次导入，从而实现模型的装配。值得注意的是，导入的几何图形联系在一起，但没有黏合在一起，也就是说没有构成一个连续体，如果这样进行网格划分，各个图形仍没有通过节点关联，载荷也就没有办法进行传递。各部分模型导入后要进行编号压缩、重新编码、编辑分析、布尔运算以及采用各种连接等方法实现模型的装配。

有限元模型的装配或是说连接的方法有多种，主要是节点合并与节点约束。按照模型作为一个连续体的基本要求，模型各连接部分应保持共点、共线和共面，通过模型合并方式实现各部件装配成一个连续体。当遇到非连续体部件时，可以按照实际部件连接方式通过多点约束方式或约束方程形式实现连接，对焊接部件可以采用专用焊点单元或多点约束方式连接各部件。总之，连接方式方法有多种多样，要注意选用正确的方法将各部分模型装配到一起。

几何建模、复杂模型的装配、网格划分及模型修改都可能涉及布尔图元运算，因此理解并掌握布尔运算是十分重要的。在有限元软件前处理一节中已经强调布尔操作对图形处理的重要性，要注意学习并灵活运用。例如对网格划分，划分小部件比划分大部件方便；采用黏接与搭接比采用加操作更加适合；利用分解操作将一个复杂图元剖分成多个规则图元有利于网格划分等。对经过布尔操作的图元一定要检查是否构成一个完整的连续体。

装配部件的结构分析，涉及如何定义零部件之间的连接特性。细分起来包括点与点、点与线、点与面、线与线、线与面以及面与面的连接，其中焊点连接属于点连接，焊缝连接属于线连接。第 8 章所述的各种连接处理方式，如焊接铆接、预紧连接、弹簧连接、销轴连接、刚性连接、接触连接等都可以在模型装配中根据实际情况加以选择。总之零部件间的连接关系必须转化成有限元分析的连接特性才能分析。

　　另外,由于装配模型的复杂性以及对模型简化和计算结果精确程度的较高要求,在网格划分方面还存在着网格划分难的问题。一般装配模型中各种零部件的连接关系有多种,需要采用混合网格划分方法来适应这类几何模型。混合网格划分即在几何模型上,根据各部位的特点,分别采用自由、映射、扫掠等多种网格划分方式,以形成综合效果尽量好的有限元模型。还有装配模型中一般会采用多种单元,模型中各类单元连接就存在着协调性问题。如实体单元与壳体单元的自由度不同,两者传递的位移不一样。三维梁单元与三维壳单元虽然具有相同的 6 个自由度,但壳单元旋转自由度与平面旋转刚度相关,为虚拟刚度,不是真实的自由度,因此要注意三维梁单元与壳单元可能出现的不匹配问题。

　　对于复杂几何实体,带有多孔板壳体,为了使网格形状划分规整,需要人为地将原结构进行一些必要的切分与黏接处理,这样图形更容易形成规整的六面体或四边形网格。例如对带有螺纹孔的壳体模型可以切分为螺纹孔处和其他部分,切分之后将各部分黏接在一起,使之在单元网格上保持连续,随后可以分别采用扫掠网格划分,从而可保证对单元数目及单元质量的有效控制。

　　对于大型复杂结构分析问题还可以采用子结构分析方法,先分别计算各子结构,再将计算结果合并,从而求出整体结构的计算结果。子结构方法容易实现部分变更设计的修改,还可以将实验结果或理论解等溶入到整体模型中,即部分用有限元模型,部分取自实验结果。

7.5.4　有限元程序中的材料库

　　单元属性一方面反映其几何形状特征,另一方面还有物理特性和材料特性。而材料特性表征结构力学、热力学等方面的性质,如弹性模量、泊松比、热膨胀系数、导热系数等。有限元模型中不同的单元可以具有不同的材料特性,相同的单元也可以具有不同的材料特性,因此能够对由不同材料组成的组合结构进行有限元分析。在网格划分时,必须定义每个单元的材料特性以及物理特性等。通用有限元程序中都含有十分丰富的工程材料库,可以处理各种各样的线性与非线性问题,模拟工程中的各种结构材料。其中用于金属结构类的材料模式主要有以下几种:

　　(1) 各向同性材料,仅有 E,μ 两个弹性常数。

　　(2) 各向同性热弹性材料,含有弹性常数 E、μ 和热膨胀系数 α,E、μ、α 随温度而变化。

　　(3) 正交各向异性材料,对三维正交各向异性材料有 9 个独立常数,材料性质轴与坐标轴可以不一致。

　　(4) 非线性弹性材料,材料仍是弹性的,但应力-应变关系不是线性关系。可以将应力和切线模量 E_T 看成是应变的分段线性函数。

　　(5) 等向强化和随动强化的等温弹塑性材料(Mises 屈服准则,适用于金属材料)。

　　(6) 不可压缩非线性材料(Mooney-Rivlin 模式)。材料变形可以很大,但体积不变,用于橡胶类材料。

　　(7) 温度场分析有专门的温度单元和材料模式(热传导率、比热等),可以用来进行温度分布计算以及处理热-结构耦合问题。

　　此外通用程序中一般留有接口,可以增添新的材料模式。但要注意并非每一种单元都包含上述所有材料模式。

材料性能参数根据分析的种类,所要求的输入内容是不同的。对于分析用不到的物理特性,即使输入的话也不影响答案,然而所必需的材料性能参数没有输入的话,则肯定要出错。对于使用的材料个数一般程序都没有限制,所分析的结构涉及几种材料,就必须输入几种材料性能参数。有时为了识别不同部件,即使对同一种材料,也按照不同材料编号处理。另外要特别注意不要搞错材料的单位。有关基本的分析所必需的材料数据如表 7.1 所示。

表 7.1　各种材料输入参数

分析的种类	线性静力分析			振动分析		
	应力分析	准静态分析	热应力	特征值	瞬　态	频率响应
弹性模量(E)	√	√	√	√	√	√
泊松比(μ)	√	√	√	√	√	√
线膨胀系数(α)	—	—	√	—	—	—
质量密度(ρ)	—	√	—	√	√	√
阻尼(c)	—	—	—	—	√	√

注:准静态分析包含加速度载荷、离心力载荷等,把它们看作静力载荷进行处理。

在各向同性材料的情况下,只需要弹性模量和泊松比两个常数,对于各向异性材料则需要输入较多的材料特性值。

在处理材料特性随温度变化时,一般采用表格形式输入材料的温度特性。

在进行弹塑性结构分析时,材料塑性状态的特性值也要输入。

在处理蠕变状态(变形随时间的推移而变化,应力也发生变化的状态)时,要输入这种材料的蠕变特性。

在进行结构疲劳分析时,要输入材料的寿命曲线及疲劳特性参数值。

7.5.5　模型检验与验证及结果评价

有限元模型建立完毕后要从多方面进行检验,以确保分析模型的可行性,防止与减少模型的基本错误,降低反复建模的工作量,通过多方面检验以达到模型验证的目的。计算完毕后要对分析结果进行严格的检查及评价,检验分析结果的合理性与可靠性,给出对所分析结构的正确评价。也就是说模型检验与验证在分析中与分析后都要进行,模型检验与验证是有限元分析中非常重要的环节,严格地说没有通过验证的模型是不能用的。另外正确判断与评价分析结果同样至关重要,只有结果正确才能指导设计,否则将误导设计。如前文所述,在制订结构分析方案时就要考虑模型验证的方法,尽量将问题解决在出现之前,从而缩短分析时间,提高分析效率。模型的验证与结果的解释是同样的目的,都是为了确保最终计算结果的可信性。这种检验与验证可以来自理论、经验、试验、标准考题、类似算例与文献资料等诸多方面,如果结果与预期的不同,应该查找出现问题的原因。

由于在有限元分析中,没有充分了解分析对象特性、理解有限元理论、掌握程序操作方法,可能出现模型简化错误、模型连接错误、载荷施加错误(大小和位置)、边界约束错误、计算单位错误等等,造成计算结果明显偏离真值,这就是分析错误问题了。有时局部地方出现应力或位移超标,则需要通过检查连接情况、约束情况以及载荷施加情况等,调整结构以反映实际应力状态,尤其要注意的是某些计算数值可能偏差不是太大,更具隐蔽性,要仔细检查才能发现问题所在,以科学的态度解决计算中出现的问题。

有限元分析作为一种近似数值解法,它与精确解或真实解必然存在误差。分析误差产生的原因及其影响,对于积累分析经验、提高分析水平是极有帮助的。要能够有效地检验与评价分析结果,判断计算结果是否可靠,识别错误的计算结果,调试可疑的分析结果。从已有数据、经验、实验数据等方面综合判断分析,根据结构的基本行为判断分析,根据模型的变形及反力判断分析,这些都有助于对计算结果做出正确的解读。

可以先检查位移,再检查应力。检查位移时可以采取将变形后网格放大观察的方法,放大 100 倍或 1000 倍以看清局部连接情况,可以采用模态分析方法观察异常振型以检查模型连接情况。能够判断位移与应力方向的地方先检查这些方向的位移与应力值,然后再检查其他方向的位移与应力。对计算结果的检查方式有多种,如计算值与理论值比较,计算值与试验值比较,计算值与行业标准值比较,计算结果绘出曲线(而非应力云图)等。

模型与结果检验及验证需要综合判断,分层、分级、分步进行,多方位、多角度、多阶段考察(图 7.1)。通过结构基本信息(如质心、质量)检查建模精度;通过扭转刚度、弯曲刚度、最大挠度、前后轴间相对扭转角等试验数据检查模型的准确性,确定可否用于进一步的分析;比较计算模态与试验模态的一致性如何,了解前后计算轴荷分配是否合理,检查单元质量等等。在与试验数据对比时要对试验条件完全清楚,有时可能需要专门针对试验工况进行计算分析以便两者数据的对比,根据需要调整连接支承条件,进行一系列试算分析,这样才能使分析结果与试验数据吻合。

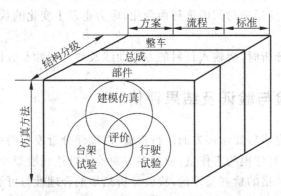

图 7.1 综合分析与评价

在缺乏有限元分析结果验证数据的情况下,用力学分析对有限元模型进行确认以及对计算结果进行判断是非常重要的,这就需要有扎实的力学理论基础与良好的分析经验,以避免用错误的结果去误导设计。对模型检验与验证工作可以归纳出以下几个方面问题:

(1) 首先要熟悉研究对象,尽量积累一些关于所研究结构的基本信息,如零部件质量、整车质量、轴荷或轮荷、车架损坏位置及裂纹形态、车身振动特征等,这些基本信息对模型的检验可能是极有帮助的。

(2) 了解所求问题的解的范围,判断计算结果是否处在解的合理范围内,检验分析结果的合理性,并识别出无效的分析结果,不至于出现原则性的错误。这种验证的来源是多方面的,如解析解、程序附带的验证手册及实例、他人类似的分析结果、直觉和经验等。

理论上的分析或常识上的判断可以解决一些明显的错误,如重力方向总是竖直向下的;物体受热一般要膨胀;受弯结构应力一侧受拉,另一侧受压等。位移和应力分布能够用力学知识加以解释,模型的运动与预期的相符——无刚体运动、无裂缝等。

(3) 每当遇到一个新问题时,需要验证程序是否可用,检验输入数据参数是否正确,也可用简化小模型先行试算。如果迭代过程不收敛,可以检查如:结构是否适当约束?所用单元类型是否合适?材料性能数据是否正确?网格划分是否严重畸形?结构响应是否出现分叉?接触单元定义是否适当?等等。

(4) 检查几何模型、材料属性、实常数、载荷等的单位是否统一,一般数量级错误可以先检查单位。如出现奇异解,可能是约束不够、材料特性值为负、出现零刚度矩阵等。

(5) 确认载荷分布是合理的:约束反力大小与外载荷能否平衡?检查某些节点位置是否适当?支承类型是否适当?约束是否正确?变形与支承条件是否协调?是否具有现实可行性?等等。如通过汽车轴荷或轮荷判断所施加的载荷分布的合理性,相关计算质量特性与实际质量特性是否吻合(质心位置、质量大小、转动惯量数值),如果上述数值能够符合,就从一个侧面说明了模型的正确性。

(6) 单元划分是否合理?什么位置应力最大?什么位置变形最大?应力值是否超出弹性范围?某个区域应力多大?振动频率是否在激振范围内?结构疲劳寿命分析是否真的可行?载荷如何影响设计?结构尺寸随刚度或频率变化的灵敏程度如何?这些都需要通过后处理分析来完成。

对具体分析模型的验证需要与相关试验数据对比,如强度试验(应变测试)、刚度试验(弯曲扭转刚度)、模态试验(固有频率与振型)等,通过与试验数据对比,分析二者误差大小及误差产生的原因,反映所建模型的准确性,对所研究结构进行静动态综合评价,指导并改进设计,以及进一步的结构优化设计。

所有这些问题都需要分析者对所分析的问题有清晰的认识,正确的判断,对需要从分析中获得什么样的结果有深刻的理解,只有这样才能做好分析结果的评价工作。

对具体产品的评价需要参照一系列评价指标,如车身弯曲刚度、扭转刚度、车身模态频率、接头刚度(保证每个接头的刚度达到一定的参考数值,而这些参考值又是通过积累竞争车型或相近车型的接头结构性能参数而得)。

初步分析,确定模型正确无误后,可以采取措施进一步提高分析精度。如改变单元类型、整体网格细化、局部网格细化、自适应求解及其组合使用等。通过设定分析目标误差、迭代次数、最小网格检查等,最大限度地提高有限元分析精度。

作为一种数值近似方法,有限元解不可避免地存在误差。问题是要了解误差来源,准确的有限元计算结果不应因为这些误差而丧失精确度。有限元的误差主要有:模型误差,计算误差与离散误差。

(1) 模型误差:所建模型与实际问题之间的误差。建模时要尽量使此误差控制在许可的范围之内。建模工作就是要把实际结构(或图纸)抽象为相互之间关联的模型,同时要确定载荷及约束状态。建模的关键就是要构造一个合理的模型,尽可能真实地反映实际结构的力学状态。模型工作关系到计算成本、计算数据工作量以及计算结果的真实性等指标。

(2) 计算误差:计算机在数值运算时产生的误差,即数值计算的舍入误差。由于大量的数值运算、反复迭代、应力内力推算等会产生累积等计算误差,这方面的计算误差相对其他计算过程一般不大。计算误差的主要部分是分解总刚度矩阵及转置求逆的运算，随着计算方法的改进和计算精度的提高，可以将计算误差减到最低。计算误差的另一种情况是出现所谓"病态方程"问题。病态方程是指总刚度方程由于刚度元素等的微小变化，引起解的很大波动。一个典型的例子就是两个刚性相差很大的单元相邻时，可能会出现病态方程。因此在建模时，要避免出现相邻单元刚性相差较大的情况，否则会助长较大的计算误差出现。

（3）离散误差：由于连续体被有限元模型所代替并进行运算所带来的误差，即有限元模型与数学模型之间的误差。由于位移模式仅具有有限个自由度，单元网格也不可能精确地拟合结构的几何形状，这些都直接造成有限元解的离散误差。其一是单元插值误差，其二是网格划分误差。如果增加位移模式的自由度数，使单元尺寸减小，则离散误差也会减小，有限元的近似解将收敛到精确解。所以要检查网格密度，网格密度及形状影响计算结果的精度，有必要在计算完毕以后，通过观察非平均应力等值线，寻找应力变化大的区域的方法，或是利用程序中的相关工具，如结构能量误差等值线图、单元能量误差、单元应力偏差等，都可以反映出误差较大的区域，以此进行网格离散误差的估计，并做出适当的修正。

从上面的简单介绍可知，在有限元分析中计算误差和离散误差总是存在的，将这两种误差相比，计算误差又主要是由离散误差引起的。所以要处理好网格密度，注意单元形态，仔细检查网格，避免出现刚度过分悬殊的单元，都是减小有限元解误差的基本方法。

综上所述，由于有限元建模与分析存在的诸多问题，现在的发展趋势是建立有限元建模的标准流程以及评价分析结果的标准和规范。虽然有限元分析已经相当普遍，但在建模计算与有效运用分析结果之间仍有相当大的差距，弥补这个差距正是结构分析师的任务。做到设计有规则，分析有标准，评价有指标。当然这种分析标准的建立相当不易，需要做大量的工作，并且要结合试验结果，通过试验和仿真相互校核，借鉴已有经验，努力积累各种分析与试验数据，才能逐步建立针对相关产品结构的分析与评价标准。

在实际结构分析问题中，要注意培养有限元的建模能力、识别能力与分析能力，按照有限元分析标准流程及相关分析指南，逐步建立分析设计标准和仿真试验规范，逐步建立各类产品性能评价标准，从而提高有限元的应用水平，更好地为产品设计服务。

解决好所有建模与分析问题，并不是万事大吉了，要切记有限元软件仅仅是一种计算工具，分析者的判断能力才是最根本的。有限元分析不能完全取代原型实验，成功的模拟分析不等于成功的实际生产，但是不注重结构分析的产品是绝对无法在激烈竞争的环境中存活的。计算分析并不能解决设计问题，它只能帮助了解设计中存在的问题，提供解决问题的线索，最终的结构设计与分析要结合专业知识、力学理论与产品设计规范等综合考虑来确定。根据有限元分析结果，提出新的设计方案，绘制新的设计图纸。

思 考 题

7-1　有限元法中采用哪些坐标系统？

7-2　节点耦合的作用是什么？举例说明约束方程可以应用的场合。

7-3　有限元建模前处理主要包括哪些内容？其中模型精度检查主要从哪几个方面着手？模型验证又采取什么方法？

7-4 试对有限元法的前后处理进行总结。

7-5 试对约束问题和约束方程进行总结。

7-6 板与梁连接时,应注意哪些问题? 如何处理?

7-7 如何用有限元法分析圆轴扭转问题的应力与变形? 说明单元划分、节点位移、形状函数、节点载荷、位移约束等。

7-8 了解并熟悉一种常用的有限元分析软件,结合上机实践,学习有限元建模与分析。

7-9 学习 ANSYS 帮助文件中所附带的近 300 个检验例题,其类型广泛,内容全面,可以作为学习建模与分析的指南。

练 习 题

7-1 受内压厚壁圆筒,圆筒内半径、圆筒外半径、圆筒长、所受内压分别为 50 mm,200 mm,1000 mm,10 MPa,材料的弹性模量和泊松比为 $E = 210$ GPa,$\mu = 0.3$,试求该圆筒的径向和环向应力,并与理论解进行比较。若圆筒的壁厚很小,则可按薄壳处理。讨论相应的计算模型、单元划分、边界条件等问题。

7-2 已知实心旋转圆盘,转速为 2250 r/min,圆盘的半径 $R = 50$ cm,厚度 $h = 10$ cm,边缘承受分布载荷 $q_0 = 116$ N/mm^2 的作用,材料的弹性模量和泊松比为 $E = 198$ GPa,$\mu = 0.3$,密度 $\rho = 7.98 \times 10^{-4}$ N·s^2/cm^4,试用有限元法求圆盘中的应力。

7-3 已知厚壁球壳,内半径为 76 mm,外半径为 176 mm,承受内压为 368 N/mm^2,试用有限元法求此厚壁球壳的应力。

7-4 如题图 7.1 所示平面刚架,已知 $E = 200$ GPa,$I = 32 \times 10^{-5}$ m^4,$A = 1 \times 10^{-2}$ m^2,试用有限元法绘出刚架的内力图,并与用结构力学方法计算的结果比较。

7-5 如题图 7.2 所示空间框架,框架截面中心线尺寸为 350 cm × 150 cm × 250 cm,梁截面为矩形,尺寸 30 cm × 20 cm,各梁截面方位不同。试根据空间梁单元坐标系,通过定义参考节点,建立图示空间刚架计算模型。

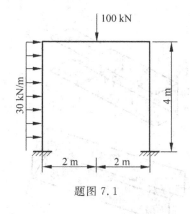

题图 7.1

题图 7.2

7-6 受均布载荷作用的周围固支圆板,已知半径、板厚、载荷集度、弹性模量和泊松比各为 $r = 500$ mm,$t = 15$ mm,$q = 0.2$ N/mm^2,$E = 2.1 \times 10^5$ N/mm^2,$\mu = 0.3$。试用有限元法求该板的变形和应力,并与薄板理论解进行比较。

7-7 已知题图 7.3 所示的四边固定的方板,边长及厚度为 $l=1000$ mm,$t=25$ mm,承受均布法向载荷作用,$q=0.01$ N/mm^2,$E=2.1\times10^5$ N/mm^2,$\mu=0.3$,试分别取不同的单元数,如 2×2,4×4,8×8,12×12 等,求板的最大挠度、板中心弯矩以及固定边中点的弯矩等,并与理论解进行比较。

7-8 已知题图 7.4 所示带孔平板,长 70 mm,宽 40 mm,圆孔半径 6 mm,采用 Mises 屈服准则,按理想塑性和应变硬化材料两种情况,试用有限元法进行该平板的弹塑性分析。其中 $H'/E=0.032$,$E=0.7\times10^5$ N/mm^2,$\mu=0.2$,$\sigma_s=243$ N/mm^2。

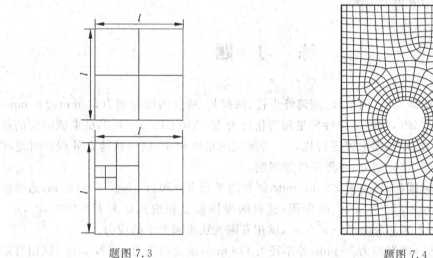

题图 7.3   题图 7.4

7-9 在两个刚性平板间的圆盘(题图 7.5),圆盘与刚性基础以及刚性平板间的摩擦可以忽略不计。设圆盘半径 $r=500$ mm,压力 $P=5$ kN,$E=2.1\times10^5$ N/mm^2,$\mu=0.3$,试求圆盘的应力分布情况并比较不同网格划分所带来的影响(提示:按对称性,只需取四分之一圆盘建模,计算中不考虑切向接触)。

7-10 对题图 7.6 开口与部分闭口部件采用不同算法求前 10 阶模态频率及振型,并作对比分析(可自行设定部件尺寸)。

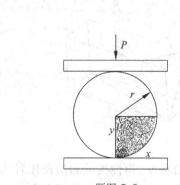
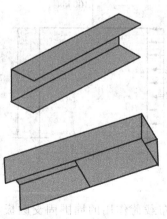

题图 7.5   题图 7.6

7-11　建立题图 7.7 空间板梁组合结构模型并分析其前 10 阶振型。注意处理梁的偏心问题。梁截面可取为矩形、槽形、工字型等,尺寸自定。

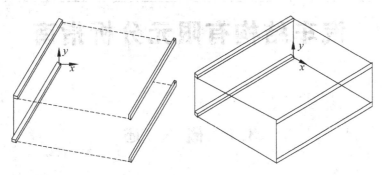

题图 7.7

第8章

汽车结构有限元分析指南

8.1 概　　述

现代汽车设计技术的发展已全面进入 CAD/CAE/CAT 的综合应用阶段,进入虚拟产品开发(virtual product development,VPD)阶段,在汽车设计的各个阶段都广泛采用了有限元分析和计算机仿真 CAE 软件,从而缩短了研发流程,降低了开发费用,提高了设计质量。CAE 作为一种分析手段,既可单独实施,又可与其他 CAX 系统一起使用。譬如,有限元分析软件一般都提供前、后处理模块,这些模块既可单独使用,又可与 CAD 软件集成使用。市场上可用于汽车结构有限元分析的软件有几十种之多,例如 Nastran,ANSYS,ABAQUS,Marc,ADINA,LS-Dyna,HyperWorks 等,新一代并行框架式有限元软件,其开放式、多功能的体系结构可将工程设计、工程分析、结果评估、用户设计与交互图形界面集于一身,构成一个完整的 CAE 集成环境。

传统解析方法中,如材料力学、弹性力学和板壳力学等,只能用于形状简单的结构件,如杆、梁、柱以及形状规整的板壳等,不能解决汽车结构中众多复杂形状的部件。因此现代汽车设计分析主要采用有限元等数值方法。

汽车结构设计中除了要满足强度指标、刚度指标外,还有振动噪声指标,还要进行碰撞分析及试验等。为了保证汽车结构具有合理的静动态性能,要根据汽车所受各种载荷,按照汽车设计要求,运用有限元法,对汽车结构进行强度和刚度等分析计算。

汽车运用条件复杂,载荷工况多样,汽车分析设计中一项重要的也是关键的前提条件就是计算载荷的确定。汽车所受到的载荷可以分为静载荷和动载荷两大类,静载荷主要指汽车的自重、载重等。动载荷是指汽车在运行中数值和方向都随时间变化的载荷,其中包括:汽车起动、制动时产生的冲击力;路面不平对汽车的冲击和簧载质量振动所产生的垂直动载荷;自然界的风力以及汽车转向时的侧向力等。其表现的失效形式主要有静强度失效和疲劳强度失效。静强度不足是指过大的载荷在危险断面产生了超过屈服极限或强度极限的应力,从而导致构件过大的残余变形或最终断裂而失效的现象。疲劳破坏是由于动载荷长期作用下形成局部高应力区,在交变应力作用下形成微裂纹,并继续扩展形成宏观裂纹,最终导致疲劳断裂。疲劳强度计算时,应以零部件所受的动载荷或由动载荷按一定方法编制成的载荷谱来进行。考虑汽车动荷效应的一种简单处理方法就是乘上动载荷系数。无论是设计新车还是分析运行中的汽车零部件破损的原因,都必须了解作用在汽车上的载荷大小、分布情况和作用力的性质。但是目前汽车行业还未能形成统一的载荷规范,具体问题分析时需要针对研究对象从分析或试验角度获得载荷数据。

结构分析可能是有限元法中应用最广泛的一个方面,可以解决汽车结构方面的种种问题。就结构分析类型而言,它包括静态分析、模态分析、瞬态分析、谱分析、屈曲分析等,其他还有断裂力学分析、复合材料结构分析、振动噪声分析、疲劳分析等。结构是用来承受和传递载荷的,结构在一定的外力作用下要发生变形。在对某种实际结构进行力学性能分析时,首先要对其进行合理的简化,使之成为既反映实际结构的受力状态与特点,又便于计算的几何图形,我们可以将其称为该结构的力学模型。有限元分析结果的准确性主要取决于计算模型的准确性,简化模型的原则是要确保分析对象与实际结构相符。

随着有限元应用技术水平和产品研发水平的不断进步与提高,现在人们已提出了精细化建模的概念和要求,并加以实施,这标志着有限元法的理论与技术已达到了一个新的阶段。但是由于各种主客观因素的制约,有许多工程结构计算中存在着有限元模型及边界条件简化过多的现象,其计算结果当然不能反映结构的真实应力状态。有限元分析之前,一般要进行结构分析及受力状态分析,需要建立一个力学模型,或者说在分析者的头脑中要有一个力学模型。有限元分析中的力学模型,不仅要满足平衡条件,还要保证模型约束的完整性和分析对象相关部位应力及变形的真实性。

从上述意义上讲,建立汽车有限元计算模型要考虑两大问题。一要准确,即准确化建模。从几何模型—力学模型—计算模型的提炼过程中,要考虑形状与原结构一致、载荷与实际情况一致、支承与边界条件一致,将各种误差减到最低,不能仅停留在计算结果只是一种趋势的判断水平上。二要经济,即经济化建模。从试算模型—实用模型—精确模型的演算过程中,由于大量的数据准备、前后处理及上机计算的人力及时间,使得建模成本和计算费用大大增加,少则几天,多则几周,甚至几月。特别是大型结构的建模,一定要考虑建模成本,制订好分析方案。计算模型的准确性和经济性是相互矛盾的,虽然目前许多程序可以在微机上运行,使得计算时间和计算费用的问题不再突出,但仍要考虑人力成本的增加。

另外,在运用有限元程序进行计算时,要清楚软件仅仅是一种运算工具。尽管现在的程序功能已很强大,智能化程度也大大提高,但使用者的判断力才是最根本的。因此要结合材料力学、弹性力学、有限元分析、汽车构造等基础与专业知识,以汽车设计及相关汽车设计标准规范为指导,不能只会使用程序,划分网格,而忘了分析设计的根本。

下面以汽车结构为研究对象,从建模前的数据准备、建模中的关键事项、汽车结构分析指南等几个方面说明有限元分析中的相关问题。

8.2　汽车结构有限元建模

8.2.1　制定分析方案

接到汽车结构的分析任务之后,要严格审查分析对象的原始数据和工作历程,遵循有限元分析技术的规律,掌握所用通用程序的功能特点,明确分析目标,制定周密的分析方案和实施计划,包括模型简化和单元离散方案、载荷和约束施加方案等,尽量避免分析过程中的错误和反复调试。好的方案是保证计算精度和计算效率的基础。虽然在处理具体问题时可能有不同的步骤,但"心中有数"正是有经验者的基本素质,按照一定的标准流程进行,少走弯路。

(1) 收集基础数据:包括图纸、部件质量、各种载荷工况、轴荷或轮荷大小、材料性能参数、对标车型等相关资料,调研实际结构使用状况、用户定性与定量评价,尽量多的收集分析对象信息,明确分析任务及目标,为详细分析打下基础。

(2) 建立命名体系:包括模型命名规则、顺序、编号(留有余量)等,如按车身—总成—零件与部件—组件—元件相对应的图元管理体系。白车身可按地板总成、左右前纵梁总成、前轮罩焊接总成、左右侧围焊接总成、前围焊接总成、后围焊接总成及顶盖总成等划分并命名。客车可按前围、后围、左侧围、右侧围、顶盖、底架六大片划分。好的命名体系为模型检查、修改及再设计提供了方便。

(3) 明确分析类型:是静态还是动态,是线性还是非线性,是否进行优化、疲劳、参数化分析,是否与热、声、流体等之间进行耦合计算等。

(4) 区分设计阶段:在概念设计阶段、详细设计阶段、样车改进阶段和产品验证阶段,制订不同的设计目标值,在设计的不同阶段采用不同精度的模型,有针对性地创建模型。

(5) 采用合理单位:准备好分析原始数据、模型几何尺寸、材料属性参数等的单位。注意国际单位制和非国际单位制的换算。

(6) 控制模型规模:单元尺寸大小与模型规模应当相匹配,在保证计算目的和计算精度的条件下,尽量控制节点规模,该细化的要细化,该简化的应简化,相互连接处单元尺寸往往决定单元最小尺寸。

(7) 均匀划分网格:优先采用四边形单元,尽量采用矩形单元,使网格分布均匀。以四边形单元为主,辅以三角形单元(过渡区)。考虑好单元选用、单元精度、边界形状、分析问题的性质等因素,设定好网格划分质量标准。

(8) 处理连接关系:注意连接特性,确定零部件之间及各总成之间的连接关系。连接关系有刚性连接、柔性连接、铰接、焊接、滑移接触等,连接关系处理好坏直接影响到模型的分析结果。

(9) 正确约束边界:在适当的位置施加各方向适当的位移约束,有约束必有约束反力,不能过多约束,不能少加约束。

(10) 制定载荷工况:分析计算每个工况的载荷类型、大小,确定施加位置和施加方式。

8.2.2　汽车结构有限元建模

结构设计是指系统中零部件尺寸大小和几何外形的设计。而有限元结构分析则是利用有限元法,解释与分析结构受力变形等的原因,判断原结构设计的可行性、可靠性等,预见结构的性能及行为,为结构改进设计及优化设计提供指导和指南。

在建模之前,首先要进行结构分析,判定结构形式,是板梁组合结构,还是实体构件;截面形式是开口的,还是闭口的。其次要进行受力分析,根据受力分析确定结构是弯曲状态、扭转状态、还是弯扭组合状态,或是处于更复杂的应力状态。例如车架结构分析问题,在初步分析时可以采用梁单元,按照梁结构处理。详细分析时采用板壳单元,按照板壳结构处理,全面了解车架内力及应力分布状况,重点研究连接处应力集中情况。悬挂连接件和发动机支承件又要用三维实体单元,等效悬挂系统需要采用刚性梁和弹簧单元组合,各部件之间连接可以通过多点约束方式实现,车架模型最终可能是一个由多种单元混合组成的模型。所以结构分析要按照结构的承载形式和结构的形状特征,具体问题具体处理,不存在唯一的方式。

1. 汽车结构中的力学问题

首先是结构的分类问题。结构的类型很多,可以从不同角度来划分。按照几何特征,结构可分为杆系结构、板壳结构和实体结构。譬如杆系结构又可分为杆、梁、刚架、组合结构等。就汽车结构而言,其结构形式多样,有杆状结构、板壳结构、实体结构及其组合形式等,需要根据其结构形式和受力特点加以分类并正确选择。

材料力学的研究对象是杆、梁、柱等一类问题,利用截面法推导了外力与内力的平衡关系,并据此求解构件的应力,得出了解决构件强度、刚度、稳定性和振动问题的相关准则,建立了应力应变状态分析基础,提出了结构分析的基本概念和方法。这也是我们学习并开展结构有限元分析的基础,要回顾并理解材料力学的研究方法,并用其对实际结构做初步分析判断。

在汽车结构中,往往由于设计、制造、操作或行驶上的一些原因会导致零部件在工作时发生损坏的现象,其中最常见的是脆性断裂、疲劳破坏以及零件由于永久变形而无法工作的情况。造成这种损坏的原因常常是零件中的应力分布不均匀,局部地区出现过大的应力,超过材料的许用应力,这就是所谓强度问题。为解决这类问题,就要求设计者事先计算出部件在各种可能受力情况下的最大应力,使其小于材料的许用应力。

另一种情况是,尽管结构未发生脆断或疲劳破坏,但是为了保证整个车辆的运动性能,对其变形有一定要求。这些对变形有一定要求的问题称为刚度问题。设计时应要求部件的变形小于许可值或刚度达到一定值。

汽车部件多处于运动工作状态,受到地面作用的随机干扰力,产生较大的动应力甚至发生共振,需要了解车身的振动频率、振型、振幅大小、动应力等。这些都属于结构动力学问题,对于设计者来说,必须事先了解和计算结构的动态性能,避开共振频率,才能确保结构工作时能正常运行。

强度问题、刚度问题、振动噪声问题、疲劳可靠性问题、碰撞安全问题等,都是汽车设计中必须考虑的问题。对汽车产品来说,要很好地全面解决它确实非常困难。其中最主要的原因是,汽车零部件几何形状复杂,受力状态多样,应力分布难以协调,载荷分布难以确定。在有限元法和计算机应用之前这些问题是很难解决的,现在借助于有限元法,可以解决复杂结构的分析问题,通过数值模拟获得满意的结果。

为了使结构既能安全、正常的工作,又能符合经济的要求,就需要对其进行强度、刚度、疲劳和振动等方面的计算分析。在处理上述问题时,由于汽车部件形状十分复杂,需要对其做出合理的简化,这就是常说的建立计算模型,或称为力学模型。一个复杂结构的计算简图的确定,需要对实际结构的全面了解,以及具备丰富的专业知识。

2. 模型简化及原则

要解决一个汽车结构力学问题,首先要根据结构的实际受力状态,进行抽象和简化,结构有限元分析的内容涉及三个方面:把实际结构抽象为有限元模型,对有限元模型进行计算分析,把分析的结果用于汽车结构设计。这是有限元分析的三个组成部分,那种忽视力学分析与实际结构的联系,强调"网格划分艺术"的做法是片面的。我们应当对建立符合实际结构力学特征的模型给予充分的重视,必须在充分理解有限元特性之后进行模型化处理。

建立有限元模型时,一方面要反映结构的工作情况,使计算结果与实际情况足够接近,同时要略去次要的细节,使计算工作得以简化。建立模型的过程,是对汽车结构装配连接关系和受力状态进行分析和简化的过程,是一个分析结构构造,突出主要结构构造或构造的主要方面,忽略次要结构构造或结构部件的次要方面的过程。因此建模的原则,就是要了解结构的受力状态,全面考虑结构的布置和构造,并对结构受力状态的影响因素进行分析,区别主要因素和次要因素。结构虽然几何相似,但构造不同,受力状态不同,其计算模型也不会相同。结构形状、约束状态、载荷数值在模型中得到再现这是最重要的。再好的程序,其分析结果的好坏也要依赖于输入数据的精度,不可能使结果以高于输入数据的精度输出。

汽车结构是由成千上万个零部件组成的,各总成之间,各部件之间存在着多种多样的联系。如何对各种联系进行合理的简化,是建立结构有限元模型的一个重要方面。为此需要分析各种连接的性质,并找出决定这些连接性质的主要因素,如螺栓连接、铆接、焊接等。

有限元模型的建立,受到多种因素的影响。虽有一般规律可以遵循,但在运用时要注意灵活性。以下从多个方位、多种角度说明模型简化涉及的相关问题。

影响有限元模型的主要因素如下。

(1) 结构的重要性——对重要的结构应采用比较精确的模型。

(2) 设计阶段——在概念设计阶段或初步设计阶段可以使用相对粗糙的模型,在详细设计阶段再使用比较精细的模型。

(3) 计算问题的性质——对结构作静力计算时,可以使用比较复杂的模型,对结构作动力计算时,要使用相对比较简单的模型。

(4) 计算机配置——使用的计算机性能越好,采用的模型就可以越精细。网格划分越多,对计算机性能(如内存大小)要求越高。

从另一角度说,考虑到模型的经济性及可行性,在建模时应遵循如下原则:

(1) 结构的简化应确保不使受力状态失真,最大限度地保留零部件的主要力学特征;

(2) 选用的单元及网格划分应能保证计算精度;

(3) 模型的规模在计算机资源限度范围内并尽量减少计算时间;

(4) 计算的结果要经得起检验并能与设计参数相匹配。

确定有限元模型时,除了对结构体系、构件、节点、支座等进行简化外,还需对载荷类型、材料性质等方面进行简化。

1) 节点的简化

模型中选用的节点要考虑节点的实际构造,通常将节点简化为铰节点和刚节点。节点简化是根据节点的受力状态而确定的,这要根据节点连接处是否发生相对线位移和相对转动情况而定。铰节点的特征是各杆端可以绕节点中心自由转动,而刚节点的特征是汇交于节点的各杆端之间不能发生任何相对转动。在杆与杆、梁与梁的刚性连接处,实际上总是形成一个结合区,当结合区的尺寸较小时,结合区可简化为一个结合点,这就是节点的概念。

如果结合区的尺寸较大,则应考虑结合区尺寸的影响。一种粗略的考虑方法是把结合区看作刚性区。汽车结构连接常常采用焊接和铆接方式,需要采用专用焊点单元或其他等效连接方式。

2）结构的简化

杆状结构的构件其截面尺寸(宽度、厚度)通常比杆件长度小得多,截面上的应力可根据截面的内力(弯矩、扭矩、轴力、剪力)来确定。因此,在有限元模型中,杆件用其轴线表示,杆件之间的连接用节点表示,杆长用节点间的距离表示,而载荷作用也沿着杆轴方向。板壳结构的特点是厚度很小而其他两个方向尺度较大,平分厚度的面叫中面。板的中面为一平面,壳的中面为一曲面。实体结构则三个方向的尺度相近。删除小孔、小面,将小面合并成大面,相邻面共用一条线。对于有加强肋板及带凸缘的部件,不是简单地去掉这些部分,而是采用等刚度原则进行等效处理,即在相同受力状态及边界条件下,各节点产生相同的位移,两者具有相同的刚度,所形成的等效板件才能够反映原结构的特性。这种等效处理的方法有两种:一是原尺寸不变,改变材料的弹性系数,二是改变原构件的板厚,而其他尺寸及弹性系数不变。

3）荷载的简化

荷载是作用在结构上的主动力。在结构计算中常采用等效载荷的概念,即将一种较复杂的载荷用等效的均布载荷来代替,以使计算得到简化。这里所谓的等效有各种不同的标准。例如可以是指两种载荷引起的最大弯矩彼此相等,可以是指所产生的最大变形相等,可以是指所产生的约束反力与试验值一致,如此等等。另外对疲劳分析问题,使用什么载荷谱数据对于结构疲劳寿命预测至关重要,载荷谱反映了汽车的使用环境,也决定了疲劳分析的结果。将载荷施加到模型上容易,确定是什么载荷要困难得多,准确确定载荷则更加困难。尤其是部件之间的相互作用力不能简单地通过试验测得,在分析零部件应力时,就少了一项重要的依据。以下是处理载荷会遇到的一些问题:

- 使施加的载荷与结构的实际结构受力状态保持一致,向结构添加匹配载荷;
- 采用静力等效原理进行载荷替换,要注意必须忽略载荷作用区附近一定区域内的值;
- 加载时,必须十分清楚各个载荷的施加对象;
- 实际上集中载荷是不存在的,施加集中力所造成的应力集中要区别对待;
- 除了对称边界外,实际上不存在真正的刚性边界;
- 施加刚体运动约束时,不要添加过多的(其他)约束;
- 轴对称模型具有一些独一无二的边界特性。

现实情况是对于模型的建立及网格的划分都比较认真,网格划分越来越细,模型数据越来越庞大,似乎是提高了分析的精度。但是通过海量数据的准备工作,确定哪些数据是需要的,采用何种方式输入或输出哪些数据等问题也越来越突出,产生人为错误的概率也相应增高。相反对加载和约束的重要性认识不够,对载荷数据的获取没有仔细检查推敲,对约束到什么程度把握不准,造成计算结果偏差,甚至错误。因此有必要强调对载荷与约束的数值、位置、方向等要检查、检查、再检查! 确认、确认、再确认! 而模型的规模适当就是最好,只有这样才能达到准确分析的目的。

以上从结构建模和结构分析等方面概述了建模因素、仿真策略、建模原则和模型标准,回答了概论中所提出的建模四项准则问题,即"精确建模、准确加载、正确约束、明确分析"。抓住建模的这四个方面,就能保证模型的精度,提高模型的质量,实现仿真的任务。

3. 结构计算模型

汽车结构部件和机械产品的结构件一样,其形状各式各样,相应的计算模型自然也是各种各样的。按照汽车构造及汽车结构和行为特征可以归纳为以下几种计算模型。

(1)平面结构模型:全部由平面单元组成的计算模型,自然这是将汽车某些部件简化的结果。如变速器中的齿轮,其一个轮齿的应力分析可简化为平面问题处理;发动机的连杆,其结构形状基本上对称于中间摆动平面,也可当成平面问题来研究。

(2)空间结构模型:全部由空间单元组成的模型,零部件三维特征明显,可按空间问题处理。如客车中的连接球销,其难点在于分布力是按余弦规律作用在球面上的;轿车车轮钢圈的应力分析,车轮钢圈可按对称和反对称条件来简化处理;还有万向节叉、转向节、车桥等。

(3)杆系结构模型:全部由杆单元、梁单元组成的模型。如汽车起重机的臂架系统,承载式客车骨架,载货汽车的车架等。

(4)板壳结构模型:全部由板壳单元组成的计算模型,汽车结构中有许多部件是由板壳所组成。如载货汽车的车架、货箱、驾驶室,轿车的车架、车身,汽车的后桥壳,齿轮箱箱体,泵车的臂架系统,罐式汽车的罐体等,它们都是用板焊接或铆接而成的。

(5)组合结构模型:主要有梁单元、板单元及实体单元混合组成,形成板梁结构、实体与梁组合结构。如推土机的推土装置,客车车架,轿车车身等。

其他还有各种专用单元,如质量单元、弹簧单元和刚性单元等。不同的结构需要不同的计算模型,不同的分析求解需要不同的计算模型,不同的分析阶段可能也需要不同的模型,很难用一种模型完成所有的分析,其中最主要的问题就是汽车不同结构件的力学特性相差很大。因此,为了进行有限元分析,在选择建立汽车结构件计算模型时,应进一步考虑下面几个问题。

(1)按照结构的受力特性和构造特点:如客车车身结构骨架是由梁组成的空间刚架系统,根据其结构特点,总是选用杆系结构计算模型。但悬架处底架纵梁刚性很大,且连接复杂,可以采用板单元或实体单元模型,这样就形成了板梁组合结构。为了进行车身计算,还要在钢板弹簧或空气囊悬挂处,采用梁单元和弹簧元作为支承模型。当隔离出一个零部件进行分析时,通常采用适当的边界条件来考虑周围结构的影响。如果边界条件不合理,计算结果可能误差很大,这是所有零部件分析中都会遇到的问题。实际应用中还常常要求对几个部件组合进行有限元分析,这些都涉及结构边界之间的相互影响,需要慎重处理并检查校核。

(2)按照分析类型的不同:与静力分析相比,动力分析更多地建立质点、弹簧、梁等单元组成的模型,采用相对较粗糙的单元网格。一般情况下动力分析的计算模型要尽可能简单。如客车骨架、载货汽车的车架、驾驶室的动态计算都可采用空间刚架模型。

(3)按照计算精度的要求:在设计初期方案选择阶段,可选取较简单的、近似程度大的模型;而在设计开发后期,要查明结构细部应力和变形,就需要选取较精确的模型。如车架、驾驶室等,可将其先简化为空间刚架进行分析,但在最后校核时,则可以采用全板单元,验算各连接处的局部强度等。

（4）按照计算机容量及经费的限制：如前所述，计算模型的选取要考虑经济性。同样是车架，梁模型要比板模型花费少得多。另外，还要考虑所用计算机的 CPU 速度和内外存容量，不要出现计算模型做好后，因机器原因不能计算。

（5）对于大型模型，可以分成几个部件分别建模，充分利用组装合并技术、子结构技术、超单元技术等程序功能。对轿车车身或整车模型做静动态计算或碰撞仿真计算时，其模型规模一般较大，建模工作可以分组进行，按主要结构件划分为若干个部件组。同时要考虑建模成本，根据分析任务的目的与要求，模型要突出重点，保证分析重点部位的模型质量。可以通过分析一个简化模型来了解分析过程，理解结构特性。

如果进行动态分析，需要考虑更多方面的问题，如分析目的、精度要求、简化条件、阻尼效应、固有频率、载荷频率、质量模型、算法选择、误差估计等。动力学分析中有限元网格的划分密度要能够表示所感兴趣的最高振型，精确振型需要精细网格，相应精确频率网格要求则较低，一致质量模型比集中质量模型能更好地表现振型形态。

一般情况下对初步建立的模型都要进行修正。模型修正的原则仍然是体现并符合实际结构的主要力学特征，修正的另一原则就是要与试验结果相吻合。

建模工作是一个分析矛盾、解决矛盾的过程，建模方法要由具体情况决定，这其中效率与精度是判断方法优劣的标准。固定单元类型的计算模型难以满足所有分析要求，要根据不同层次的需要，全面考虑各种因素的影响，综合运用各种建模技术。

图 8.1～图 8.13 给出了汽车多种部件、不同单元的有限元计算模型。图 8.1 为连杆活塞模型；图 8.2 为齿轮轮齿局部单元模型；图 8.3 为悬架总成模型；图 8.4 为独立悬架上摆臂实体单元模型；图 8.5 为后桥壳计算模型；图 8.6 为轮胎有限元模型；图 8.7 为车架模型；图 8.8 为驾驶室模型；图 8.9 为大客车骨架空间梁单元模型；图 8.10 为变速箱壳体模型；图 8.11 为发动机缸体模型；图 8.12 为白车身模型；图 8.13 为轻卡碰撞模型及分析。

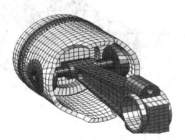

图 8.1　连杆活塞模型

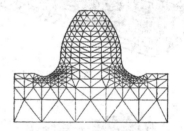

图 8.2　齿轮轮齿局部单元模型

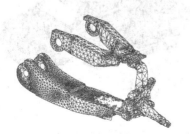

图 8.3　悬架总成模型

图 8.4　独立悬架上摆臂单元模型

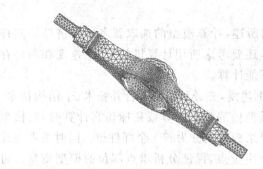

图 8.5　后桥壳计算模型

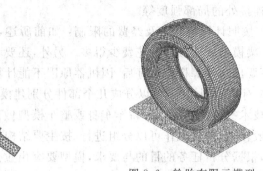

图 8.6　轮胎有限元模型

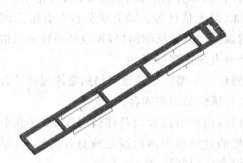

图 8.7　车架模型

图 8.8　驾驶室模型

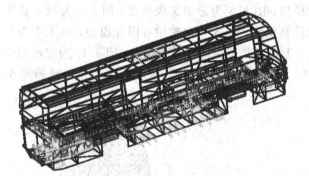

图 8.9　大客车骨架空间梁单元模型

图 8.10　变速箱壳体模型

图 8.11　发动机缸体模型

图 8.12　白车身模型

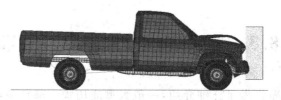

图 8.13　轻卡碰撞模型及分析

4. 结构分析方法

利用有限元法分析汽车结构的性能要从设计、材料、加工工艺、装配制造及使用维护等多方面作广泛认真的调查研究,结合科学实验,抓住主要矛盾,找出结构受力的关键因素,采取相应的措施解决。

首先,深入现场了解结构部件的工作环境条件,收集了解有关该产品的设计、图纸、材料、加工制造、装配及使用维护等一系列历史资料,坚持长期实践,积累经验,对产品结构性能进行初步的判断。

其次,建立分级精细的有限元模型,模型准确,规模适度。

然后,开展综合分析,判明结构性能,验证设计或是提出改进措施。

最后,根据改进措施,进行有关的性能试验、台架试验、装车试验,乃至整车试验,验证分析结果正确性。

这里要强调指出的是对各种试验数据要认真仔细分析,有时需要专门进行试验载荷工况下的仿真计算,在此基础上比较计算与试验数据的吻合程度。要注意测点与节点位置的一致,约束方式与试验状态的一致,测点计算应力的处理与试验应力一致,只有这样才具备数据对比的可行性。对误差较大的数据要找出原因,并从模型、加载、约束、工况、位置等多方面一一检查并加以解决。

总结结构有限元建模及分析的诸多方面,其主要步骤可归纳如下。

(1) 了解问题,明确目的。在建模前要对实际问题的背景有深刻的了解,进行全面的、深入细致的观察,明确所要解决问题的目的和要求,并按要求收集必要的数据,数据要可靠准确,这是模型的准备过程。

(2) 对结构进行简化和假设。结构应力分析不是一个简单的计算,它涉及的方面较多,又不可能考虑到所有因素,这就要求在明确目的、掌握资料的基础上抓住主要矛盾,舍去一些次要因素,对分析对象进行适当的简化,提出几条合理的假设,不同的简化和假设,有可能得出不同的模型和结果。简化、假设到什么程度,要根据具体问题和经验去处理。

(3) 建立模型,关键要注意模型各部件之间的连接关系,把握好连接特性。

(4) 对模型进行分析、检验和修改。分析模型的目的是为了解释现象、寻找规律,以便指导设计和修改设计。建模并不是目的,所以模型建立后要对模型进行分析,将此结果与实际问题进行比较,以验证模型的合理性,必要时进行修改,调整参数。一般地,一个模型要经过反复修改才能成功。

(5) 模型的应用。通过结果分析,了解结构承载现状,评价产品设计是否符合相关准则要求,如何改进设计,优化产品结构等,积累产品分析设计经验。

8.3　单元选用及网格划分标准

单元类型在第 4 章已做了详细介绍,一般大型通用程序都具备丰富的单元类型,构成单元库。这些单元类型包括一维杆元、二维平面(轴对称)元、三维实体元、三维梁元、板壳元、二维流体元、三维流体元等。此外通用程序一般还留有接口,可供增加新单元类型。

单元类型的选用对于分析精度有着重要的影响,单元的选用要根据结构计算模型来定,不同结构形式、不同受力状态、不同分析级别、不同分析类型都可能选用不同类型单元,因分析对象而定、因分析精度而定、因分析目的而定。对于结构形式比较明确问题,选用常规的杆、梁、板壳及块体单元。例如客车骨架可以采用梁单元、板壳单元及混合单元进行分析,骨架主要结构部件的分析精度都能达到适合工程精度要求的结果。

其他如符合平面应变形式的厚结构可选用平面应变单元,而平面应力单元用于模拟薄结构,膜壳单元可用于包含自由空间曲面的薄壁结构。对线性六面体和四边形单元,可以采用非协调模式。对于三角形单元与四边形单元,优先选择四边形四节点单元。如果网格划分质量较高,可使用线性模式四边形或六面体单元,六面体单元优于四面体单元和五面体楔形单元。十节点四面体单元与八节点六面体单元具有相同的精度。如果网格划分较粗,可使用高阶四边形或四面体单元等。

表 8.1 给出一些常用单元的汇总简图和单元类型描述。利用这些单元可以进行线性分析、非线性分析(材料非线性分析、几何非线性分析)、接触分析以及耦合问题的分析等。在学习有限元软件时,要注意了解单元类型属性,了解其适用范围,了解输入输出要求等。

网格过细则占用内存大,花费时间长,网格过粗则分析精度降低,所以说适度就是最好。没有一种可以符合所有情况的网格密度标准,例如对于模态分析、屈曲分析时,网格就可以粗一些,但应力分析时则希望网格密一些。

至于单元划分的大小需要根据具体单元类型分别处理。如杆单元,由于单元内部应力是一样的,即使分得再细也不会改变精度;如梁单元,即使构件中间没有节点,也能反映弯曲变形,可以不太考虑单元划分。只要在相交点、固定点、载荷点、分布载荷的两端、截面形状、材料特性改变的位置等处设置节点即可,另外注意调整单元各边的长度,使其单元的尺寸尽量一致。对曲线构件,可以用直线来划分。对于板单元,单元划分需要由结构的大小或截面尺寸决定,同时与应力分布的状态也有关系。一种说法是取板厚的 5 倍作为单元尺寸,有时取 10~20 倍也是可行的。但对截面变化部分,则要把单元划分得密一点。

单元网格的急剧变化,会造成在其附近应力分布的精度变差,所以单元网格密度要渐变过渡。为了得到精度较好的应力分析结果,尽可能把四边形单元作成正方形,三角形单元作成正三角形,这是最理想的情况。用同样大小单元相比,四边形(六面体)单元比三角形(四面体)单元精度要高。一般板单元的长宽比越大,分析误差也越大。在重点了解应力分布的区域里,单元长宽比的推荐范围为(1∶1)~(1∶2);在该区域以外推荐范围可放宽到 1∶3;一般控制在 1∶5 以内;在应力分布几乎没有变化的区域里所采用的单元,长宽比 1∶10 也是

表 8.1 部分结构单元简图概览

单元类型描述	单元简图	单元类型描述	单元简图
2 节点 2D 梁单元 3 自由度：UX、UY、ROTZ		3 节点 2D 平面单元 2 自由度：UX、UY	
2 节点 3D 梁单元 6 自由度：UX、UY、UZ、ROTX、ROTY、ROTZ		6 节点 2D 平面单元 2 自由度：UX、UY	
3 节点 3D 梁单元 6 自由度：UX、UY、UZ、ROTX、ROTY、ROTZ		4 节点 2D 平面单元 2 自由度：UX、UY	
2 节点 2D 杆单元 2 自由度：UX、UY		8 节点 2D 平面单元 2 自由度：UX、UY	
2 节点 3D 杆单元 3 自由度：UX、UY、UZ		8 节点 3D 空间单元 3 自由度：UX、UY、UZ	
1 节点 3D 质量单元 6 自由度：UX、UY、UZ、ROTX、ROTY、ROTZ		10 节点 3D 空间单元 3 自由度：UX、UY、UZ	
2 节点 3D 弹簧单元 6 自由度：UX、UY、UZ、ROTX、ROTY、ROTZ		20 节点 3D 空间单元 3 自由度：UX、UY、UZ	
2 节点 3D 多点约束单元 6 自由度：UX、UY、UZ、ROTX、ROTY、ROTZ		4 节点 3D 壳单元 6 自由度：UX、UY、UZ、ROTX、ROTY、ROTZ	
2 节点 2D、3D 点对点、线对线、面对面、点对面接触单元		8 节点 3D 壳单元 6 自由度：UX、UY、UZ、ROTX、ROTY、ROTZ	

可行的。从这一点上说,单元网格划分准则处在一个相对较宽泛的范围,需要不断积累经验,总结提高。翘曲的单元会导致计算不准,不过其影响一般是局部的。采用翘曲角作为平板翘曲程度的检验,严格讲取<5°,可以放宽到<7°,一般控制在10°以下。翘曲角是四边形表面与平面的偏差的一种度量。对于完全平的单元,翘曲角为零。雅可比行列式表示由于坐标轴的改变而引起的无穷小体积变化,雅可比为零通常表示单元质量较差。

最后尤其应该注意,所谓任意四边形等参元,其任意性是有一定限度的,由于网格划分不好,常会出现雅可比行列式为负值的情况,以至无法计算。这是由于坐标变换要求有一一对应关系,$|J|$ 不能为 0 值、∞ 或负值。出现 $|J|$ 为负值的原因可能是:四边形中有一内角为 0° 或 $\geqslant 180°$;出现图形卷起的情况;长宽比太大;两条线相交等。网格划分的一项实用准则即是:对于二维任意四边形单元,其四边形必须是凸四边形。若为凹四边形,则在单元某些点处就会出现 $|J|=0$。对任意三维曲面体单元,也可以按二维的准则来检验其单元形态。凸四边形除了保证雅可比行列式 $|J| \neq 0$ 外,还能使整体坐标与局部坐标一一对应。

在使用网格自动划分功能时要将实际结构适当划分成若干个区域,否则当结构中的细小部分混在一起时,会造成节点数过多,以至于不能分析的情况。这种对原几何结构的人为切分是非常必要的,它可以保证在各个区域网格的精度要求。

前面讨论过单元质量评价的几个指标,如单元细长比、单元最小夹角、雅可比、单元翘曲角等。网格质量影响计算的精度,网格扭曲严重时会影响计算的收敛,甚至影响计算的进程。所以在网格划分之前,一般都预先设定好网格形状检查标准。超过相应网格控制指标时则标出网格不佳位置并提出警告或修改要求,通过局部调整网格形状,使其达到网格指标要求。网格划分时首先要进行网格规整化,控制单元尺寸,并尽量减少三角形单元比例;其次要处理各几何形状变化部位的网格过渡;另外对初步试算应力较大区域的模型网格可以进行细化,还有模型各部件的连接处理等。网格质量控制并非一次完成,往往需要多次模型修正。前期主要从单元尺寸、网格密度和网格质量上着手。要充分利用好程序中所带有的网格检查工具。表 8.2 给出某轿车白车身网格划分的单元质量检查标准,需要指出的是表 8.2 的参数指标是比较严格的,仅供参考。不同结构问题、不同计算阶段、不同分析层次,网格划分标准是不一样的,读者可以自行调整设置这些指标参数,了解其对网格形状的影响、对计算精度的影响,参考工业界一般建议标准,积累分析经验,完善指标参数设置。

表 8.2　白车身网格划分单元质量检查标准

单元细长比	单元翘曲角	四边单元最小内角	四边单元最大内角	三角单元最小内角	三角单元最大内角	雅可比	单元歪斜角
<10.0	<7°	>30°	<145°	>20°	<120°	>0.6	<60°

例如汽车车身几何形状复杂,建立好车身有限元模型,有利于提高车身设计和数值模拟的精度和效率。车身可选单元主要有梁单元(概念设计阶段)、壳单元和块单元三种类型。实体块单元,考虑了弯曲效应和剪切效应,但是对于厚度较薄的车身部件,在板厚尺寸很小的情况下,容易引起刚度矩阵奇异。同时采用实体单元,其网格数量和密度要求很高,计算时间长,内存需求大。而壳单元既能处理弯曲和剪切效应,同时不需要实体单元的网格数

量、计算时间和内存空间,因此壳单元是最适用于车身结构建模的。在车身有限元网格划分中,对变化剧烈、圆角过渡和拐角处,要求单元尺寸小、网格密度大;对于变化平滑区域则可采用单元尺寸大、网格密度小的策略,尽量不要整个车身采用一种网格尺寸。计算精度和计算效率要做到平衡,为提高计算精度增加单元数量往往导致计算效率下降,相反为提高效率而未能顾及网格密度又导致精度下降。需要采取相应的策略将模型划分为相关的单元和适当数量的网格。对于复杂形状的有限元分析,网格划分所占的工作量往往比较大。网格划分定量判断的方法可以采用将单元的尺寸减小 1/2,或者把 1 阶单元换成 2 阶单元再计算。对两次计算的同一位置的应力值进行比较,如果应力值相差达 50% 的话,说明原来的网格划分可能有 50% 的不合格。

8.4　边界约束条件处理

除了结构本身建模问题之外,结构分析之前边界约束条件的确定与处理同样重要。为此需要分析边界的性质,并分析决定边界约束性质的主要因素。有限元中边界约束条件的处理实质上是模仿实际边界的约束受力情况,作用上是消除结构刚体位移。通过假定在节点上受到约束,这种约束可以是零位移约束或非零位移约束达到约束边界的效果。每一个约束条件,将提供一个位移方程,相应结构少一个特定的位移未知量,但却增加了一个支承反力。

除了边界约束外,还有一种约束是指对节点自由度的附加限制,可以理解为内部约束。如不同类型单元连接产生的自由度约束,接触条件产生的约束等。为了模拟橡胶衬套约束,可在模型与刚性支承之间采用具有适当刚度的弹簧单元;为了模拟螺栓或铆钉连接可以采用如一个伞形的若干梁单元或多点约束 MPC 单元来实现力从连接件至支承表面的传递;对于一般焊点可以采用全耦合方式或专用焊点单元连接,对于焊缝连接则无须做特殊处理,维持几何体之间的共面共线即可。要注意的是改变任何约束条件可能导致整个模型力和应力的重新分配,为正确模拟各种约束需要根据实际约束情况,具体问题具体分析,不断积累实践经验和判断能力。

1. 支座、节点与约束

一个物体的自由度,等于这个物体运动时可以独立改变的坐标数目。与此相对应,在结构分析中,约束就是给这个物体施加一定的位移(零或非零值)。

把结构与基础联系起来的装置叫做支座,结构所受的载荷通过支座传于基础,支座对结构的反作用力称为支座反力。支座有平面和空间之分,当支座的位移和支反力不处于同一平面时,称为空间支座。支座又分为刚性支座和弹性支座,弹性支座所提供的反力与结构支承端相应的位移成正比。而刚性支座可分为活动铰支座、固定铰支座和固定支座三种。

结构中两个或两个以上的部件共同连接处称为节点,节点有铰节点和刚节点两种。铰节点的特征是各部件可以绕铰节点自由转动,刚节点的特征是在节点处各部件之间的夹角保持不变。

车身、车架分析中的支承或是说约束,就需要选用上述支座形式。计算模型的约束模拟是非常重要的,如果支承处理不当,将会导致计算失败。选取何种支座形式,要考虑支座的实际构造、基础的变形特点及支座与结构的相对刚度。例如汽车的车架通过悬架支承在轮胎上,对车架而言,悬架和轮胎都是弹性支座。在汽车结构有限元分析中,必须根据结构的变形及反力的情况来施加约束。选择何种约束方式,则要根据具体结构形式和支承条件做具体分析。如汽车前悬架中采用铰链和吊耳将钢板弹簧两端固定在车架上的连接形式,毫无疑问前车轮和钢板弹簧都表现为弹性元件。但要注意,钢板弹簧前端为固定铰链,而与吊耳相连的后端可以自由摆动,这样在弹簧元和梁单元的连接点上,要释放转动自由度,前点约束双向位移,后点则只要约束单向位移,这样处理基本上就可反映车架前端的支承情况。同样是汽车前悬架,钢板弹簧前端仍为固定铰链连接,而后端则采用滑板式支承来代替吊耳式结构,其后端约束方式就有所不同。

一个汽车结构或部件计算模型的合理约束要做到:

(1) 模型无内外多余自由度,否则将产生机构运动而无法计算;

(2) 模型无内外多余附加约束,否则可能产生附加约束力而使计算结果失真;

(3) 支座反力与所施加载荷要保持平衡,否则就违背了最基本的平衡关系。

另外,在求解总刚度方程时需要有足够的约束条件,消除结构的整体刚体位移;在利用结构对称性条件时,在结构的对称面上要施加适当的约束;在隔离一个零部件进行分析时,也要在适当的位置施加适当的约束。边界约束条件的处理是有限元分析中最棘手的问题之一。

2. 连接

汽车各零部件之间或各总成之间都存在着连接问题,而且形式多样。在建模过程中,单个零部件模型相对容易建立,而连接部位的处理则变得十分棘手,需要根据具体结构形式、连接构造、变形特点等加以判断。当然程序中提供的处理方法还是很丰富的,其一般连接及处理方式有以下几种。

(1) 固接关系:如焊接、多个螺栓或铆钉连接零部件或构件。当然这只是考虑载荷传递关系,不关心连接部位的应力等结果,是一种近似处理方法。

(2) 预紧连接:常见螺栓或铆接连接、拉索连接、拉杆连接等。可采用专用预紧单元、具有施加初始应变功能或初始应力功能的单元。对于螺钉、螺栓,要依照具体要解决的问题考虑是采用 2D 杆单元还是 3D 实体单元。若需要重点分析螺栓连接处的应力状况,可以采用 3D 实体单元精确建模,此时要考虑尽量将数目多、质量差的四面体单元转化为数目较少、质量较高的六面体单元,否则可能造成装配体的单元及节点数目太庞大了。如果非常关注连接处的应力,可以通过建立子模型予以详细分析。

(3) 弹簧连接:前述的弹性支座、减振隔振装置等,可采用各类线性、非线性弹簧-阻尼器单元。

(4) 销轴连接:处理运动构件的连接部位,如转向器、刮水器等。可用专用销轴单元、耦合自由度等方法。

(5) 刚性连接:采用专用刚性单元,模拟点与点刚性连接(刚性梁或刚性杆),例如以刚性单元模拟焊点。刚性单元可以用于几何非线性分析。

(6) 约束方程:常用于处理自由度不协调问题,如处理板梁单元连接、实体与板单元连接等,可用于耦合自由度上的刚性连接。约束方程的功能很多,可以方便地解决不同分离模型之间的连接关系,但只能用于小变形问题。

(7) 接触连接:常用于轴孔接触、碰撞接触、滑移接触、固定连接界面部位等,采用各种接触类型单元。

8.5　受力分析与载荷处理

汽车工作条件多样,各零部件承载工况复杂,各种载荷作用下对结构性能要求不同。如高速行驶时的垂直弯曲工况,转向时的水平弯曲工况,不平道路时的扭曲工况,制动时的剪切工况,汽车结构各种振动模态以及动态响应,正面、侧面、后面碰撞等。影响车身结构强度和刚度的主要工况是弯曲工况和扭曲工况;影响车身使用性能的主要是车身模态与动态响应;车身被动安全设计要进行碰撞分析;其他还有车门车窗开口变形量、车门下沉量、车身主要连接处局部刚度等分析计算要求。

在结构设计中为了进行零部件的强度刚度分析,首先要弄清载荷工况、破坏机理,以便采取相应的计算方法进行有效的分析。在汽车设计教程中,专门论述了汽车零部件的载荷及强度计算方法,在离合器设计、传动系设计、变速器设计、万向节设计、驱动桥设计、悬架设计、车架与车身等各总成设计中,都涉及载荷分析与载荷工况的确定问题。在用有限元法对汽车结构进行分析时,通常认为载荷是给定的。事实上,这些给定的载荷往往是要根据汽车设计及有关设计规范通过整体受力分析或局部受力分析获得的,某些载荷的确定还非常复杂,需要通过试验或试验与分析结合的方法才能确定。没有正确的载荷,就无法保证有限元计算结果的准确,更谈不上反映汽车结构实际状况了。在结构分析之前,一般要先进行结构受力分析,汽车结构受力分析主要是研究道路不平引起的外力,汽车碰撞产生的外力以及部件之间传递的载荷关系等。汽车在行驶时受到多种外力作用,外力使汽车各连接部分产生反力,相应在各构件内部引起变形和应力,而应力是使结构破坏的主要因素,变形是反映结构刚度大小的度量。传统的受力分析方法能够解决部分结构受力分析问题,而基于多体动力学的汽车结构受力分析方法能够解决绝大多数结构受力分析问题,尤其是各部件之间载荷的传递。

汽车结构力学研究包括静力学和动力学两部分,相应汽车在各种路况下所承受的载荷包括静载荷和动载荷。

1. 静载荷

汽车行驶过程中总是受到交变载荷的作用,当动载荷较小时,只需进行静态分析。静载荷是指作用在车身(车架)上所有总成、设备、乘员、货物等质量引起的载荷,按集中载荷或分布载荷处理即可。静态分析是汽车结构的常规分析,一般都要进行。

2. 动载荷

汽车行驶时路面激励所引起的随机载荷,若所受动载荷较大,或作用力的频率与结构的某一固有频率接近时,就可能引起结构共振,从而产生很大的动应力,造成强度破坏或是产生过大变形,影响汽车使用性能。简单的处理方法是采用动荷系数,将动载荷下的结构分析问题转换为静态问题处理。这种方法兼顾了静态和动态两种情况,考虑了可能出现的最大的偶然动载荷,是工程上常用的分析方法。但精确的分析方法需要研究汽车所受载荷谱,研究车身(车架)等承受惯性力的作用,进而分析结构在动载荷下的真实应力状态,这也是汽车结构分析的发展方向。

汽车行驶时受到三个方向的作用力,即垂向力、侧向力与纵向力;三个方向的作用力矩,即弯曲力矩、扭转力矩与横摆力矩。这些力与力矩的组合反映了汽车行驶过程中各种不同路况的影响,形成了结构多种计算工况。处理汽车计算载荷取决于道路状况与行驶方式,在不同路面状况下车轮受到不同方向的作用力。如对称垂直载荷下的弯曲工况、非对称垂直载荷下的扭转工况、制动或加速时产生的纵向载荷作用工况以及曲线行驶时产生的侧向载荷作用工况等。依据不同类型载荷、不同等级道路,形成不同计算方案。

汽车载荷的确定方法一方面通过计算,另一方面通过试验。计算方法在汽车设计教程中多有介绍,也可以采用多体动力学分析方法。试验方法可以采用车轮六分力传感器测试路面给车轮的作用力,再借助多体动力学来分析各部件所传递及分担的载荷,或者直接在想了解载荷大小的部件上粘贴应变片,经过载荷标定后获知部件所承担载荷的大小。

在有限元分析中,载荷可分为以下几种。

(1) 集中载荷:包括力和力矩,具有方向和大小。一般当载荷作用在结构上的区域很小时,可处理成集中载荷,但集中载荷作用点附近,可能存在应力失真。汽车结构中载荷传递往往是通过一个支承面或某种连接方式进行的。处理办法是在载荷作用区域采用细密的网格并在其周围施加等效的分布载荷,这将能更好地反映加载点附近的应力状况。有时为简化计算,也将某些外力处理成集中载荷。如车架分析中,发动机、变速器、油箱、水箱等大部件的质量可以简化成集中载荷方式处理,采用质量单元,通过多点刚性连接将载荷传递到各支承点上。

(2) 分布载荷:施加于面上、分布于空间、由物体惯性引起的载荷,都可看作是分布载荷。在结构分析中,分布载荷常指线压力、面压力、风压力、自重及由质量引起的惯性力等。

汽车结构构件上承受的载荷,随着行驶路面、行驶速度、装载重量、操作条件等有很大的变化,其数值及方向也多是变化的。在载荷分布处理中还要考虑最不利载荷分布情况,如后行李舱满载与空载两种工况可能需要分别计算。汽车在行驶过程中,零部件一般承受动载荷的作用,而且由于路面不平的激励所产生的往往是随机载荷。在进行疲劳强度计算时,应以零部件所承受的动载荷或由动载荷按一定方法编制的载荷谱为基础。另外汽车在动载荷作用下需要同时研究振动问题。在动载荷作用下的结构分析方法完全不同于静载荷作用下的分析方法,而且要复杂得多。有限元中处理动载荷是按照时间历程顺序逐步求解在时间历程载荷作用下的系统响应,即将载荷划分成多个载荷步以反映载荷随时间变化的关系,迭代求解。但是目前有关建立汽车载荷的计算标准和载荷谱的工作并不完善,还有许多问题尚待研究。

在汽车结构分析中,还要考虑计算载荷组合问题、多种计算工况问题。明确汽车在运行中主要受力零部件所承受的各种载荷及其组合原则。如车身计算工况就包括:垂直弯曲工况、转向时的水平弯曲工况、扭转工况;车身各种振动模态和对不同外力作用的动态响应;车身前、后及侧面碰撞等。主要载荷就包括:垂直载荷、扭转载荷和碰撞载荷等。这些都要按照汽车设计规范、标准和相关法规来进行。在模型上施加载荷容易,但要确定是什么载荷却很难。

有限元分析中,载荷施加的途径有以下两种。

(1) 在实体模型上施加载荷:按集中载荷、分布载荷施加于所建模型上,程序求解时将自动转换到有限元模型上。

(2) 在有限元模型上施加载荷:将载荷直接施加到节点上,这也是有限元分析的最终载荷施加状态。

施加载荷应遵循的原则是:

(1) 简化假定越少越好;

(2) 使施加的载荷与结构的实际承载状态保持一致;

(3) 实际集中载荷是不存在的,只要不关心载荷作用区域应力,集中载荷可以施加到模型上;

(4) 对于板壳单元、平面单元或三维实体单元等组成的连续性模型,集中载荷可能带来应力奇异点;

(5) 惯性载荷是对整个结构定义的,是独立于有限元模型的。

另外,载荷施加完毕后要检查载荷状况,大小能否平衡? 分布是否合理? 方向是否正确? 等等。还有在建立有限元模型时,一定要预留载荷施加位置,否则会出现模型建立完毕后载荷加不上去的情况。

总之,有限元分析是一项大规模的数值计算工作,要了解程序的运作方式和结构的表现行为。汽车有限元法的内容可概括为三大方面:把实际结构简化为力学模型(即有限元计算模型);对计算模型进行数值计算分析;把计算结果用于汽车设计。将上述载荷分析归纳为四句话就是:明确汽车结构力学特点,分析汽车结构力学特性,进行汽车结构受力分析,确定汽车结构计算载荷。

8.6　汽车结构分析指南概要

汽车结构从总成方面可以分为车身、底盘、发动机、变速箱几大结构,每一总成结构又可分为若干个分总成结构。如车身结构可以细分为侧围、顶盖、底板、开闭件(四门两盖)、连接件、白车身总成等,底盘可以分为传动系、行驶系、转向系和制动系等。所有结构部件都存在着强度、刚度、振动、疲劳等基本力学性能问题,各总成件或整车还有整体刚度、振动噪声、碰撞安全、疲劳寿命等整体结构性能问题。零部件设计多数按应力控制为设计要求和目的进行,各处的支承结构有特殊的传力要求,门窗有独特的刚度设计要求,货车车架过载情况也要考虑在设计范畴。除了常规静动态载荷分析之外,车身与整车还要考虑碰撞载荷工况,对各连接点的连接刚度与疲劳耐久性分析也是非常重要的。众多部件,不同功能要求,需要做全面的结构与性能分析,确定影响结构性能的关键因素。有限元分析的目的在于分析与校核汽车在各种实际运行工况下各主要构件的上述力学性能,以满足设计性能要求或相关标准指标等。相关结构分析内容、流程与要点在前面各章都已分别作了介绍,通过了解有限元建模与分析的一般问题,进一步学习针对汽车结构的有限元建模、边界约束处理及载荷分析等具体问题。从结构分析角度看,将上述思想归纳成一定标准流程,就可以形成汽车结构分析指南。按照结构分析指南所建议流程,使分析工作有章可循,减少失误,加快分析进度,提高分析精度。

汽车结构设计主要内容包括确定结构类型,分析功能作用,设计结构尺寸,完成结构绘图等。而结构设计所涉及的一系列要求主要有:功能要求,技术要求,使用要求,制造要求,创新要求等。结构分析是结构设计的重要环节和组成部分,需要对结构进行受力分析、强度分析、刚度分析、振动分析等一系列工作。

目前已经建立了许多汽车设计的标准与规范,编制了设计手册,这其中涉及结构设计与分析的标准或规范还不够完善,众多企业纷纷建立自己的企业标准与规范,其中就包括CAE 分析标准或规范等,这些标准或规范本身构成了结构分析应遵循的准则。结构分析需要按照汽车设计中所要求的基本原理进行处理,需要按照汽车产品研发的流程分阶段实施,需要为产品分析设计提供强有力的指南与指导,汽车设计中还有一些特殊的载荷准则需要确定。

1. 一般规定

了解分析对象相关设计标准或规范所提出的要求,了解各种评价指标,注意分析所能涉及的适用范围,有无确定的设计目标,充分掌握图纸资料(包括相关部件强度计算书、安全系数、总布置图、载荷布置图、轴荷、材料等与设计有关的数据资料)。

2. 一般要求

汽车整车、总成或零部件都各自有要满足的技术要求。

从结构分析角度来说,主要是解决汽车结构可靠性、安全性、经济性和舒适性等问题,各种要解决的问题又相互关联,主要内容有以下几个方面。

(1) 强度要求:底盘结构,车身结构,车架结构,四门两盖,悬架部件,横向稳定杆,转向杆、车轮等,分析计算的目的在于研究确定在各种计算工况下主要构件是否具有足够的强度。

(2) 刚度要求:白车身弯曲与扭转刚度,车架弯曲与扭转刚度,开闭件(四门两盖)刚度等。

(3) 振动与噪声要求:发动机振动与噪声,进排气系统振动与噪声,车身振动与噪声,整车振动与噪声,动力总成隔振,制动器振动与噪声,离合器振动与噪声等,涉及乘坐舒适性等。

(4) 碰撞安全性要求:研究结构对乘员安全的保护性和耐撞性等。

(5) 疲劳耐久性要求:研究结构动态特性,涉及零部件疲劳寿命等。

例如车门设计对结构方面所提出的技术要求有如下几种。

(1) 车门应有足够的刚度,不得因正常情况下的外力引起车门变形、下沉从而影响车门开关的可靠性。在关门时不得有敲击声,行驶时不允许产生振动噪声。

(2) 车门应具有足够的强度,以确保乘员的安全。

(3) 车门在锁止时不能因振动、碰撞而自动开启,而在撞车等情况下,不得因扭曲变形而打不开车门。

根据车门技术要求,车门应进行强度分析、刚度分析、振动分析及碰撞分析等。

汽车所有结构技术要求及性能目标可以逐层分解,汽车设计就是在这些指标中寻求优化与协调,从而形成结构各种设计方案,或是结构改进设计方案的。

3. 分析流程

在第 1 章就提到了汽车结构分析流程问题,许多企业已经制定了企业内部的分析流程和结果评价体系,但这方面的交流很少,没有形成一个统一的行业标准。尽管有限元分析在汽车行业中已经得到了推广和应用,但各企业之间,以及与国外先进水平相比尚存在不小的差距。这种差距不仅体现在理论基础和技术水平上,也体现在试验的支持和软件的使用水平上,更重要的一点是缺少成熟的分析标准和分析流程。随着有限元分析范围扩大,分析问题加深,分析对象从单个零部件到总成,甚至整车系统,分析类型从线弹性分析到非线性分析,标准流程的确定显得越发重要。如果缺乏标准流程及评价体系,仅凭个人的技术与经验进行分析,成功取决于少数专家,则很难保证相互之间计算结果的一致性,更谈不上数据的积累和对比,流程的成熟是分析准确性的关键。因此明确分析流程,细化分析标准,使分析方法和步骤规范化、统一化和流程化,才能迅速提高整体分析水平。要善于学习与借鉴国内外成熟的方法和评价数据,同时要根据国内的实际情况(材料、工艺、道路、超载等),从理论基础和设计经验角度去完善分析方法,加强试验数据的采集、收集与整理,通过与试验数据的对比去完善建模方法与评价体系,在分析过程中有意识地按标准流程进行,同时大力推动制定汽车行业分析标准,为汽车结构分析提供强有力的技术保障。

4. 结构建模

根据解决不同问题的需要可以建立不同层级的有限元模型,根据分析目的不同可以建立不同功能的模型,在任务的不同阶段也可以建立不同的模型。通常所建立的有限元模型与分析目的有关,根据分析目的建立专用有限元模型。模型网格粗细要考虑建模成本与分析精度要求。如零部件模型、总成模型或整车模型的网格划分策略是不同的。总成与零部件模型需要清楚其与周围部件的连接关系与边界条件,需要知道作用在部件上的作用力大小,即计算载荷的确定。要清楚说明分析目的,不能将模型分析功能任意扩大化。当然,人们也尽量采用"一模多用"的方法,以减少建模的工作量,但要注意适用范围。建立有限元模型的关键在于首先要对分析对象进行力学定性分析,即建立力学模型,以确保将实际工程问题转化为力学问题的正确性,分析完毕后还要设法进行模型的验证。计算模型的标准化程度越高,其与同类结构相关计算资料的可比性就越好。

5. 计算工况

汽车工作状态多样,承受十分复杂的载荷作用,或者说具有多种多样的工作工况,相应的计算工况也是多样的。例如:高速行驶时的垂直弯曲工况,转向时的侧向弯曲工况,不平道路时的扭曲工况,制动时的纵向力作用工况,各种振动模态及动态响应工况,整车前部、后部与侧面的碰撞等。结构的不同部分、不同分析目的以及不同分析要求,其计算工况可能都是不一样的。如车身与车架要进行弯曲、扭转工况分析;前后桥壳和悬架部件要进行三个方向作用力的分析;整车被动安全要进行正面、侧面与后部不同方向的碰撞分析;车门要做垂向刚度分析;车身主要结构要做焊点强度刚度分析;悬挂、发动机总成要做连接点应力分析等。另外,为了与试验数据对比,还要进行试验工况分析;满载工况分析要包括结构自重及惯性力等。计算时,要根据实际工作状态确定计算工况。

6. 计算载荷

有限元分析的一项最关键的前提条件就是计算载荷的确定。由于车型众多,要求不同,汽车行业目前并未形成统一的载荷规范,相应整车及零部件载荷研究以及汽车路谱研究仍是今后需要大力解决的问题。计算载荷的确定需要进行结构受力分析,结构受力分析是结构分析的基础,根据结构部件或总成的布置与承载状况,进行分析计算。常规静态计算载荷主要有垂直载荷与扭转载荷,其他还有汽车碰撞载荷等。

1) 垂直载荷

垂直载荷是指汽车行驶在水平路面时,汽车各总成和部件质量以及乘员货物所引起的载荷,载荷方向竖直向下。垂直载荷引起结构的弯曲效应。考虑路面不平与悬挂的作用,静态计算时载荷要乘以一个动荷系数,动荷系数反映了在该方向车辆动力响应的程度。研究表明垂向动荷系数一般在2.0~4.0之间,轿车、客车、货车、越野车按从小到大取值。侧向动荷系数一般取不大于1.0即可。

例如客车车身骨架计算中,垂直载荷包括车身结构自重、汽车装备质量(发动机、变速箱、油箱、水箱、电瓶、备胎、空调机、传动系统等)、乘员质量和行李质量以及非结构质量(内外饰、玻璃、地板及座椅等)。所施加的垂直载荷与支承约束反力构成平衡关系,这也是校核垂直载荷的一个方法。即整车模型验证时可以从整车模型的质量是否符合实际数据,整车载荷分布是否与前后轴荷相对应加以判断。

货车车架垂直载荷包括车架结构自重、货车装备载荷、驾驶室及乘员载荷、货箱及装载载荷等。

轿车车身垂直载荷包括车身自重、发动机舱载荷、客舱载荷、后备箱载荷和乘员载荷等。

2) 扭转载荷

当汽车行驶在左右不对称不平道路上时,此时支承反力不再呈对称状态,汽车整体除承受弯曲作用外还承受来自前后桥间的扭转载荷。扭矩值可按下式计算:

$$M_n = \frac{k(R_L - R_R)L}{2}$$

式中,$R_L - R_R$ 为左右支承反力差;L 为轮距;k 为扭转载荷下动荷系数。扭转工况下车速一般较低,动荷系数相对较小,通常取1.3~1.5。支承反力相当于轮荷,与车轮凸起高度、悬挂扭转刚度、整车负荷及车身(车架)扭转刚度有关。实际计算时,如不知轮荷大小,可以施加位移载荷,即在轮轴一侧或两侧给定某一位移值。该位移值考虑路面凸起程度,单轮凸起高度一般在200~300 mm之间,轿车、客车、货车、越野车按从小到大取值,也可参照企业自行标准选取,而实车试验测定的轮荷值可以作为检验支反力的标准。

其他还有侧向载荷、纵向载荷(制动载荷)等。一般结构分析时以垂向载荷为主,侧向载荷与纵向载荷则作为验算校核。

有限元法中载荷施加是对节点进行定义的。作用在单元上的载荷或者几何体上的载荷,都要转换为节点力来处理。表8.3给出了采用不同单元节点载荷与单元载荷的输入要求。

表 8.3　不同单元节点载荷与单元载荷的输入要求

单元名称	节 点 载 荷				单 元 载 荷			
	位移载荷	力矩	温度	加速度	分布载荷	压力	温度	加速度
杆单元	√	①	√	③	—	—	—	③
梁单元	√	√	√	③	√	—	—	③
板单元	√	②	√	③	—	√	—	③
实体单元	√	—	√	③	—	√	√	③

注:√标记为可以输入的载荷。其中数字项有以下限制:①能输入扭矩,不能输入弯矩;②不能输入单元面内的力矩;③需要定义质量单元或者质量密度。

7. 边界约束

各工况采用相同或不同的边界条件,用以约束刚体位移,并约束载荷产生的不平衡力。约束位移包括纵向位移、横向位移、垂向位移以及各转动刚体位移等。平面问题刚体位移有3个自由度,空间问题有6个自由度需要约束,可以通过约束线位移与角位移或者仅约束线位移实现模型的所有刚体位移约束。在有限元分析中如同校核载荷数值与分布一样,要求特别审核约束条件,这也是建模中的难点,需要分清约束条件,理清约束关系,认清约束反力,正确施加约束。

例如车身在垂直载荷、扭转载荷以及弯曲和制动联合载荷三种工况下的约束方式可参见图8.14,图中数字表示在各支承点约束的方向,1代表 x 方向约束,2代表 y 方向约束,3代表 z 方向约束。

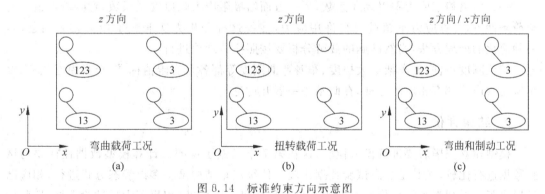

图 8.14　标准约束方向示意图

分析对象的选取,计算工况与计算载荷的确定,边界约束条件的处理,结构连接刚度、载荷传递路径和应力集中等问题的处理,这些问题的组合形成了有限元分析的关键。

8. 许用应力

结构件失效可以分为强度失效、刚度失效、失稳失效等类型,相应建立不同的失效准则,如强度失效设计准则、刚度失效设计准则、稳定失效设计准则等。其中常用的强度失效设计准则有弹性失效准则、塑性失效准则、疲劳失效准则、蠕变失效准则、脆性断裂失效准则等。其中弹性失效是指变形过大、结构失稳或振动超标等导致的失效形式。相对结构件失效建立有强度条件、刚度条件与失稳条件等。在解决实际工程问题时要区分强度破坏、刚度不足、疲劳失效和振动耦合破坏等情况,因为结构破坏的原因不同,解决问题的方法也不同。根据结构所处应力状态(简单或复杂应力状态)、不同载荷条件(静态、动态或疲劳),采用适当的强度条件,如最大正应力、最大剪应力、形状改变比能强度理论(第四强度理论)等。有限元程序中一般设置了方便判断的密塞斯相当应力,这一应力对应于塑性力学中的密塞斯屈服条件,一般适用于金属类材料塑性屈服失效问题。

许用应力是指材料许用强度,取材料的极限强度与相应的安全系数之比。极限强度要根据失效类型来选择,安全系数则受操作工况、材料、制造质量和计算方法等因素的影响。采用过小的许用应力或过大的安全系数,会使设计的部件过分笨重而浪费材料,反之会使部件过于单薄而破损,因此合理选择许用应力或安全系数是关系设计先进可靠与否的问题。

判断结构设计是否满足强度要求,通常以相当应力 σ_e 小于和等于许用应力为准。

$$\sigma_e \leqslant [\sigma] = \frac{\sigma_{\text{极限}}}{n}$$

上式即为强度条件,即在最大载荷作用下汽车结构所承受的应力要在允许范围之内。

根据结构所处的不同应力状态,相应采用不同类型的许用应力,如许用相当应力、许用剪应力、许用拉压应力、许用疲劳应力等,具体数值需要查阅相关材料手册。极限应力对于塑性材料以屈服极限 σ_s 定义,对于脆性材料以强度极限 σ_b 定义;疲劳分析则应以一定工作寿命条件下的疲劳极限定义等。而安全系数 n 要考虑使用条件、材料性质以及应力分析中的一些不确定因素综合设定,包括材料强度的分散特性、载荷不确定因素、使用条件的变化范围、加工质量的控制能力以及计算应力的准确程度等。实际分析中应根据相关设计标准或规范来选取。

一方面给静态应力乘以动荷系数,另一方面给极限应力除以安全系数,意味着在最大动载荷条件下,计算应力不超过材料许用应力,使得这种分析方法兼顾了疲劳破坏问题,是一种简化的处理方法,当然准确的疲劳分析要按照疲劳理论进行。

其他刚度条件,如车架最大挠度、车身弯曲刚度等都各自有限值标准,车身模态频率、整车振动噪声等都有相应的标准,在此不一一展开讨论。

9. 结果评价

模型建立完毕后要进行模型检验,这在第 7 章已做了说明。计算模型数据往往要与试验数据进行比较,尤其是静态试验数据比较。传统汽车结构试验多以静态方式进行,相应已经形成了一系列汽车结构静态强度刚度设计性能目标或标准,积累了大量试验数据,这些标准为用分析方法确定的静刚度等提供了设计准则。目前动态试验方法,如模态试验、疲劳试验等促进了动态设计标准的发展。在用分析方法来预测结构静动态特性时,对于这些数据的解释就有了某种标准的认可。

汽车设计是一项综合工程,借助于对各部件静动态特性的研究,有可能对整个系统有更好的了解。但部件不能代替整车,整车分析与部件分析从不同侧面反映了汽车的各种性能。另外分析与试验需要相互补充,强调提高综合分析能力,只有这样才能确保有限元法能够最有效地指导设计、加快进度、提高水平。

有了标准分析流程,还要有完善的结果评价体系,才能保证对分析结果的客观评价,进而指导设计。但汽车结构分析结果评价体系是一项浩大的工程,需要大量人力物力的投入,需要不断地积累,当前汽车行业内部正在加快制定 CAE 分析流程及结果评价体系。

结果评价从狭义的方面说,就是分析判断汽车结构承载能力大小,能否在各种工况下安全正常行驶,或是需要改进设计之处;从广义的方面看,还要验证模型本身的正确性,以及模型的准确程度,这是对分析结果作出评价的前提与基础,千万不要认为有限元分析结果就一定是正确的。应该认识到有限元分析模型的正确性和计算结果的准确性必须用力学理论分析、试验验证分析、常规经验分析和实际应用情况进行综合判断。

为了对零部件或总成作结构评定,必须在最后设计方案批准定型之前完成下列各项分析及评估。

(1) 强度要求:验算结构在满载情况下,在各种路况时的承载能力。

(2) 疲劳验算:在行驶载荷谱下验算疲劳寿命,检查悬置等连接件中的疲劳寿命。

(3) 动载荷影响:检查悬架部件承受动载荷的情况及路谱加载频率的影响。

(4) 刚度要求:检查机构变形对动力、行程的影响,开闭件刚度特性等。

(5) 耐撞性验算:检查结构、材料、焊点工艺等耐撞性能。

关于试验验证问题,由于汽车结构试验往往是在特定条件下进行的,某些试验反映的是结构测点的信息(如应变测试、加速度测试等),另一些则反映结构整体的信息(如车身弯曲刚度测试、车身振型频率等),在比较试验数据与计算数据时要注意到这一特点。试验分析与有限元分析二者是互相验证的关系,分析指导试验、试验验证分析,二者结果应当保持一致,不能有显著差异,数值误差应在允许的范围之内。

至于计算结果评价,需要针对研究目的逐项提出,如强度评价、刚度评价、碰撞安全性评价、振动噪声评价等。如轿车白车身弯曲刚度与扭转刚度,车身一阶扭转与一阶弯曲模态频率等。其中强度评价,只要满足强度条件,即可判断结构是安全的,但强度条件不能回答安全的程度或应力超标的量值。为此可以引入安全裕度(储备系数)的概念:

$$安全裕度 = \frac{[\sigma] - \sigma_e}{\sigma_e}$$

安全裕度可以反映结构有多大的强度储备或超出标准多少,为评价结构强度特性提供了另一个指标。

下面以车架为例,简要说明车架设计和结构分析及评价的相关问题。

首先要清楚所分析车架结构的特点,不同车架结构形式对载荷适应能力不同,在设计车架结构时就应充分注意到这一点。如梯形车架目前主要在商用车和越野车中使用,其车身和底盘分离,车架所提供的平台,能够适应多种类型车身与车厢的设计。多数车架设计采用槽形截面边梁和开口或闭口截面的横梁,槽形宽边梁具有较好的弯曲强度和刚度,但其扭转刚度一般偏低。车架整体扭转刚度以及纵横梁连接处的应力分析至关重要。十字形车架则设法提高车架的扭转刚度。而整体式结构汽车如同空间车架,能够提高整车的弯曲与扭转刚度,同时拥有良好的撞击保护能力。

其次要明确对车架的结构性能要求,了解车辆在行驶时车架所承受的各种不同的载荷。这是分析的基础,也是评价的依据。车架主要考虑以下 5 种基本载荷:

（1）弯曲。弯曲取决于各部件的质量及有效载荷，一般先按静态受力情况，确定汽车的载荷分布，可以绘制出纵横梁的弯矩图和剪力图，以了解危险截面位置。发动机安装点及悬架支承处往往是应力集中区域，由于汽车在不平路面上行驶，必须考虑动载荷效应。

（2）扭转。当前后左右车轮遇到不平道路时，车架会发生扭转效应。纯扭转是不存在的，因为车架始终受到垂直载荷作用。为了便于分析对比，专门分析车架扭转工况。

（3）弯扭组合。车架所受载荷除承受弯曲作用外，还承受来自前后桥间的扭转载荷，即弯扭组合。可以采取前轮或后轮悬空或给定位移方式，实现弯扭组合计算。

（4）侧向载荷。汽车转弯时轮胎与地面接触区域产生侧向载荷，轮胎的抓地力与路面形成反作用力，汽车质量由于惯性离心力产生侧向加速度和侧向力，使车架横向扭曲。

（5）纵向载荷。汽车加速或减速时，或遇到障碍物时，将产生纵向力，同时前后轴荷发生转移。最大牵引力和最大制动力受轮胎与路面附着系数控制，作用在路面上的纵向力通过悬架对车架施加附加弯矩。

其他还有路面随机载荷（疲劳载荷），引起构件产生交变应力，导致结构发生疲劳破坏；碰撞载荷，涉及乘员安全保护分析等，都需要开展分析及评价。

在车架结构基本设计以及明确载荷基础上完成车架分析计算，最后对车架结构性能作出评价。

车架应具备足够的刚度以使安装在车架上的主要部件在汽车行驶时不致产生过大的变形而导致损坏，或使某些部件功能受到影响，相应有车架弯曲刚度与扭转刚度指标。例如，车架扭转刚度不足时，会引起驾驶室早期损坏，就算有再好的悬挂系统，也无法达到良好的操纵性能。车架强度是车架刚度的保障条件，分析表明，一般情况下车架刚度大其强度也大。某些局部的强度要求，如发动机支架、后横梁牵引装置等需要专门分析。车架质量在货车中占有不小比重，从车架轻量化设计角度来看，减轻自重和降低材料消耗也是车架设计的目标。

分析是评价的基础，评价需要对包括构造特点、材料性能、使用条件、同类车型市场状况等各方面有全面的了解，才能写评语、下结论、定方案。车架评价是需要有评价指标数据的，这些指标包括材料强度、车架刚度、车架振型及频率等。而指标数据又需要通过大量试验方法获得，需要有多种车型数据积累，需要通过与试验数据的对比去完善评价指标体系。

了解车架构造与分析的基础知识，有助于了解车架性能特点，做出正确评价。

基于本节所提出的结构分析指南的9个方面，不遗漏、不忽视任一环节，全面理解有限元分析内容，掌握有限元程序使用方法与技巧，按照标准流程，就可以加快分析进度，减少试验次数，做好结构分析工作，用分析结果指导产品设计，推进结构设计方法和技术的更新，实现现代汽车分析设计的创新。

思　考　题

8-1　汽车结构中的力学问题主要是指哪些方面？

8-2　汽车结构模型简化需要从哪些层面考虑？

8-3　约束条件的处理方法有哪些？

8-4　试列举常用的单元类型,并写出其基本属性。

8-5　查阅资料,比较说明不同类型结构单元的网格划分标准,并指出其意义。

8-6　静载荷与动载荷有什么差别?动应力与静应力的计算方法有什么差别?

8-7　在有限元程序中是如何处理常见机械结构中的各种连接关系的?

8-8　试说明有限元计算中受力分析与载荷工况处理的重要性。

8-9　试说明带有前后钢板弹簧车架的约束情况,并指出如何施加约束;若仅计算车架的自由振动,其约束情况又该作何处理。

8-10　试以某客车稳定杆为分析研究对象,制定基本的分析方案,并写出用有限元分析的技术路线,尤其重点考虑如何处理边界约束问题。

8-11　如何理解本章所述的“汽车结构分析指南概要”?在实际工程结构分析中如何灵活运用?

练 习 题

8-1　自行设定一种空间板组合结构(如盒形),对划分单元数增加 1 倍、2 倍分别进行计算,从计算速度、计算精度以及计算容量等方面作对比分析。

8-2　试对题图 8.1 双横臂独立悬架进行受力分析,考虑车轮受垂直力、侧向力与纵向力三种工况。

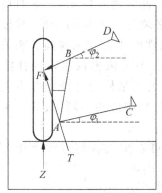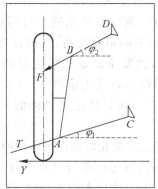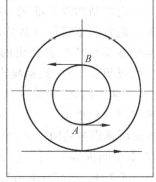

题图 8.1

8-3　针对汽车某一实际结构或总成,写出它的建模步骤与方法,并具体实现。

第9章

汽车结构有限元分析实例

9.1 汽车结构设计准则与目标

有限元分析方法作为汽车数字化设计的一项核心技术,已经在汽车行业得到广泛应用。在产品设计阶段对汽车结构及性能做出预先评估,可以大大降低新产品开发的风险,对提高汽车产品质量、缩短开发周期、降低研发成本意义重大。有限元分析能够提供大量的仿真试验数据和技术参数,进而可以替代部分试验,有利于设计经验的积累和设计技术的提高。有限元分析的应用不仅可以带来产品竞争力的提升,而且也为企业的自主创新带来了新的契机。由于有限元分析的重要性,各汽车企业以及汽车设计公司都已将其纳入到汽车设计体系中,并根据不同的分析类别制定了全面细致的分析标准和分析流程(一般包括分析目的、建模方法、加载标准、分析步骤和结果评价等几个方面),确保了分析的精度和结果的可用性,使之成为整个设计流程中非常重要的环节。

因为汽车结构设计的要求各不相同,结构设计的目标也呈现多样化,一定的目标必然对应一定的结构设计准则,所以制订与达到这些目标必须进行大量的分析、对标与试验工作。随着汽车设计与制造水平的不断提高,汽车各项性能指标越来越高。相关结构设计准则本身也是动态变化的,需要不断地积累与提高。但是依据汽车不同性能指标(经济性、操纵稳定性、振动噪声性能以及安全性等)所提出的结构设计准则并不完全相同,是有所侧重的,也就是说汽车结构设计是多目标的,需要在这些不同的、甚至是矛盾的目标之间找到平衡。

如前所述汽车结构分析的目的主要是解决汽车结构的可靠性、安全性、经济性和舒适性等问题,其分析内容十分广泛,而且相互关联,主要涉及以下内容。

(1) 可靠性:研究汽车结构强度、刚度和动态特性,以及疲劳寿命等;

(2) 安全性:研究结构耐撞性与乘员安全性等;

(3) 经济性:研究结构优化及轻量化等;

(4) 舒适性:进行结构振动噪声分析等。

按照汽车研发的基本流程可以将结构分析划分成几个阶段,相应建立各阶段的设计目标:

(1) 在概念设计阶段建立相应的设计目标;

(2) 在详细设计阶段达到相应的设计目标;

(3) 在样车制作阶段验证整车的性能并且分析设计中存在问题;

(4) 在产品制造阶段验证设计和改进产品。

首先是载荷准则。从第8章分析可见,汽车结构作用载荷有多种方式,为了在产品开发与结构分析中,有所侧重,并且能够进行多种车型对标分析,需要制订一系列标准载荷,使得不同车型结构分析之间具有可比性。由于标准设计载荷涉及道路使用条件、汽车行驶状况以及汽车结构参数等多种因素,设计载荷的制订还关系到产品竞争与企业利益,因此各汽车公司都权衡利弊,考虑了各地区的使用条件,有针对性地制订了各自的标准载荷。通过标准载荷下的静态分析可以得到汽车结构各点的应力数据,而且应力分布图也反映了影响寿命的潜在危险区域,在有了汽车实际载荷谱数据后,就可进一步进行疲劳寿命预测等。

事实上汽车结构设计的一项最重要准则就是确定汽车工作载荷谱,而计算载荷的确定是整个有限元分析工作的一项前提,无论是静态分析还是动态分析都需要有准确的载荷输入。

例如为评价结构的耐久性,除了对主要结构部件与悬挂零件等进行室内强化试验,样车进行试验场耐久性测试等方法外,如果给模型输入道路载荷谱,利用有限元法就可以进行耐久性分析。总之为了进行结构分析要确定各种载荷工况,以便采取相应的计算方法完成有效的设计。

研究汽车的动载荷必须同时考虑系统的振动问题。汽车工作载荷,如由路面不平引起的载荷传递到悬架、车架和车身等,使相应结构产生交变应力,或者是产生共振。需要通过研究整车刚体动力学模型确定汽车动力响应的峰值,据此确定动载荷系数。另外研究悬挂质量、非悬挂质量、车身、动力总成等模态,使各阶模态频率分开以避免重合,避免共振,这又涉及频率规划准则问题。

车辆行驶时所产生的噪声与振动影响乘员的舒适性,相应提出反映汽车振动的"平顺性"准则以及反映噪声的"声品质"准则等,这些反映乘员满意度的准则往往需要从主观与客观两个方面提出。例如大部分噪声能量是在低于 125 Hz 的频率范围,汽车低频噪声是噪声烦扰的重要来源,因为其声级一般较高。低频内部噪声,低频声学模态与车身结构模态之间相互耦合。不论哪一种激振源,车内噪声谱都会受车身振动特性的影响。因此提高车身的合理设计将显著降低汽车噪声。

车身与车架刚度准则提出了对车身或车架整体弯曲与扭转刚度的要求,其他四门两盖局部刚度也有相应指标。这些要求反映了汽车整体或局部的刚度性能,刚度不足会影响汽车的操纵性能、振动特性等品质。

汽车安全准则或说汽车安全标准涉及汽车碰撞时乘员保护的法规以及对汽车结构所提出的安全设计要求,因此汽车结构设计必须包括碰撞性能的评定与撞击能量吸收的控制。与强度、刚度和振动性能等结构设计要求不同,汽车碰撞分析涉及材料、变形、接触等高度非线性问题。

有限元优化设计方法涉及结构轻量化设计、结构优化设计、灵敏度分析、零部件拓扑优化等。

为此需要建立计算汽车结构强度刚度的有限元模型,建立计算开闭件强度刚度的有限元模型,建立计算整车与乘员安全性的有限元模型等。所有这些都需要明确分析目标、建模标准、材料特性、约束条件、计算方法、评价指标,进行汽车结构特性的综合分析,了解汽车开发过程中 CAE 集成技术的方法和流程,识别汽车性能要求与典型的结构载荷情况,并将CAE 分析与试验测试互相结合、互为验证。相关法规与标准既是衡量汽车性能的基准,也是汽车产品分析设计的指南。但 CAE 并不就是有限元,CAE 综合了所有分析工具,应当在不同设计阶段采用不同的却更为有效的分析工具,从整体上提高分析预测的能力。

以下概略汇总了在概念设计阶段和详细设计阶段,汽车结构分析的部分内容及设计目标,这些内容与目标应当是动态发展的,需要结合工程实际看待处理。

1. 概念设计阶段

1) 车身静刚度目标

弯曲刚度:模拟乘客负荷;

尾部弯曲刚度:模拟行李负荷;

扭转刚度:模拟车轮抬高。

2) 整车 NVH 目标

车身结构的模态频率应该错开激振频率。外部激振源:车轮不平衡激振,频率在 1～30 Hz;发动机的怠速激振,频率在 20～40 Hz;车身内外噪声级别应在限值之内,车身内声品质达到一定要求。

3) 整车安全性目标

前围挡板重要位置的侵入量;

管柱的向后以及向上的侵入量;

前碰过程中的冲击力;

侧碰中 B 柱各位置的侵入量;

车顶压溃中各位置的刚度值;

汽车碰撞冲击力的目标值。

4) 零部件及总成寿命目标

车身(驾驶室)疲劳寿命,悬架疲劳耐久性,车桥疲劳寿命,……

其中新车分析内容较有典型性,列举如下:

(1) 通过截面分析确定新车的典型截面特性;

(2) 通过接头刚度分析确定新车的接头刚度特性;

(3) 通过刚度分析确定新车的整体弯曲刚度与整体扭转刚度;

(4) 通过模态分析确定新车的低阶频率值;

(5) 通过前纵梁碰撞分析确定前纵梁的结构特性;

(6) 通过车顶压溃分析确定新车车顶刚度;

(7) 通过车门侵入分析确定车门的刚度。

2. 详细设计阶段

1) 车身强度与刚度分析及其灵敏度分析

确定相对质量、刚度或模态灵敏的部件。

2) 白车身弯曲刚度和扭转刚度

弯曲刚度分析;

扭转刚度分析;

扭转情况下门窗对角线变化量需要满足一定的数值要求。

3）截面分析与接头刚度分析

（1）截面分析

检查截面尺寸的正确性；

优化板件的厚度。

（2）接头刚度分析

保证接头的刚度达到一定的刚度值。

（3）截面特性对刚度的影响

截面特性对扭转刚度的影响；

截面特性对弯曲刚度的影响。

4）开闭件的强度与刚度分析

前门、后门、发动机盖、行李箱盖、前翼子板等，使开闭件结构满足一定的设计要求；

开闭件抗凹陷分析；

开闭件侧向刚度分析。

5）车身局部强度与刚度分析

仪表盘、管柱、前保险杆、后保险杆、座椅、安全带等；

引擎盖铰接处的刚度分析；

门铰链和门锁处的刚度分析；

油箱盖的刚度分析；

刮雨器连接点的刚度分析；

仪表盘连接点的刚度分析；

行李箱盖的刚度分析。

6）模态分析以及频率响应分析

模态分析、动刚度分析、传递函数分析、声腔分析、舒适性分析等；

低阶模态的灵敏度分析；

点导纳；

悬置刚度。

7）NVH 分析

通过低阶频率值的灵敏度分析，调整关键灵敏零件结构的形状与尺寸，使整车的动刚度特性满足设计目标值。

8）安全性分析

前碰、侧碰、后碰、车顶压溃、头部保护分析、行人保护分析、汽车的乘员安全性分析、乘员安全性以及约束系统模拟分析等；

不同的碰撞方向：正面、偏置、角度；

不同的壁障：刚性体、变形体、车对车；

不同的碰撞速度：$30 \sim 80$ km/h；

不同的质量；

不同的假人以及假人不同的坐姿；

台车模拟、座椅分析、管柱分析、安全带分析等；

通过前碰、侧碰、后碰、行人保护等安全性分析，使整车的安全性满足设计目标值。

9) 耐久性分析

使整车的疲劳特性满足一定的设计要求;

道路载荷下车身强度分析;

道路载荷下底盘部件疲劳耐久性分析;

车身焊点疲劳寿命评估。

在先期评估产品的总体设计目标时,要分级分项制订目标,包括整车分级、总成分级及零部件分级。定义零部件层级目标,定义总成层级目标,定义整车层级目标。将每个层级目标和分析与测试的结果进行比对,充分掌握各类测试数据,在设计完成量产前,发现设计可能存在的问题,实现产品的结构优化。

表 9.1 汇总了设计目标值确定的方法及对竞争样车分析的相关问题。

表 9.1　汽车结构设计目标值确定方法

设计目标值确定的方法		
对竞争样车进行分析	竞争样车的整体刚度分析	弯曲刚度模拟分析 扭转刚度模拟分析
	目标车的典型截面分析及其优化分析	通过优化结构的截面特性以及接头刚度特性,调整重要截面或重要接头的特性,使整车的静态刚度特性满足设计目标值
	目标车的接头刚度分析及其优化分析	接头刚度与截面特性灵敏度分析 考察最灵敏的截面与接头
	目标车的白车身静态刚度与模态分析	白车身自由模态分析:试验值,参考值 模态与刚度分析与评价:预测车身的性能 车身模态与刚度相关性分析
	汽车安全性设计	确定车架结构以及所需要压溃的距离 确定合理的总布置空间 前碰撞空间布置 提高乘员保护的性能 确定最佳的碰撞冲击力 前纵梁碰撞分析 门静态侵入模拟 碰撞模拟中车身与乘员的评价准则 油箱的完整性:燃油泄漏 车顶压溃模拟
竞争样车分析方法	CAE 方法,试验方法,标准法规	竞争样车的车身静态刚度试验 竞争样车的车身静态刚度模拟分析 竞争样车的 NVH 试验 竞争样车的 NVH 模拟 竞争样车的低频模态分析 汽车安全性法规 竞争样车的安全性试验 竞争样车的安全性模拟分析 保证新车满足各种安全性法规的要求 满足项目特定的安全性标准(如五星标准)

续表

设计目标值确定的方法			
汽车设计 CAE 数据库	建立参考值数据库	同类车型的静态刚度设计值 CAE 数据库中同类车型的 NVH 设计值 CAE 数据库中同类车型的安全性设计值	
车身模型的 发展	典型截面分析 截面优化与改进	门槛梁 车顶横梁 A、B、C 柱 纵梁	评价指标 扭转常量 惯性矩 截面面积
	接头刚度分析 接头优化与改进	接头位置因车型而定	评价指标 变形分析 应力分析 应变分析

9.2　汽车结构有限元模型

在前面两章已经就结构建模与汽车结构模型化问题作了充分讨论,随着计算机技术的发展和有限元分析方法的不断完善,给汽车结构分析提供了有力的工具。汽车结构的构造是极其复杂的,这包括复杂的边界条件、横截面的形状以及各部件之间的连接。汽车零部件既是承载构件,又要完成一定的功能。构造上的细节往往成为建模中需要特殊考虑的难点。因此建立具有较高精度的汽车结构有限元模型是整个分析工作的关键。有限元分析结果的可信度的高低,受到分析人员的理论与技术水平的影响,受到分析模型与实际结构力学特性符合程度的影响,当然受到模型准确度的影响。

1. 汽车结构模型化技术

在当今热衷于 CAD/CAE 一体化或者号称已经实现了 CAD/CAE 无缝集成的宣传中,要保持清醒头脑,实际建模不是如此简单。在建立有限元模型前,首先要建立几何模型。无论是线框模型、曲面模型还是实体模型,该几何模型是为了有限元分析用的,所以要符合建模的要求。即要按力学模型(由力学组件构成的模型,符合结构的承载力特性)抽象,同时确定汽车所受到的载荷及边界条件,进而形成计算模型。在由几何模型-力学模型-计算模型的转换过程中,力学模型起着承上启下的作用,力学模型提供了载荷信息与边界条件。而几何模型并非就是计算模型,计算模型与实际结构之间存在的差异,形成了模型误差。建模的关键在于要构造一个合理的模型,以简洁的结构、准确的载荷、正确的约束,尽可能真实地反映汽车结构的力学状态,将模型误差控制在许可范围之内。

模型化技术关系到计算成本、计算数据工作量以及计算结果的真实性等诸多方面。在汽车结构模型化处理过程中,还有几点整理和补充。

1) 计算目的不同计算模型不同

有限元分析虽然都是求取结构在外力下的响应,但实际结构分析往往有着不同的目的。例如,方案论证阶段的概念化设计分析、设计方案的强度刚度校核、对标车型的产品分析、结构优化设计分析等,相应会对计算提出不同的要求。产品初步设计阶段,只有大概的构造方案,计算目的也只是初步评估。因此这类模型可以采用以往既有模型,大量简化,概略分析。在产品设计中期,主要图纸已经绘制完毕,部分结构处于推敲之中或是选型待定。计算目的是要预测结构性能,找出薄弱环节,提出并分析改进设计方案等。因此这类模型要能够反映产品结构细节,对应力异常区域可以细化网格或改变连接方式,力求准确模拟。在产品定型阶段,需要对整车、总成及部件各项静动态性能指标进行全面的评价,将计算结果与试验结果进行对比,积累计算数据与分析经验。这类模型经过验证,数据可靠,模型规模可能很大,能够反映汽车结构的综合特性。

从节省时间、提高效率而言,人们也提出了"一模多用"的设想与尝试,但这要取决于分析者的技术水平与经验,取决于是否实施了标准化建模,取决于有没有详细的可供参考的计算资料等。总之不同的计算模型计算精度不同,计算规模不同,简化程度不同,但核心的要求是模型必须能够反映结构的力学性质,脱离这一点,再细的模型、再多的分析也没有用。

2) 结构受力不同计算模型不同

将结构按受力状态划分,结构部件可以分为杆、梁、板、壳、块体及平面应力应变等。杆件主要处理承受轴向拉伸与压缩及扭转一类的问题,如转向机构拉杆、扭转弹簧等,对应杆单元可供选用。空间梁可以提供拉压、剪切、弯曲、扭转等多种刚度,因此可以处理以弯曲为主的一类结构受力问题,如车身骨架、车架纵横梁等,对应梁单元可供选用。平板弯曲结构可以处理承受拉压、剪切、弯曲等一类问题,如车身地板等,而弯曲率较大的几何形状,则采用壳体进行模拟,板与壳有相对应的力学性质,但壳体更适用于曲率大的形状,有限元软件中多统一处理成壳单元。除此之外,为了提高有限元软件对工程结构模拟的灵活性,还建立了一些特殊功能的单元,如质量单元(模拟集中质量)、弹簧单元(模拟弹簧)、刚性单元(模拟刚性连接)、焊点单元(模拟焊点)、约束方程等。了解并用好这些单元,可以更方便地模拟实际结构。

单元选择的准则是基于对结构受力状态分析与单元属性的理解。根据结构类型选取单元,如杆、梁、板、壳单元或块体单元;然后才是单元形状,如三角形或四边形单元;最后确定单元的精度,如一次线性单元还是二次高阶单元。对于实际汽车结构,往往需要混合采用多种单元。一是具有不同形状的单元组合,需要网格疏密过渡;另一是具有不同类型单元的组合,如板梁组合、块体与板组合等。

汽车结构部件的强度分析中,一般涉及 5 种基本单元类型:杆梁单元、板壳单元、实体单元、质量单元与弹簧单元;其他还有一些辅助单元,如各种连接单元等。其中实体单元在应力分析中网格划分要更细密一些,因为在应力应变计算中都包含对位移的导数,这一微分过程降低了应力的精度。

2. 汽车结构模型化准则

汽车结构复杂,模型化工作要求高。要建立一个合理的有限元模型,除了标准化建模要求外,还可以提出一些基本准则或规则,以加快建模进程,提高建模精度,降低建模成本。

1) 用准确的力学组件构造模型

杆、梁、板壳与实体是构造模型的主体,要根据结构的受力状况,选择合适的力学组件,既要反映结构受力特点,又不必片面追求高级组件,尤其是不要一切都用三维实体建模。

2）用适当的网格划分构造模型

计算网格细化一般可以提高精度，但也不能盲目追求网格细密，在全域采用太小尺寸单元，这样网格质量达标了，但计算工作量成倍增长。单元划密容易，单元划粗困难（在保证计算目的和精度前提下）。如板厚变化处、应力集中场合等需要细化模型，而不要详细求解应力的部分则用近似分析模型加以简化。

如果事先能够大致确定采用多大的模型，则计算模型的方案制订可能就更明确一些。一般来说可以用节点数作为判断模型大小的标准。节点数增加分析的时间相应也要增加。再有分析花费的时间也受计算机性能影响，并非仅仅是 CPU 的性能，还与硬盘的容量、内存的大小等有关。其他像分析类型不同，如瞬态分析和热传导分析花费时间不同，模态分析采用不同算法，求解频率振型数目不同，花费时间也不同。要能够估计分析时间与所需要的计算机资源，太费时间，跟不上设计进度，太大模型，计算机容量不够，所以在作模型处理时要考虑分析精度和分析时间之间的平衡。

统计表明，目前有限元分析各项工作量占比近似如图 9.1 所示，反映出现阶段各项工作量的多少，当然，这一数据是动态变化的。

从图 9.1 可见，分析工作中最耗时的工作是数据准备。当有限元模型增大时，其数据量将呈爆炸式增长。因此，建模过程需要强调在标准流程引导下进行，标准化、自动化、智能化仍是有限元发展的研究课题。如此，尽量减少手工操作，缩短工程师的培养周期，提高工作效率，提升分析水平。

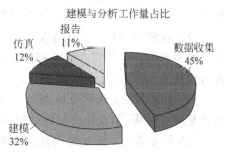

图 9.1　有限元分析各项工作量占比统计

3）施加正确的载荷与边界条件

如前所述汽车结构设计准则中，载荷准则本身是汽车设计中非常重要的环节。确定载荷需要通过分析与试验等多种方法。就载荷性质而言，主要载荷为弯曲、扭转、侧向载荷与纵向载荷等几种，就载荷条件而言，主要是要确定载荷大小、作用位置与作用方向。确定载荷计算条件涉及产品竞争，因此迫切需要建立一套标准载荷，标准载荷使得各分析计算结果具有可比性。边界条件与支承条件同样重要，如果边界条件不对，计算结果肯定不对或有很大误差。汽车总成及零部件边界条件的确定是建模中的一项技术难点，汽车支承条件的模拟也是汽车结构模型化的重要组成部分。汽车中常见的支承主要有悬挂支承、车身与车架之间的支承、发动机与车身（车架）之间的支承等。处理悬挂支承的关键是要保证车身（车架）所承受的支承反力与实际条件相符，而后者往往可以通过轴荷测试加以确定，这也是验证模型的一种方法。

4）避免结构约束不足以构成机构

将不同部件装配成一体，并且采用适当的连接，以保证系统具有足够的约束。约束有若干类型，外部约束就是边界约束或称为边界条件，而内部约束则包括单元连接的关系等。如果约束不够，系统就可能成为机构，这种机构在结构分析中是不允许的。因此要仔细检查模型约束，防止约束不够的情况。与此相反，还存在着约束过多的情况，这一点一般不太容易被看出来。约束过多，增强了系统刚性，降低了局部应力，但却可能隐藏了真实的应力状况，带来分析的不确定性，其后果往往更严重。

3. 汽车结构有限元模型

以下几节将按照不同分析类型分别叙述汽车结构建模与分析的相关问题,虽然模型本身在某些情况下是通用的,但由于分析目的不同,要求精度有别,模型规模差异,使得结构分析工作往往需要从综合的角度全面把握。按结构分析类型划分成章节,只是为叙述的方便,是教材的一种编排。

在利用有限元模型时,首先应当明确分析的目标与要求。在初步设计阶段,从简单模型做起,分析应放在了解载荷状况和应力水平等整体特性上。随着设计过程的推进,应力分析越来越细。一旦结构设计基本确认,就可以进行详细而精确的应力分析,尤其注意应力集中等局部区域,最后确定设计方案。

譬如说对客车车身骨架建立有限元模型,就可以采用以梁单元或板壳单元为主的建模策略,而且这一模型,既可以进行强度分析,也可以进行刚度分析,同时动态分析、疲劳分析、优化设计等都是采用同一模型,至于碰撞分析由于采用单元类型差别,求解方法不同,可能需要适当调整模型。像车架、保险杠、车身等一类的钣金结构都可以采用板壳单元,对于像转向节、上下摆臂、发动机零部件和前后桥等锻件结构应采用实体单元。

分析流程的最后一项工作是撰写分析报告,分析报告是最终成果的展示与说明。下面简单说明有限元分析报告的一种内容格式,供写作参考。有限元分析报告可详可略,但基本内容包括5个方面:

(1) 分析目的:说明分析类型,分析目的,分析目标,分析依据与项目来源等,是强度分析还是刚度分析,是设计校核还是初步分析,是优化设计还是性能验证等。

(2) 建立模型:概要说明建模过程,模型规模,选用单元类型,材料数据,分析所用方法,以及其他建模相关信息等。

(3) 载荷工况:详细说明计算载荷工况及来源依据,是分析所得还是试验所得,是通过多体动力学计算所得还是参考相关标准所得,还要给出具体载荷数值及评价标准等。

(4) 约束处理:详细说明约束方式与约束位置,给出约束处理依据。

(5) 结果评价:根据分析目的,给出适当的评价。若仅是结构强度校核,则说明是否满足要求即可。若是设计方案审核与评估,或是进一步优化与改进设计,则需要尽量详尽的说明。对多方案的分析,要给出明确的建议,以期做到指导设计。少了基于专业知识的结果评价,会使整个建模分析工作失去意义。

9.3　汽车结构强度分析

结构强度有静态强度、动态强度及疲劳强度之分,这节主要进行静强度分析。汽车结构静态分析要早于动态分析,一方面静态分析一般比动态分析简单,另一方面,静态分析往往有试验数据的验证,尤其是形成了一系列汽车结构静刚度标准可供参考。汽车设计中采用了一些理论方法,建立了一些简化计算公式,都可以作为初步设计之用,估算其静强度,初步确定截面尺寸。但是细致分析结构截面形状,优化设计参数,保证结构强度等多项指标的可靠,以及最终结构强度性能的评价,仅仅采用传统的计算方法是无法满足的。而利用有限元法可以完成传统方法所不能完成的项目,如动态分析、优化设计、疲劳寿命估算等。

采用有限元法可以全面细致地分析从零部件、总成到整车结构的强度问题,全面了解其应力分布情况,优化结构性能,实现设计目标。但汽车部件计算中的一个共性问题就是部件间的载荷传递不甚明确,当取出单个零部件进行分析时,其计算载荷不容易确定。这就给零部件的分析带来了困难,所以零部件有限元计算中的关键任务就是载荷确定及约束的实施。下面几个实例,说明了汽车结构有限元分析的诸多方面问题,可以看出做好有限元分析,并不仅仅是建立模型一方面的问题。

9.3.1　汽车桥壳有限元分析

某型汽车后桥桥壳几何模型见图 9.2,采用六面体实体单元,划分完网格的有限元模型见图 9.3。建模和计算采用通常的车辆坐标系,即 X 轴平行于地面指向前方,Z 轴垂直向上,Y 轴由右手法则判定。

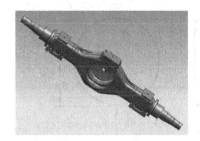

图 9.2　驱动桥几何模型

图 9.3　驱动桥有限元模型

1. 驱动桥受力分析和载荷计算

驱动桥承受有车轮传来的路面反力和力矩,并经悬架传给车架。路面对驱动轮的作用力主要有垂直反力、切向反力和侧向反力三种,使驱动桥在纵横两个平面内承受弯矩。按照驱动桥受力状况,其主要典型载荷工况有三类五种。

1) 垂向载荷工况

垂向载荷工况按最大轴荷计算,另外需要考虑汽车通过不平路面的动载系数。

(1) 汽车满载工况:满载时后驱动桥的受力分析如图 9.4 所示,图中 b 表示轮胎中心平面到板簧座之间的横向距离;B 表示后驱动车轮轮距。此时,后桥内、外车轮所承受的垂向

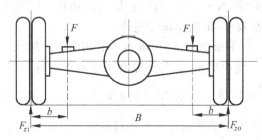

图 9.4　满载时受力分析简图

负荷 F_{zi}、F_{zo} 分别为

$$F_{zi} = F_{zo} = \frac{G_2}{4} = 60375 \times 9.8 \times \frac{1}{4} = 1.48 \times 10^5 (\text{N})$$

式中,G_2 为汽车满载静止于水平路面时后驱动桥的最大载荷。

(2)冲击载荷作用工况:当汽车在不平路面上高速行驶时,后桥壳除承受静止状态下的那部分载荷外,还承受附加的冲击载荷。此时,后桥壳垂向负荷通常取为满载静止时所承载荷的 2.5 倍,即

$$F_{zi} = F_{zo} = \frac{G_2}{4} \times 2.5 = 60375 \times 9.8 \times \frac{1}{4} \times 2.5 = 3.70 \times 10^5 (\text{N})$$

2)纵向载荷工况

按牵引力或制动力最大计算。

(1)最大牵引力工况:汽车以最大牵引力行驶时,后驱动桥壳的受力分析如图 9.5 所示。为使计算简化,不考虑侧向力,仅按汽车作直线行驶的情况进行计算,另从安全系数方面作适当考虑。

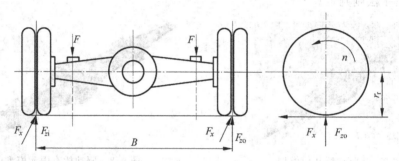

图 9.5　最大牵引时受力分析简图

此时,后桥内、外车轮所承受的垂向负荷 F_{zi}、F_{zo} 分别为

$$F_{zi} = F_{zo} = \frac{G_2 m_2}{4} = 60375 \times 9.8 \times \frac{1}{4} \times 1.2 = 1.78 \times 10^5 (\text{N})$$

式中,G_2 为汽车满载静止于水平路面时后驱动桥的载荷;m_2 为行驶时后桥负荷转移系数,通常取为 1.2。

地面对外驱动车轮的最大切向反作用力 F_x 为

$$F_x = \frac{T_E i_1 i_0 \eta}{r_r} = \frac{1160 \times 12.11 \times 5.73 \times 0.9}{0.55 \times 4} = 3.29 \times 10^4 (\text{N})$$

式中,T_E 为发动机最大转矩,N·m;i_1 为变速器一挡速比;i_0 为主减速器速比;r_r 为轮胎滚动半径,m;η 为传动系效率(由发动机至轮边)。

(2)紧急制动工况:汽车紧急制动时,可不考虑侧向力。图 9.6 所示为紧急制动时后驱动桥壳的受力分析简图。图中后桥内、外车轮所承受的垂向负荷 F_{zi}、F_{zo} 分别为

$$F_{zi} = F_{zo} = \frac{G_2 m'}{4} = 60375 \times 9.8 \times \frac{1}{4} \times 0.6 = 0.89 \times 10^5 (\text{N})$$

式中,G_2 为汽车满载静止于水平路面时后驱动桥的载荷;m' 为汽车紧急制动时的质量转移系数,通常取为 0.6。

另外,水平方向的纵向力 F_x 为

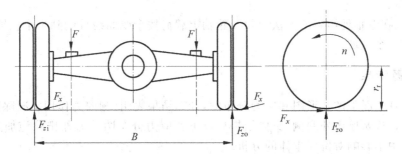

图 9.6　制动时受力分析简图

$$F_x = \frac{G_2}{4} m'\varphi = \frac{60375 \times 9.8}{4} \times 0.6 \times 0.8 = 7.10 \times 10^4 (\text{N})$$

式中，φ 为轮胎与地面的纵向附着系数，计算时取 $\varphi = 0.8$。

　　3）侧向载荷工况

　　按侧向力最大计算。

　　当汽车所承受的侧向力达到地面给轮胎的侧向反作用力的最大值（即附着力）时，汽车处于侧滑的临界状态，侧向力一旦超过侧向附着力，汽车则侧滑。汽车向右侧滑时的受力分析如图 9.7 所示。图中，F_{yi}、F_{yo} 分别表示地面对后驱动桥内、外驱动车轮的侧向反作用力；F_{zi}、F_{zo} 分别表示侧滑时内、外驱动车轮的支承反力。

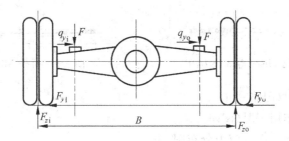

图 9.7　侧滑时受力示意图

　　当汽车处于侧滑状态时，地面给后桥内、外驱动车轮所承受的垂向力 F_{zi}、F_{zo} 分别为

$$F_{zi} = \frac{1}{2}G_2 - \frac{1}{2}G_2 \frac{h_g}{B} = 0.5 \times 60375 \times 9.8 \times 0.1 = 0.30 \times 10^5 (\text{N})$$

$$F_{zo} = \frac{1}{2}G_2 + \frac{1}{2}G_2 \frac{h_g}{B} = 0.5 \times 60375 \times 9.8 \times 0.9 = 2.70 \times 10^5 (\text{N})$$

式中，h_g 为汽车质心高度；B 为后驱动车轮轮距；G_2 为汽车满载静止于水平路面时后驱动桥的载荷。

　　上式中地面给内、外驱动车轮的侧向反作用力 F_{yi}、F_{yo} 分别为

$$F_{yi} = \frac{1}{2}F_{zi} = 0.15 \times 10^5 (\text{N})$$

$$F_{yo} = \frac{1}{2}F_{zo} = 1.35 \times 10^5 (\text{N})$$

2. 载荷与约束施加

　　此处桥壳计算采用在轮轴处加载，在板簧处约束的方法，这样处理载荷比较准确，与在

板簧处加载、在轮轴处约束的方法等效。轮轴上载荷按余弦曲线分配到半个轮轴上各节点，板簧上约束一个区域。

3. 计算结果

观察各种工况下的变形图和应力分布图，计算结果表明(侧向力作用工况除外)，最大应力基本出现在板簧座内外两侧，具体结果见以下各应力分布图。另外排除施加点约束所造成的应力集中不影响对桥壳本体的分析。

1) 汽车满载工况

一般查看变形图、应力分布云图、Mises 等效应力图等，以此判断满载工况下驱动桥强度刚度是否满足要求，以下仅取部分计算结果作图示说明。图 9.8 和图 9.9 说明桥壳等效应力分布情况，以此判断桥壳应力值范围。

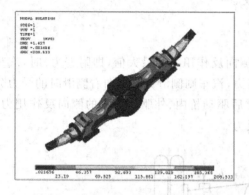 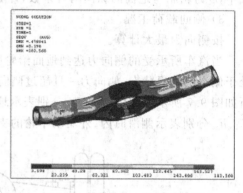

图 9.8　满载工况 Mises 等效应力图　　　　图 9.9　桥壳 Mises 等效应力图

2) 冲击载荷工况(图略)

3) 最大牵引力作用工况(图略)

4) 紧急制动工况下部分应力分布图

图 9.10 和图 9.11 分别表示紧急制动工况下桥壳 σ_x 向、σ_z 向应力分布情况，以此了解纵向和垂向应力所占比例。

 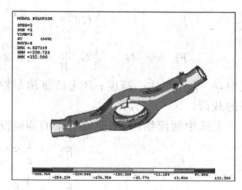

图 9.10　制动工况下桥壳 σ_x 应力分布图　　　图 9.11　制动工况下桥壳 σ_z 应力分布图

5) 侧向载荷工况部分应力分布图

图 9.12 和图 9.13 表示侧向载荷作用下桥壳等效应力分布与 σ_y 应力分布情况。

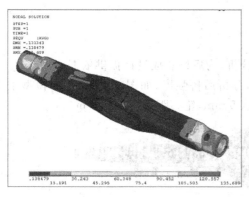

图 9.12　侧向载荷下桥壳等效应力分布图

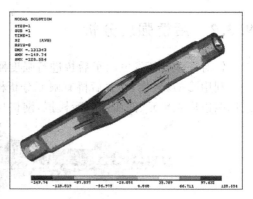

图 9.13　侧向载荷下桥壳 σ_y 应力分布图

4. 分析及评价

各工况下最大位移情况见表 9.2,桥壳最大应力见表 9.3。

表 9.2　桥壳各工况下最大位移

工况 ＼ 最大位移	纵向 x/mm	侧向 y/mm	垂向 z/mm	合成/mm	备　注
汽车满载工况	0.028	0.287	1.414	1.427	
冲击载荷工况	0.072	0.718	3.536	3.568	
最大牵引力工况	0.598	0.363	1.894	1.944	位移作为相对值,供参考
紧急制动工况	1.311	0.216	1.241	1.628	
侧向载荷工况	0.043	0.521	1.157	1.2	

表 9.3　桥壳各工况下最大应力

工况 ＼ 最大应力	σ_x/MPa	σ_y/MPa	σ_z/MPa	Mises/MPa	屈服极限 σ_s 355 MPa 安全系数 σ_s/σ	强度极限 σ_b 550 MPa 安全系数 σ_b/σ
汽车满载工况	94	168	257	183	1.94	3.00
冲击载荷工况	236	422	644	458	0.77	1.20
最大牵引力工况	159	263	412	308	1.15	1.78
紧急制动工况	132	181	338	244	1.45	2.25
侧向载荷工况	64	149	145	135	2.63	4.07

该型驱动桥后桥桥壳按最大轴荷考虑,在各种工况下的最大应力如表 9.3 所列。满载工况下,桥壳应力尚处在许可范围之内,满足材料强度和结构刚度要求。但一旦超载并且处在冲击等工况下,桥壳极易发生屈服,对桥壳结构非常不利。从各工况安全系数可以看出,桥壳并无太多的安全储备,这是在设计和使用桥壳中应注意的问题。另外,桥壳分析还可以从疲劳分析着手,结合桥壳台架疲劳试验进行综合评定。

9.3.2　后桥强度分析

针对一款新开发电动车后桥进行强度刚度分析,为后桥总成设计提供依据。

利用 CAD 数模,建立后桥有限元分析模型,分析后桥强度,如图 9.14 所示。模型主要采用四边形壳单元、四面体单元模拟,网格尺寸取 5 mm,轮心距离为 1.645 m。

图 9.14　后桥有限元分析模型

在板簧连接位置施加 1327.2 kg 质量载荷(后桥簧上质量为 2654.4 kg)。

计算两种工况:

(1) 加载单倍轴荷,$-z$ 向 1 g,查看变形;

(2) 加载 6 倍轴荷,$-z$ 向 6 g,查看塑性应变。

载荷与边界条件如图 9.15 所示,按设定坐标方向,约束后桥右轮心 12356 方向自由度,约束后桥左轮心 1356 方向自由度。

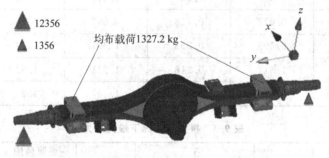

图 9.15　后桥载荷与边界条件示意图

两种工况下应力、位移、应变结果见图 9.16~图 9.19,后桥桥壳分析结果汇总见表 9.4。

工况一:单倍轴荷分析结果

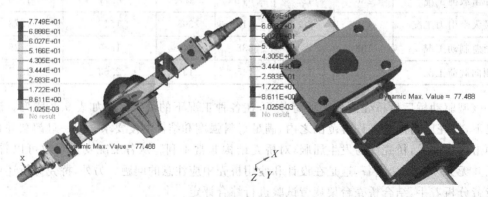

图 9.16　单倍轴荷工况下后桥应力云图

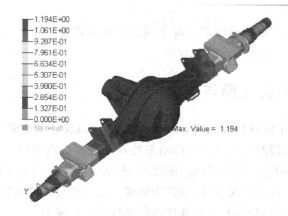

图 9.17　单倍轴荷工况下后桥位移云图

工况二：6 倍载荷分析结果

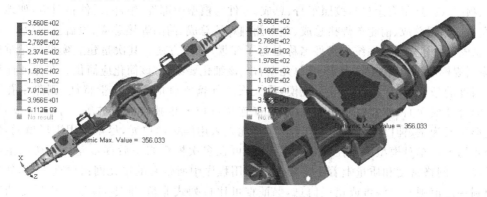

图 9.18　6 倍轴荷工况下后桥应力云图

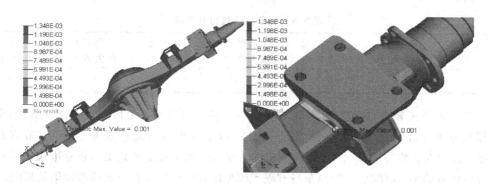

图 9.19　6 倍轴荷工况下后桥应变云图

表 9.4　后桥桥壳分析结果汇总

工况	材料	应力/MPa	最大位移 /mm	塑性应变	最大位移 /轮距	目　标　值
单倍轴荷	510L	77.49	1.194	—	0.73	最大位移/轮距 <1.5 mm/m
6 倍轴荷		356.03	—	0.1%	—	塑性应变<2%

由以上分析可知,后桥单倍轴荷工况下最大位移除以轮距值为 0.73,后桥 6 倍轴荷工况下塑性应变为 0.1%,满足设计目标要求。

9.3.3　轿车白车身建模与应力分析

轿车车身作为一个承载结构,必须具有足够的强度以保证其疲劳寿命,足够的刚度以保证其装配和使用要求,同时应具备合理的动态特性以控制振动噪声。轿车白车身从结构角度分析主要存在三类问题,即强度问题、刚度问题、动力问题。但由于轿车车身及其组成的零部件几何形状复杂,使用工况多样,难以用常规方法计算分析。虽然轿车车身属全承载式结构,但实际上应力分布很不均匀,局部地区会出现过大的应力。

进行轿车白车身建模与应力分析首先是制订分析方案:包括几何模型简化、单元类型选择、网格密度和质量控制、材料与部件命名体系等原则。如对该车身建立了模型命名体系,即规则、顺序、编号(留有余量),按照车身、总成、零件与模型中部件、组件、元件相对应,如地板总成、左右前纵梁总成、前轮罩焊接总成、左右侧围焊接总成、前围焊接总成、顶盖及前后梁、后围焊接总成等。建立模型系统的部件名称是为了建模、修改方便。其次是建立模型简化重构原则,模型规模要适当(初步定为 15 万单元左右),该细化要细化,该简化应简化。在保证计算目的和精度的条件下,尽量控制节点规模,最大限度保留零件的主要力学特征,删除小孔、面,将小面合并成大面,相邻面共用一条线,点焊连接部位要单独构成组件等。选用壳单元,以四边形单元为主,辅以三角形单元(过渡区),优先采用四边形单元,尽量采用矩形单元,使网格分布均匀。车身模型质量控制非一次完成,可在多次模型修正后逐步完成。初期主要从单元尺寸、网格密度和质量上着手。要充分利用程序中所带有的单元网格检查工具,如单元翘曲到一定值则发出警告或错误信息,保证雅可比行列式非负、非零,保证四边形是凸四边形,即各内角都小于 180° 等。另外,在建模前制订了网格划分标准(见表 9.5)。

表 9.5　白车身网格划分标准

单元细长比	单元翘曲角	四边单元最小内角	四边单元最大内角	三角单元最小内角	三角单元最大内角	单元歪斜角
<10.0	<7°	>30°	<145°	>20°	<140°	<60°

由于模型规模较大,建模工作分组分人进行。模型质量检查采取自查和试算方法,全面检查模型基本参数,如厚度、单位、材料等。最终白车身模型单元总数为 155218,节点总数为 152171,焊点总数为 5135 个(包括一点多焊情况),达到了预期的效果。建立准确的模型是完成分析任务的关键,图 9.20 为白车身有限元模型图,图 9.21 为有限元模型渲染效果图。

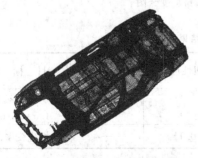

图 9.20　白车身有限元模型图

图 9.21　有限元模型渲染效果图

车身建模中的难点就是焊点的处理。车身连接有几千个焊点,需要有规模化、规范化的处理方法,才能易于在建模中使用。模拟焊点的方法可以有多种,相关资料也讨论得较多。如采用杆梁单元,采用部分耦合,采用全耦合,采用刚性连接,采用专用焊点单元等,这些方法各有特点,有些并不合理,或使用不便,需要仔细甄别,认真处理。检验的方法就是全车身采用不同的连接方式看其分析结果的差异,如果仅仅取部分样件作为检验方法,在推广到全车身时可能会带来问题。该模型采用全耦合方法模拟焊点,这种方法用来分析车身刚度和模态证明是可行的,但应力分析表明在连接处应力精度不高。

另外进行了该白车身刚度试验与模态试验,依据试验结果再次对所建模型进行了局部修正,保证分析数据与试验数据的一致性,完成了模型验证的最后一个环节,最终确认了该模型的精确度,将其应用于该车身的结构分析设计与评价。

对该白车身前轴施加扭矩,计算结果应力云图如图 9.22 所示;弯曲工况下施加满载,计算结果应力云图如图 9.23 所示。扭转与弯曲工况下最大应力都在许可范围之内,车身结构满足强度设计要求。

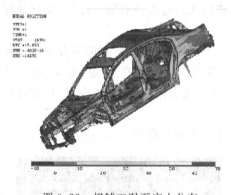

图 9.22　扭转工况下应力分布

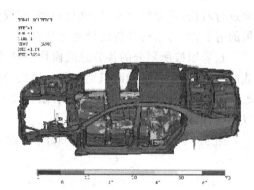

图 9.23　弯曲工况下应力分布

9.3.4　客车骨架有限元分析

影响有限元计算的关键是:建立反映实际结构的计算模型以及确立载荷条件和边界条件。客车骨架可以采用梁单元或壳单元建模,两种方法所建模型都能够满足客车骨架结构设计要求,而采用板壳单元更能够细致反映纵横梁连接处的应力分布状况。

1. 有限元模型建立

某型客车作为全承载式车身结构,其空间结构复杂,在建立力学模型时,需要对其作适当的简化处理。

(1) 将车身骨架简化为空间框架结构,用三维梁单元模拟车身骨架,忽略车身蒙皮和窗玻璃对车身总体结构的强度和刚度的加强作用,此举将使实际计算结果偏于安全。

(2) 以车身骨架上的空间交叉点为节点,以梁柱截面形心为连线建立车身骨架空间计算模型。对相距很近而又不重合的交叉连接点用一个取中的节点代替,部分节点采用耦合处理。

(3) 忽略某些对整车结构变形和应力分布影响较小的非承载构件,如侧围、走道和车顶的一些小连接件以及支承杆件。用板单元精细的分析表明,由于骨架纵横梁连接处三角形加强件的作用,使得这一局部地区实际应力要较计算应力为小。

(4) 将空间曲梁简化为直梁,如把顶盖横梁、前后围横梁等曲梁划分为若干个直梁单元。

根据上述简化原则,并且采用分块建模方法,首先建立各分总成模型,然后导入到有限元软件中组装成整车骨架模型。目前国内大客车车身骨架多是采用矩形或异形钢管焊接而成的空间刚架结构,其空间关系复杂,截面形式多样,考虑到建模精度和建模成本的平衡,空间梁单元是首选计算模型单元。采用梁单元的另一个优点是截面修改易于实现,而板模型每次只能修改厚度,不能修改截面尺寸。

虽然悬架作为车身的支承,一般不包括在车身计算内,但不同的悬架支承系统对车身骨架的强度和刚度的影响较大。所以要按照客车实际前后悬架结构形式,建立悬架系统等效有限元模型,这样就构成了车身骨架加等效悬架系统的完整的有限元模型。经过初步建模,反复检验与多次修改并完善,形成一个实用的计算模型。然后将试验结果与有限元分析结果进行对比,部分修改模型,细化模型,完成由粗到精的几何建模及有限元建模,确保计算结果的可靠性,为结构分析设计奠定基础。

在采用按所划分的各分总成模块分别建模时,为了后续设计的需要,应当分别定义各梁截面参数,确定各梁截面识别代号。模型分成前围、后围、侧围、顶盖、走道、底架、前后悬架等总成。整个模型按几何模型和有限元模型分成两个层次,计算结果易于分析,优化设计得以执行,修改设计易于实现。

图9.24为客车骨架几何模型,图9.25为客车骨架有限元模型。

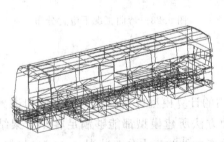 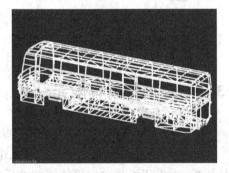

图9.24　客车骨架几何模型　　　　图9.25　客车骨架有限元模型

2. 计算载荷确定

客车计算载荷主要涉及自身质量和设备及乘员质量,包括骨架质量、设备质量(发动机、变速器、离合器、油箱、散热器、蒸发器、冷凝器、压缩机、备胎、空调等)、乘员质量、行李质量和卧铺质量等。其中骨架自重和非结构质量(内饰、玻璃和地板等),按结构自重乘以非结构因子方式处理。非结构因子可按下式计算:

非结构因子=(骨架自重+非结构质量)/骨架自重

安全系数 k=动荷系数×疲劳系数=3.0(一般过载系数小于3.0)

3. 边界条件

车身(车架)骨架通过悬架系统、车桥与车轮支承在地面上。分析车身骨架时一般采用等效悬架系统组成混合有限元模型。客车底盘悬架一般采用钢板弹簧悬架或空气弹簧悬架系统。钢板弹簧一般简化为两个垂直弹簧和一个大刚度平衡梁(刚度大的梁只发生转动,不产生弯曲),并以主从节点单元模拟弹簧端点与对应吊耳处节点之间的关系,这样轴荷反力能够按比例分配并由两个弹簧传到车身(车架)上,弹簧刚度系数由钢板弹簧垂直刚度计算或根据试验数据测定,4 个支承点分别取在前后钢板弹簧等效梁的中点。弯曲工况和扭转工况下的边界条件归纳如表 9.6 所示。

表 9.6　钢板弹簧悬架系统边界条件

弯 曲 工 况	扭 转 工 况
约束左前板簧支承点全部自由度	约束左前板簧支承点全部自由度
约束右前板簧支承点 x、z 向自由度	约束右前板簧支承点 x、z 向自由度
约束左后板簧支承点 y、z 向自由度	约束左后板簧支承点 y、z 向自由度
约束右后板簧支承点 z 向自由度	释放右后板簧支承点 x、y、z 向自由度
不约束(释放)支承点全部转动自由度	不约束(释放)支承点全部转动自由度

4. 计算工况

对结构进行静力分析的目的,在于计算结构在最大载荷下的变形与应力,以便进行强度与刚度的检验。因此,应对车身可能承受的最大载荷进行分析。根据过去的理论分析、实车试验和实际使用情况,直接关系车身骨架强度的主要是弯曲和扭转两种工况及它们的组合。

(1) 弯曲工况:考虑车身质量和载荷,方向垂直向下,模拟客车在平坦路面上以较高速行驶时产生的对称垂直动载荷。

(2) 扭转工况:按客车空载下一个前轮或后轮悬空处理。此时客车受到的扭矩很大,在实际行驶中一般是不可能达到这个数值的,这样定义的目的是为了横向对比。

(3) 弯扭工况:以车身自重和载荷乘上 1.3 倍的动荷系数,并将前悬架两侧车轮位置分别给以向上和向下 80 mm 的指定位移,模拟客车在不平道路上行驶时产生的斜对称动载荷。或直接采用前轮或后轮悬空来表示弯扭联合作用。

(4) 紧急制动工况:作为验算载荷,通过分析地面制动力对悬架处底架纵梁的作用,将制动载荷等效到底架上。

5. 计算结果简单说明

查找并分析车身骨架高应力区及所在位置,按总成甚至逐杆进行分析对比,汇总应力结果。可以通过观察车身骨架内力图全面了解整车的受力状况,为整车受力分析和截面设计提供依据,在此基础上提出改进设计方案,改进方案设计使骨架减重 400 kg 以上。表 9.7 给出了改进前后骨架应力和变形的结果,从骨架各总成应力分布情况和表 9.7 所列数据看,车身骨架变化带来了应力重新分配,使得骨架总体应力与变形相对均匀一些。局部杆件应力超出了设定的许用应力,但总体超出不大,尚在允许范围之内。

表 9.7　车身骨架各总成弯曲工况下等效应力及变形

骨架各总成	原骨架最大应力/MPa	改进后骨架最大应力/MPa	原骨架最大变形/mm	改进后骨架最大变形/mm
侧围	144	126	8.062	10.052
顶盖	45	99	8.83	13.939
底架	162	121	9.252	10.669
后围	130	113	9.676	11.104
前围	30	23	5.158	2.246
后悬架	51	73	0.425	1.456
前悬架	63	82	0.655	1.606
第一截面	31	23	5.151	0.591
第二、三截面	64	44	4.542	1.449
第四截面	284	112	4.292	3.388
第五截面	61	62	4.812	4.445
第六截面	83	42	3.305	3.170
第七截面	73	81	0.962	1.098
第八截面	232	108	2.473	3.073
第九截面	50	83	5.154	6.765
后尾纵梁	72	30	9.629	11.058
走道	138	116	5.411	7.088

　　通过上述实例讲解,可以看出汽车结构有限元强度分析问题,需要完成一系列的工作,并不仅仅是建模本身一项。首先要了解汽车构造,确定承受载荷,通过逐步细化建立有限元模型,进而分析结构应力,预测应力分布趋势,同时使改进设计符合制造工艺要求,帮助确定最终设计方案。

9.3.5　车架强度分析

　　分析车架经过轻量化再设计,需要进行强度性能校核,以明确车架是否满足强度性能要求,为车架设计提供依据。

1. 建立模型

　　车架是最早进行有限元分析的汽车结构重要部件之一,采用的有限元计算模型有多种。早期曾采用梁单元模型,考虑截面翘曲因素,取各杆截面中心连线,各节点之间按刚性连接进行有限元建模。后来注意到纵横梁之间连接点的柔性,采取了许多措施解决这一问题,如通过试验确定连接点刚度、采用实体单元分析连接点变形等。总体来说,梁单元模型难以模拟车架的某些构件(如弹簧座和连接支架),难以反映焊接、铆接等连接形式,其应力分析功能是有限的。但是梁模型简单,尤其是直观的内力图,对于设计初期进行分析还是非常有利的。此外,还采用梁模型进行了车架模态分析、形状优化设计等,得到了一些有价值的成果。

车架有限元分析较精确的模型是采用板单元模型,它避免了梁模型连接处不易模拟的缺点,可以反映纵横梁连接、局部加强板、各种附属支架等情况,而且非常形象,其精度被实践证明是较高的。建模时可取车架纵横梁截面中面为代表,对局部加强部分的板可以近似加在中面板的两侧。

车架还可以采用实体单元模型,实体单元模型能够分析纵横梁连接处应力变化情况,但用作模态分析时,往往存在刚性过大现象。另外,还建立过板、梁、实体混合单元的车架计算模型,进行过涉及有限元计算的车架动态分析、拓扑优化、轻量化设计等许多方面的内容,可以说车架有限元分析技术是相对成熟的。

汽车的车架是与悬架系统一起工作的,不同的悬架系统对车架的强度、刚度影响很大。所以计算中要把悬架结构作为车架支承,悬架系统采用等效方式建模。这样整个车架结构有限元模型就由车架有限元模型和悬架系统等效有限元模型共同组成。

根据车架 CAD 数模建立车架有限元分析模型,如图 9.26 所示。车架采用壳 SHELL 单元离散,缝焊采用 RBE2 单元模拟,悬架采用等效方式建模。

图 9.26　车架强度分析有限元模型

2. 载荷工况与边界约束

车架计算载荷考虑驾驶室、各总成及设备、人员货物等,按照其质量和安装位置作节点载荷或分布载荷处理。其中驾驶室、发动机、变速器等主要载荷也可以通过在质心处设置质量单元,利用刚性杆将其与安装位置刚性连接,以便将这些载荷传递到安装点上。但计算载荷的简化处理可能会导致车架局部区域的应力计算误差,在分析相关数据时要加以鉴别。按常规计算工况,车架承载包括弯曲载荷、扭转载荷、转向载荷以及弯曲和制动联合载荷等工况。

车架计算模型的约束模拟要根据车架实际支承的情况而定。计算模型的约束模拟是非常重要的,如果支承处理不当,会造成悬架支反力失真以至计算失败。该车架在垂直载荷、扭转载荷以及弯曲和制动联合载荷三种工况下的板簧中点约束方式与图 8.14 类似。

3. 结果评价

图 9.27~图 9.31 为各工况下应力输出结果,各部件最大应力汇总如表 9.8 所列,反映车架在各工况下各部件最大应力状况。

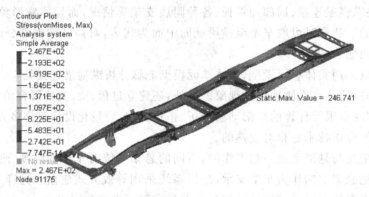

图 9.27　驱动工况应力云图

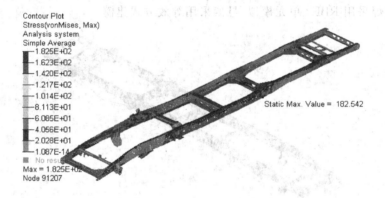

图 9.28　制动工况应力云图

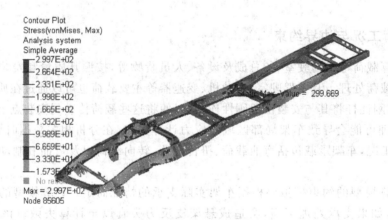

图 9.29　转向工况应力云图

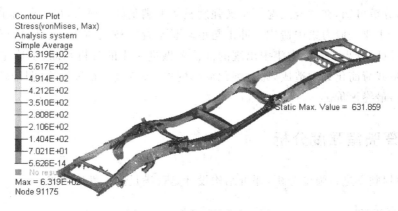

图 9.30　冲击工况应力云图

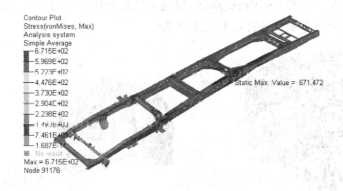

图 9.31　单轮悬空工况应力云图

表 9.8　车架应力分析结果　　　　　　　　　　　　MPa

部件 \ 工况	起步	制动	转向	冲击	单轮悬空
左纵梁	247	183	242	632	671
右纵梁	206	166	300	516	226
第一横梁	17	26	115	71	66
第二横梁	17	30	124	69	76
第三横梁	81	91	293	242	438
第四横梁	74	63	141	234	228
第五横梁	100	76	95	309	192
第六横梁	64	67	57	184	66
第七横梁	19	21	26	36	16
第八横梁	47	61	60	188	57
第六横梁连接板	62	46	83	186	78
第五横梁连接板	51	42	93	129	243

由应力分析可知,在常规工况下车架强度整体上满足设计要求,最大应力出现在后板簧前安装孔处,主要是应力集中造成。冲击与单轮悬空存在较大应力,也是应力集中因素,实际使用过程风险较小。对应力集中出现的部位要做进一步的分析判断,明确是模型几何因素造成,还是载荷简化处理造成,通过细化局部网格、载荷重分布等措施,明确较大应力产生的原因,做出最终评价。

9.3.6　驾驶室强度分析

对某型驾驶室进行强度分析,评价结构设计是否满足强度性能要求。

1. 建立模型

由 CAD 数模划分网格,采用板壳单元,驾驶室结构如图 9.32 所示。为便于约束,有限元模型连带车架,完整有限元分析模型见图 9.33。

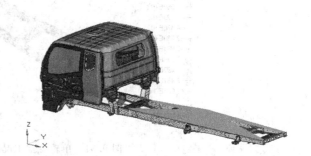

图 9.32　驾驶室 CAD 模型　　　　图 9.33　连带车架的驾驶室有限元分析模型

2. 载荷工况

按常规典型极限工况进行分析,即垂向、纵向、侧向与扭转加载工况。另外,驾驶室与各附件自重以及各部分承载,通过添加质量特性(密度与重力加速度)和质量单元施加。如表 9.9 所示。

表 9.9　强度分析工况与各部件质量分布表

序号	工况名称	载荷情况			部件	质量/kg	坐标		
		x 轴	y 轴	z 轴			X	Y	Z
工况一	驱动	$1g$	—	$-1g$	白车身	181	-42.6	-5.2	621.3
					内饰	73.8	—	—	—
工况二	制动	$-1g$	—	$-1g$	外饰	35.7	—	—	—
					开闭件	89.4	—	—	—
工况三	转向	—	$0.72g$	$-1g$	电器	24.7	—	—	—
					驾驶员	75	-16.53	-524.14	504.21

续表

序号	工况名称	载荷情况			部件	质量/kg	坐标		
		x 轴	y 轴	z 轴			X	Y	Z
工况四	垂直冲击	—	—	$-3.5g$	驾驶员座	14	-16.53	-524.14	504.21
					副驾驶座	14	56	507.13	530
工况五	左前轮悬空	—	—	$-1g$	座位乘客	156	56	507.13	530
					后排乘客	78	566.80	194.59	738.91

在进行结构强度评价中,需要明确各结构部件材料特性。一般通过列出材料性能表,以便于根据计算结果做出评判。材料特性主要包括密度、弹性模量、泊松比、屈服强度、抗拉强度与延伸率等。表9.10为材料性能部分数据样表。

表 9.10 材料数据简表

材 料	密度 /(t/mm³)	弹性模量 /MPa	泊松比	屈服强度 /MPa	抗拉强度 /MPa	延伸率 /%
某型号钢材	7.8×10^{-9}	210000	0.3	355	560	24
密封胶	1.0×10^{-9}	3600	0.49	—	—	—
膨胀胶	6.0×10^{-10}	6	0.4	—	—	—

3. 约束处理

在车架前后板簧吊耳安装点处约束 x 向、y 向、z 向的约束,即通常简称的 123 约束(图 9.34),远端约束对驾驶室应力分析影响很小。

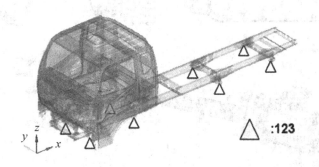

图 9.34 驾驶室强度分析约束情况

4. 结果评价

驾驶室结构强度性能按安全系数法评价,要求所有工况下大于 1.5。

以下列出两种工况应力云图(图 9.35,图 9.36),各工况下主要部件应力汇总表(表 9.11,表 9.12),据此对设计样车做出性能评价。

（1）驱动工况计算结果

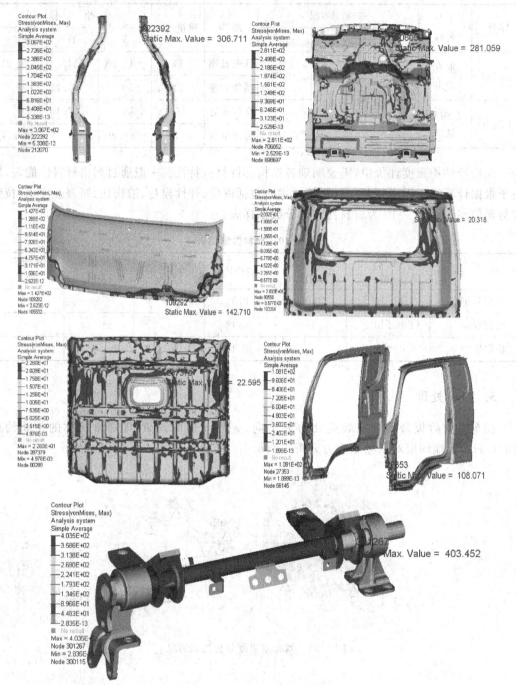

图 9.35　驱动工况下各部件应力分析结果

（2）垂直冲击工况计算结果

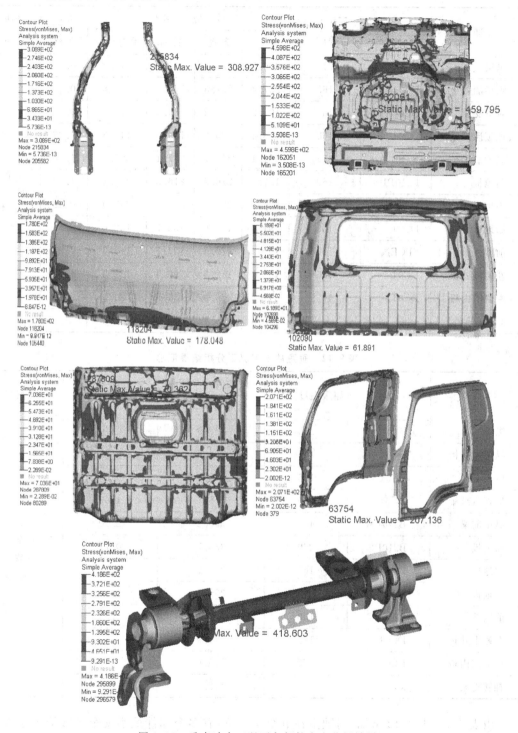

图 9.36　垂直冲击工况下各部件应力分析结果

表 9.11 各部件强度分析结果汇总

零部件	材料	屈服强度/MPa	最大应力/MPa				安全系数	设计目标
			驱动	制动	转向	单轮悬空		
纵梁	B170P1	215	306.7	297.8	315.7	312.2	0.68	
纵梁加强板	DC04	165	257.2	281.5	375.6	265.8	0.44	
后下支承	DC04	165	105.9	119.2	189.3	94.2	0.87	
地板后纵梁	DC04	165	133.4	126.2	179.5	145.5	0.92	
纵梁前梁	B340LA	400	281.1	207.7	267.1	307.4	1.30	
前地板	B210P1	260	187.5	216.9	216.5	252.1	1.03	安全系数 ≥1.5
中地板	DC04	165	254.4	292.5	344.6	245.9	0.48	
后地板	DC04	165	191.3	115.6	132.7	132.6	0.86	
前围外板	SPCEN	150	104.5	79.6	124.7	160.7	0.93	
左侧围外板	DC04	165	108.1	112.3	95.4	121.5	1.36	
左侧围内板	DC04	165	47.9	76.9	54.8	80.3	2.05	
翻转支架	steel	—	403.5	405.4	409.1	401.2	—	

表 9.12 垂直冲击工况下分析结果汇总

零部件	材料	屈服强度/MPa	最大应力/MPa	安全系数	设计目标
			垂直冲击		
纵梁	B170P1	215	308.9	0.70	
纵梁加强板	DC04	165	269.6	0.61	
后下支承	DC04	165	166.4	0.99	
地板后纵梁	DC04	165	115	1.43	
纵梁前梁	B340LA	400	190.2	2.10	
前地板	B210P1	260	335.7	0.77	
中地板	DC04	165	324.2	0.51	安全系数 ≥1.0
后地板	DC04	165	335.4	0.49	
前围外板	SPCEN	150	178	0.84	
左侧围外板	DC04	165	71.9	2.29	
左侧围内板	DC04	165	75.6	2.18	
翻转支架	steel	—	418.6	—	

由表 9.11、表 9.12 可知,驾驶室在五个工况下,有多个部件最小安全系数均小于目标值,不满足强度性能要求,需要进一步改进设计。这里强调指出的是,上述分析只是结构设计的初步工程阶段,由于驾驶室还有其他多项性能指标要求,因此要经过多轮改进设计,最终达成满足综合性能的结构。

9.3.7 车身强度分析

在车身模具开发前进行车身强度分析,评估是否满足设计要求。

1. 建立模型

对某新开发车身 CAD 模型采用板壳单元网格划分,控制网格质量,强度分析模型如图 9.37 所示。通过建立整车动力学模型,在 ADAMS 软件中提取静强度计算载荷,在底盘与车身相连接的硬点处加载,考察五种典型极限工况下的车身强度。集中质量采用 MASS 单元,配重乘客按 68 kg/位和 49 kg 行李。底盘上质量为 1520 kg,分析模型总质量为 1590 kg。

图 9.37 车身强度分析模型

2. 载荷工况

对车身静态强度分析来说,需要提供载荷输入。车身常用几种典型工况,包括弯曲、扭转、纵向、侧向等,弯曲载荷主要模拟满载时行驶工况,并乘以 3 倍载荷系数(考虑动载荷效应);扭转载荷主要考虑不平路面对车身造成的不对称支承效应;纵向载荷是由于汽车加速或制动时的惯性力作用而产生的;侧向载荷则反映汽车转向时所受到的侧向力作用。需要明确车身内各点的附加质量(包括开闭件、内饰件、电子电器、动力总成质量等),用质量单元加以模拟。目前强度分析在汽车行业内已经形成了基本的分析规范。

路面载荷通过底盘与车身连接点传递给车身,需要先计算出连接点载荷。通过建立前后悬架多体动力学模型,或整车动力学模型,基于 ADAMS 提取车身在各典型工况下所承受的载荷,作为车身载荷输入。具体载荷工况说明见表 9.13。

表 9.13 载荷工况

工 况 说 明	评 价 标 准
工况一:垂直 3.0g	
工况二:左转弯 1g	
工况三:右转弯 1g	$\sigma_{max} < \sigma_s$
工况四:制动 1.0g	
工况五:静止起步	

3. 约束处理

采用惯性释放法,消除约束反力,将结构的惯性力与外力平衡,使没有约束的车身也能处于静态平衡状态,完成静态分析。

惯性释放是通用有限元软件中的一个应用选项,允许对完全无约束的结构进行静力分析。通常在进行线性静力分析时需要保证结构没有刚体位移,否则求解器无法计算。但是很多分析,例如飞机飞行时、汽车行驶中(其特征是物体整体具有加速度),要想计算结构上的应力分布,需要利用惯性释放,在结构上施加一个假设的约束反力来保证结构上力的平衡,即通过所施加的结构的惯性力来平衡外力。采用惯性释放功能进行静力分析时,只需要对某一个节点进行 6 个自由度的约束(虚支座)。针对该支座,程序首先计算在外力作用下每个节点在每个方向上的加速度,然后将加速度转化为惯性力反向施加到每个节点上,由此构造一个平衡的力系(支座反力等于零)。求解得到的位移是所有节点相对于该支座的相对位移。

4. 结果评价

针对计算结果,列出各部件应力状况详细表格,分析各工况下每个部件的应力情况,查找大于屈服极限的部件,或安全系数小于 1 的部件,分类汇总,做进一步的优化。事实上,车身大部分区域和多数零部件应力较小,反映车身应力分布的不均匀性,但考虑到车身承载工况的复杂性与多样性以及汽车使用的长期性(疲劳特性),需要预留一定的安全储备,作为车身关键部件是不允许超过许用应力的。以下列出两个不达标部件应力情况(表 9.14)作为示例。对不满足强度要求的部件,需要改进设计,优化结构设计方案。优化方案需要基于部件具体情况,从材料、形状、连接等多方面加以改进,如几何局部优化、替换高强材料、增加支架、增加加强板、增加焊接长度等措施(图 9.38)。

表 9.14　各工况下部分不达标部件汇总

部件名	侧围		部件名	底板	
材料	150 MPa		材料	165 MPa	
分析结果	应力/MPa	安全系数	分析结果	应力/MPa	安全系数
工况　静止起步	65.5	2.29	工况　静止起步	53.3	3.10
垂直 3.0g	205	0.73	垂直 3.0g	166	0.99
制动 1.0g	92	1.63	制动 1.0g	89.5	1.85
右转 1.0g	124	1.21	右转 1.0g	150	1.10
左转 1.0g	77.5	1.94	左转 1.0g	76.7	2.15

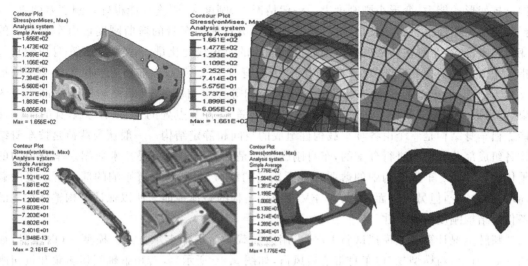

图 9.38　车身部件网格优化、增强支架与局部几何优化示例

9.4　汽车结构刚度分析

除了前述强度指标外,刚度指标在汽车设计中也占据相当地位。汽车产品研发中较早地建立了汽车静刚度性能指标。其中车身静刚度是汽车性能要素中重要的方面,研究也最多。

车身静态刚度的优劣直接影响到汽车使用性能的正常发挥,包括弯曲刚度、尾部弯曲刚度和扭转刚度三个方面。车身静刚度达到了一定值可以保证车身能够承担动态工作载荷,减小车身振动,提高低阶模态频率,增强车身可操纵性等,同时车身耐久性与车身刚度也有关联。一般而言,刚度不足会使部件产生变形而破坏零部件之间的相对位置,从而引起应力集中,降低零部件的使用寿命。除了车身刚度(车身弯曲刚度、扭转刚度)等整体指标外,还有前后风窗对角线、前后门对角线、前围板下部变形、整车纵向弯曲和扭转变形等,都建立了详尽的指标。其他如接头刚度分析、局部刚度分析等也是汽车结构分析中的重要方面。如果接头结构设计不合理必然导致整车 NVH 性能的下降,因此必须保证每个接头的刚度达到一定的参考值。这些参考指标通常是通过累积竞争车型,或相近车型的接头结构性能参数构成数据库而获得,即建立同类车型的静态刚度设计值的 CAE 数据库,供分析设计新车型参考。

这类模型处理中接头刚度的模拟是非常重要的。接头连接刚度可以通过试验确定,可以采用以往分析的经验数据,采用附加等效弹簧的方式来模拟连接刚度等。

9.4.1　轿车车身扭转刚度与弯曲刚度分析

轿车车身刚度虽然不是强制性标准,但却有行业内公认的指标和通行的评价标准与试验方法,刚度已经成为车身设计的一项重要指标。车身刚度有两类,即静态刚度和动态刚度。动态刚度用车身模态频率来衡量,静态刚度主要指弯曲刚度和扭转刚度。刚度是指结构抵抗变形的能力,变形小则刚度大。一般情况下,刚度大,强度性能也好。刚度差的汽车,行驶在不平路面时就容易发出响声,甚至影响操纵性能。车身的弯曲刚度可由车身前后的变形量来衡量,车身扭转刚度可由前后窗和侧窗的对角线变化量、车身锁位及车身扭转角等指标来衡量。根据9.3.3节(图9.20)所建的车身有限元模型,在前后悬挂位置处采用塔形支承方式连接,前悬挂添加加载梁并施加大小相等方向相反的力,后塔形支承底部完全约束,前塔形支承加载梁中部去掉转动约束。根据车身各节点处的位移,评价车身的刚度性能。白车身结构是一个由各种承载构件组成的空间超静定结构。一般认为载荷是按车身结构各组成部分的刚度进行分配的,车身刚度指标是车身结构的重要技术数据。车身结构的整体性表现为:车身结构中的薄弱部分所承受的载荷,会因其他有影响的部分所承受的载荷增大而减少,但另一方面,薄弱部分又会损伤结构的整体性能。所以保证结构整体性能的条件是结构刚度的协调性。

扭转工况计算一般模拟试验工况,采用前加载梁后塔形支承方式。模型一(白车身,如图9.39所示)与模型二(白车身带前后风窗,如图9.40所示)各转矩下轴间扭转角和抗扭刚度见表9.15。

图9.39　白车身扭转约束与分析

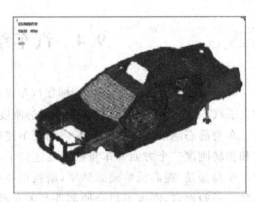

图9.40　带前后风窗白车身扭转分析

表9.15　各转矩下轴间扭转角和抗扭刚度

模型	转矩/(N·m)	转角/(′)	扭转刚度/(N·m/(°))
模型一	1500	6.125	14706
	3000	12.249	14695
	5400	22.048	12246
模型二	5400	14.76	21950

底板各纵梁扭角变化曲线见图9.41,其他还有门窗对角线、门锁锁扣位置等数据,此处不一一列举。

白车身扭转刚度按照式(9.1)计算:

$$K_{niu} = \frac{M}{\left[\left(\dfrac{d_{fl} + d_{fr}}{Y_f}\right) - \left(\dfrac{d_{rl} + d_{rr}}{Y_r}\right)\right] \cdot \dfrac{180}{\pi}} \tag{9.1}$$

式中,分母项即为车身前后轴间相对扭转角,单位一般取分(′);M为所施加的力矩;d_{fl}、d_{fr}

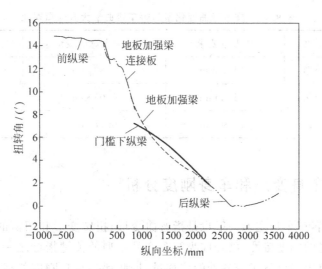

图9.41 白车身扭转工况下底板各纵梁扭角变化曲线

为前端左右塔形支承处变形量绝对值；d_{rl}、d_{rr} 为后端左右塔形支承处变形量绝对值；Y_f、Y_r 为前轴、后轴左右塔形支承处的距离。

轿车白车身相关部位扭转变形量指标与该车身扭转工况下最大变形量对比见表9.16。

表9.16 扭转变形量指标与该型车身扭转工况下最大变形量对比

车 身 部 位	变形量要求	该型车最大变形量	是否满足要求
门槛纵向弯曲变化	<1 mm	0.89 mm	是
前门洞口对角线变化	<3 mm	0.05 mm	是
后门洞口对角线变化	<3 mm	0.17 mm	是
前风窗对角线变化	<5 mm	4.36 mm	是
后风窗对角线变化	<5 mm	5.63 mm	否
前后轴向扭矩	<35'	33.14'	是

白车身弯曲刚度计算按式(9.2)进行：

$$K_{wan} = \frac{W}{d} \ (\text{N/mm}) \tag{9.2}$$

式中，W 为所施加的总载荷；d 为门槛梁或纵梁中部的最大变形量。

按纵梁最人变形计算并取整，车身弯曲刚度为

$$K_{wan} = 14400 \ (\text{N/mm})$$

按门槛梁最大变形计算并取整，车身弯曲刚度为

$$K_{wan} = 15500 \ (\text{N/mm})$$

白车身相关部位弯曲变形量指标与该车车身弯曲最大变形量见表9.17。

其他还有前排座椅处底板弯曲变形、前围板下部弯曲变形、前后门锁扣位置位移等项计算及指标。

表 9.17　样车弯曲变化量与轿车弯曲最大变形量对比

车 身 部 位	变形量要求	该车最大弯曲变形量	是否满足要求
门槛梁纵向弯曲变形	<1.0 mm	0.89 mm	是
前门洞口对角线变化	<1.5 mm	0.05 mm	是
后门洞口对角线变化	<2.0 mm	0.17 mm	是

9.4.2　客车车身变形和车身刚度分析

与轿车类似,客车车身变形一般也是指弯曲变形、扭转变形和门窗的开口变形,这些变形量值反映了车身的刚度特性,已经成为客车产品定型的关键指标之一。通过分析计算可以了解弯曲与扭转等工况下车身各处的位移量,据此评价车身刚度的特性。弯曲刚度可以采用车身在竖向载荷作用下产生的挠度值来定义,或者采用单位轴距下最大挠度值来评价。扭转刚度可以采用车身所产生的扭转角来定义,或者用单位轴距间相对扭转角来评价。以此为基础,客车车身刚度就有了一个相对客观的评价标准。按 9.3.4 节客车模型(图 9.25),弯曲工况下的最大变形量在车身尾部和车顶空调加载横梁节点处。扭转工况下,根据各节点z方向的位移,可以计算出轴间车身相对扭转角、底架纵梁轴间相对扭转角和全车相对扭转角,并据此得出车身扭转刚度。另外,还可根据计算结果检查门框、侧围窗框、前后围窗框对角线方向变形量。一般要求大客车开口变形量不超过 5 mm。弯曲工况下最大变形见表 9.18,为方便比较将改进后的结果也一并列入其中,最大弯曲变形改变仅 0.47 mm。根据各个截面变形观察及分析,改进后骨架整体刚度所受影响较小。另外,车身弯曲变形要观察相对于悬架的变形,否则不同悬架刚度将得出不同车身变形值。

表 9.18　车身骨架弯曲变形

车身骨架	原车身骨架	改进后骨架
最大变形	13.939 mm(尾部)	14.409 mm(顶盖)

车身改进前后整体弯曲变形如图 9.42 和图 9.43 所示,其他各分总成变形图也要一一检查,此处略。

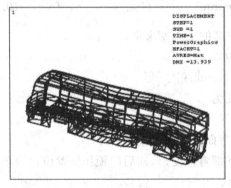

图 9.42　原车身整体弯曲变形图

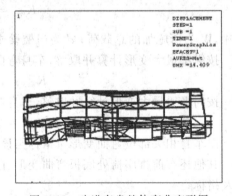

图 9.43　改进车身整体弯曲变形图

实际车身结构分析要进行强度与刚度等综合分析,这里分开讨论是按教材章节安排进行的。目前客车车身刚度等设计规范并不统一,车身结构质量问题时有发生,还需要进一步规范结构分析的标准,强化综合分析的能力。

9.4.3 车架刚度分析

一般情况下小型客车的车架要按刚度设计,而载货汽车的车架则按强度设计,除了强度和刚度以外,还要考虑汽车的抗撞能力等。比如采用箱形纵横梁能大大提高车架的扭转刚度,但刚度过大的横梁会在纵梁上引起很高的扭转应力,容易导致早期损坏,所以不但应比较车架的扭转应力,还应比较车架的扭转刚度。一般情况下,按刚度设计的车架,其强度或耐久性会有一定的余量,而按强度设计的车架其变形显得偏大,所以要从强度刚度等多方面取得结构设计的协调。

车架建模与应力分析要点已在 9.3.5 节进行了说明,车架设计中车架扭转刚度的目标实现,需要从纵横梁及装置件的连接设计中对相关影响车架扭转刚度的因素仔细分析,从四个方面评价车架的设计。

(1) 车架扭转刚度和车架自重比值——该比值可用来评价车架结构形式对材料利用的合理性。

(2) 整车扭转刚度和车架扭转刚度比值——该比值可用来评价车架和装置件连接之间的相互关系。

(3) 车架扭转时纵梁的最大应力——该应力指标用来评价纵横梁之间和装置件与车架之间的连接方式的合理性。

(4) 车架扭转时(一轮抬高)——车架与装置件在连接处的应力。

车架是整辆汽车承载的主体,强度与刚度是反映车架结构性能的基本数据,这些数值反映了所设计车架结构按强度与刚度两个方面性能指标的合理性,具有指标意义。其他性能,如耐撞性、经济性(轻量化)、振动性能、操稳性等都与车架基本性能有关。在车架结构对标分析中,这些参数需要综合考虑,不能仅取一项进行对比,还要考虑对标车架的条件要相近,如轴距和载重量等。车架有限元分析的目的在于提高其承载能力和抗变形能力、减轻其自身质量并节省材料。另外,就整个汽车而言,当车架质量减轻后,整车质量也随之降低,从而改善整车的动力性和经济性等。

通过车架弯曲与扭转刚度分析,了解设计车型车架弯曲、扭转变形情况,为车架设计开发提供参考依据。

1. 车架模型

根据车架 CAD 数模建立车架有限元模型,如图 9.44 和图 9.45 所示。采用壳单元 SHELL 离散,缝焊采用 RBE2 单元模拟。

2. 载荷工况与约束

车架弯曲与扭转刚度分析,一般采用标准工况进行。一是采用当量载荷,二是便于与车架刚度试验数据进行比较,而弯曲与扭转两种工况的约束方式与前述相同。

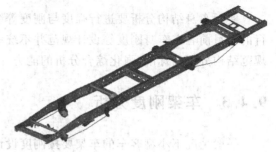

图 9.44　车架 CAD 模型　　　　　　　图 9.45　车架刚度分析有限元模型

3. 结果评价

图 9.46 与图 9.47 为车架弯曲与扭转刚度分析位移云图。提取车架左右纵梁网格节点 z 向位移值,绘制车架弯曲、扭转变形曲线,如图 9.48 与图 9.49 所示。车架左右纵梁 z 向最大位移、弯曲刚度值如表 9.19 所示,车架左右加载点 z 向最大位移、扭转刚度值如表 9.20 所示。对照目标值,参考车架其他性能指标,可以给出明确评价。

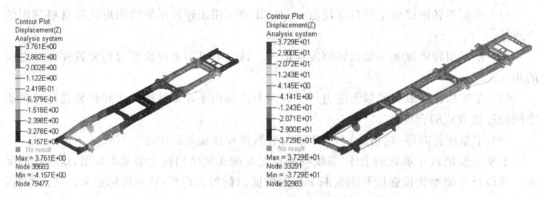

图 9.46　车架弯曲刚度分析位移云图　　　　图 9.47　车架扭转刚度分析位移云图

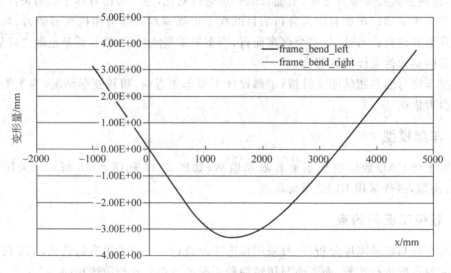

图 9.48　纵梁弯曲变形曲线

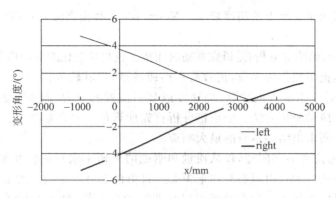

图 9.49　左右纵梁扭转变形曲线

表 9.19　设计车车架弯曲刚度分析结果

计　算　项	数值
左纵梁－z 向最大位移/mm	3.311
右纵梁－z 向最大位移/mm	3.315
纵梁平均位移最大值/mm	3.313
弯曲刚度值/(N/mm)	3018

表 9.20　设计车车架扭转刚度分析结果

计　算　项	数值
左侧加载点 z 向位移/mm	29.442
右侧加载点 z 向位移/mm	−29.442
扭转角度/(°)	3.920
刚度值/(N·m/(°))	510

车架扭转角度计算按公式：

$$\theta = 180°\arctan[(Z_1 - Z_2)/Y]/\pi$$

式中：θ 为考察点的扭角；Z_1 为左测点的 z 向变形值；Z_2 为右测点的 z 向变形值；Y 为左右测点 y 向距离。

9.5　汽车结构动态分析

动态分析也称为动力分析，此时惯性力和阻尼与结构刚度一起要考虑，在第 6 章已做了讨论。汽车振动响应分析是求发动机振动、地面激振等引起的振动响应。振动响应分析要输入与时间有关的载荷数据（如路面谱等），即以时间作为函数的载荷，考虑阻尼影响下的响应（应力，位移，加速度）。而结构阻尼作为材料常数输入，或者输入黏性阻尼用的减振单元。汽车的工作状态大多处于运动状态，会受到各种变化的干扰力作用，必须了解整车及相关部件在某种变化外力作用下的反应如何，它的振动频率、振动形态、振幅大小、动态应力等，有多少固有频率会被外载荷激起？需要考虑前几阶振型计算结构的响应。这些都属于结构动力分析问题，必须充分了解和分析结构的一些动力学性能，避开共振频率。

振动响应分析，有时间历程响应分析、频率响应分析（谐响应分析）、响应谱分析等。

时间历程响应分析，是求随时间变化的结构响应，有模态法和直接法，每种方法都有各自的优缺点。前者是以特征值分析的结果为基础进行方程式变换求出近似值，后者对微分方程直接进行积分来求解。直接法因为不是近似求解，它的解可以是严密解，所以需要花费较多时间，另外也能分析非线性行为。而模态法虽然是近似解，但是与直接法相比，求解快得多,它的解可以满足工程上的精度要求。Newmark 法和模态法尤其适合求解低阶振型的动态问题。

频率响应分析(谐响应分析)是研究在随时间按正弦规律变化的载荷作用下的响应幅值。

响应谱分析,把阻尼作为参数,把载荷变换成波谱,将其输入后求其最大的响应。动力响应分析中如果是寻求最大的位移、加速度或某一位置的应力,而不考虑最大值出现的时间,则可以采用响应谱分析方法。响应谱分析首先计算每个独立振型的最大值,然后合并这些最大响应值,进而求出结构本身的最大响应。

模态分析不考虑外力和阻尼,仅从质量和刚度的平衡来求特征值和振动模态。与静态分析不同,模态分析分为自由模态与约束模态。自由模态可以不施加约束,此时有六阶刚体模态,刚体模态对应零频率。模态分析可以从非零频率起算(如 1.0 Hz),这样就消除了刚体模态,直接分析结构弹性模态及振型。一般而言,低阶频率和振型在结构响应中占主要成分,一般选择计算最低的 n 个频率和振型。另外,低频振型比高频振型有较少的波数,高频振型需要较密的网格,在相同网格下,越是高频振型其计算误差越大,同时局部振型也大量出现,使得辨识工作比较困难。一般有限元法只是适用于低频振动分析就是这个道理。

动态分析的建模除了考虑静态分析建模中的问题之外,还要注意以下几点。

(1) 单元选择:与静态分析一样根据分析对象选择梁单元、板壳单元与实体单元等。但是动态响应分析与静应力分析相比,计算时间必然增多,所以要尽量缩小分析模型的规模。要使自由度总数变小,则可使用板单元或梁单元来代替实体单元;另外,单元划分要控制总量,网格要划分得粗一些。

(2) 单元划分:振动响应分析与静态应力分析相同,将分析结构进行单元划分。单元划分密度以了解到相关变形为好,不必要细分到求应力集中那种程度。如果模态分析结果能够得出光滑的振型,以此为基础所划分的单元一般是可行的。如果不知道模态振型,则可试划分几次,从而达到一定程度的网格密度。

(3) 分析区域和边界条件:分析区域重点考察引起振动的结构部分以及被激振的结构部分,这两部分都存在由于振动引起损坏的可能。虽然输入载荷或结构物的响应是随时间变化的,但约束点条件不变。

(4) 结构简化:按静态应力分析建模要求省略掉一些小构件(如加强筋、局部加强板等),给出的是偏于安全的结果,相对来说对设计不会产生什么问题。然而在动响应分析时,省略刚度会降低固有频率,省略质量会得出偏高的固有频率,两种结果都不是偏于安全的。因此动态建模与静态建模有不同之处。

(5) 结构的对称性:一般振动分析不利用结构对称性,而是对整个结构进行分析,因为如果对称性利用不当,可能会丢失一些振型。

(6) 质量和质量惯性矩:质量采用节点集中质量输入方法和分布质量输入方法,程序中一般都设置有该选项。两者使用的区别要根据分析对象的情况加以选择,一般采用集中质量的方法计算精度会有所下降,然而计算时间短,耗用内存少,所以大规模分析问题仍然采用这一方法。对设备处理按集中质量时,就需要把这部分的惯性矩也作为输入条件。对考虑设备部分以及设备重心存在偏置的情况,该设备部分会产生力矩。如果重心点和设备都分别设有节点并以刚体单元相连,则直接处理即可。

(7) 阻尼:阻尼、质量、刚度是共同支配振动的三个要素。特别在共振时的峰值响应大小与阻尼的大小成反比例关系。但是阻尼值难以确定,这也是动力分析中的难点。阻尼值不是通过理论计算得出的,而是通过试验获得的(如模态试验等)。结构阻尼特性涉及:材料方面的原因(如铸铁比钢大)、应变方面的原因(如塑性状态比弹性状态大)、摩擦引起的原因(如组合结构要比整体结构大)等。

(8)输出和评价:与静态应力分析不同,动态分析结果对应于动载荷下求得的各种响应值(响应位移、速度、加速度、响应应力等)。应力呈现随时间变化的状态,往往需要进一步进行疲劳强度分析及评价,在这种情况下,又需要考虑应力集中影响。至于应力集中效应可采取细化模型处理,或采取乘应力集中系数的简便处理方法,以及采取前述的局部加密网格的响应分析方法等。

汽车部件和整车的动态设计是改进和提高汽车产品质量的有效方法。通过模态分析可以了解各阶振型的特点,获知结构共振频率,经过动力修改,避开共振区,为汽车结构改进设计提供依据。在此基础上还可以应用振型叠加法进行频响分析,即将各阶振型加权叠加,考察在受到来自地面的激励后,哪一些频率的振型在结构动态响应中起主要作用,从而较完整地揭示车架、车身、车桥等部件的动态特性。在模态分析的基础上利用逐步积分法还可以对车架等部件进行动态分析。例如,在加速或制动等工况下,分析应力和位移随时间变化的时程曲线,从而较完整地揭示车架变形过程和应力波动过程。这方面读者尚需要深入阅读相关专业文献,关键的问题主要包括以下三个方面。

1. 汽车结构动力响应计算

整车结构有限元模型规模大,动态分析效率低,采用子结构模态综合分析方法进行降阶,通过子结构综合模态法,得到整车结构的模态特性,进而分析整车结构的位移、加速度和动应力响应时间历程。分别建立各部件(包括车身、底盘部件等)的有限元模型,子结构划分与汽车构造关系基本一致,采用这种子结构划分,每个结构的模型可以独立于其他结构来检查,而且模型修改也只涉及子结构。为建立整车模型,需要通过各个连接件将各个子结构连接起来。然后进行模态分析,截取车身与悬架前若干阶模态参与整车动力响应分析。

通过实测得到 4 个车轮所经历的路面不平时间历程,例如以扭曲路代表低频大位移路谱,以石块路代表高频路谱。路谱采样率较高,在路谱整个采样时间内取结构所有节点的动应力响应工作量太大,一般计算典型响应区段。通过对结构相关部位动应力值的比较,即可确定应力较大的位置。

计算得到 4 个轮轴垂直方向上的位移和加速度响应,检查轮轴上的位移响应历程与路谱形状是否一致,在时域内计算汽车结构在各种路谱下的位移、加速度和应力响应,以此作为动态设计的基础。

2. 整车模态及频率规划

轿车上各个系统是相互连接在一起的,进排气系统、悬架系统、座椅系统、动力总成都与车身相连。相连接的系统模态要分开,以避免共振。因此汽车研发中要做好整车模态频率规划,指导开发设计。各个系统按照频率规划表所给出的频率范围各自开发,调节各系统频率分布关系,构成振动噪声目标的设计指南。理想的设计是各系统自身模态解耦,相邻的系统模态也解耦。通过模态分析与模态试验了解各阶模态耦合程度。通过整车分析得到整车的振动与声学模态和频率。

以下一些指标反映了汽车各个系统振动频率范围,在整车设计时要加以认真研究与区分。

(1) 悬挂质量

刚体低频振动(0.1~5 Hz),垂直、俯仰、侧倾;

弹性体中频振动(5~30 Hz),扭转、弯曲;

结构噪声(20~50 Hz),粗糙感(25~100 Hz),触觉和听觉。

(2) 非悬挂质量

车轮振动模态(10~15 Hz),同向与反向跳动;

动力总成刚体模态(5~20 Hz),发动机悬置匹配优化;

转向系统振动(30~40 Hz),车轮摆动,转向盘摆振;

排气系统振动模态(20~50 Hz),弯曲;

采用基于分析的方法如动力学方法与有限元法(低频振动),采用基于试验的方法如模态试验与工作模态试验,采用基于二者混合的方法如试验与有限元结合的方法,进行模态分析与试验,完成振动模态频率的配置,编制模态频率规划表。通过模态频率规划明确新车开发目标层次,为新车开发提供设计指导;了解竞争车型及建立新车开发基点;理解和正确评价各个系统对振动噪声的影响,理解频率规划设计观念和指导方法以及与车辆其他性能的协调。通过频率规划指导设计,分离主要的车身模态,分离车身与悬挂模态,分离车轮与车胎模态等。表 9.21 为某车的部分模态频率规划表。模态频率规划表与整车振动噪声目标一起构成汽车振动噪声设计的指南。

表 9.21　整车模态频率规划表

频率	Hz	5	10	15	20	25	30	35	40	45	50
车身											
车身第一阶垂向弯曲模态	27.5						#				
车身第一阶横向弯曲模态	29.7						#				
车身扭转模态	25.4					#					
车架											
车架一阶扭转模态	8.9		#								
车架一阶弯曲模态	28.8						#				
转向盘											
转向盘第一阶垂向弯曲模态	33.5							#			
转向盘第一阶横向弯曲模态	36.2							#			
底盘											
前悬架上下跳动模态	12.6			#							
后悬架上下跳动模态	14.8			#							
动力装置											
前后移动模态	7.2		#								
左右移动模态	6.1	#									
上下移动模态	8.3		#								
横向扭转模态	13.5			#							
纵向扭转模态	10.3		#								
左右扭转模态	12.4			#							
排气系统											
第一阶垂向弯曲模态	23.2					#					
第一阶横向弯曲模态	35.5							#			
第一阶扭转模态	42.7									#	
进气系统											
第一阶垂向弯曲模态											
第一阶横向弯曲模态											
第一阶扭转模态											
后视镜											
一阶模态											
二阶模态											
三阶模态											

怠速频率

例如,控制转向系统的频率,使其与发动机怠速频率避开。一般转向管柱的一阶固有频率在 35 Hz 以上,比怠速频率高 3 Hz 左右即可。通过对车身局部刚性和振颤抑制性的加强,增强车身的抗扭性能,提高整车操纵稳定性,降低高速行驶时的振动和噪声。要考虑动力总成弯曲与扭转振动(一弯与一扭模态),分析动力总成悬置系统的刚体模态、排气系统与车身地板的模态共振等。

3. 刚弹耦合动力学建模

对于复杂的车辆动态工况,应用有限元软件来计算结构的动力学问题是比较困难的,特别是机构的运动关系存在非线性特性,以及考察结构在运动过程中的应力情况时,有限元软件不能直接处理这类问题。需要采用有限元软件与动力学分析软件的联合建模,才可以解决这类问题。利用有限元分析软件生成模态中性文件,将其输入到动力学仿真软件中建立整车刚弹耦合动力学模型,模拟各种行驶工况,并将动力学计算结果返回到有限元软件中,从而实现结构的动力学响应分析。动力学软件能够帮助确定零部件间的相互动力关系和作用力,但不能分析零部件的应力,需要通过有限元分析软件来进行。

例如,对车身等弹性部件采用有限元建模,对于底盘系统的多数部件采用刚体建模,然后将二者连接,从而建立刚弹耦合模型并分析其动应力响应等。

由于有限元模型自由度数目非常大,一般采用模态综合方法。将车身建立成弹性体超单元模型,车身超单元的外部节点就是合并到多体模型中时车身与底盘的连接点。底盘多刚体模型一般进行适当简化,保留行驶系的前、后悬架和车轮以及对前悬架动力学有较大影响的转向系,省略制动系和传动系,将动力总成简化为一个刚体,固定在车身子系统上。将这些子系统装配成整车,得到整车刚弹耦合模型。

使整车模型在某级路面上行驶,计算车身与底盘各连接点处的作用力和车身质心垂向振动加速度等数据,选择所研究测点时间历程信号,经快速傅里叶变换(FFT)得到的频域数据即可进行结构振动与低频噪声响应分析等。

9.5.1　白车身模态分析

车身模态分析是轿车研发中结构分析的重要内容。轿车的承载式车身,其强度很大程度上取决于其刚度,同时动刚度大小又与其动态特性相关。汽车与飞机不同,其承受的外力并不均匀,因此其前、中、后部结构不尽相同,表现在模态振型上也是多种多样。一般反映出低阶的整体振型,如整体弯曲、扭转振型,高阶的局部振型,如地板振型、顶盖振型等。另外,由于车身的某些地方局部刚度低,局部模态也会在低频范围内出现,或者与整体模态同时出现,如车身前部扭转振型。合理的车身模态分布对提高整车的可靠性和 NVH 性能有着十分重要的意义。

车身结构的低阶弹性模态,不仅反映了车身整体刚度性能,而且是控制汽车常规振动性能的关键指标,也是汽车新品开发的重要考核内容,其模态频率应该与载荷的激振频率相差明显,以防止发生共振。共振不仅使乘员感到很不舒服,而且带来噪声和部件的疲劳破坏,还会破坏车身表面的防护层和车身的密闭性,从而削弱抗腐蚀性能。

1. 模型一模态分析

白车身模型参见图 9.39,其模态频率及振型描述见表 9.22。轿车车身的弯曲、扭转模态以及扭转刚度对轿车的乘坐舒适性和操纵性有很大影响,要尽可能提高车身的固有频率,同时尽量减少车身的质量。前六阶振型见图9.50~图9.55。

表9.22　白车身频率及振型描述

模态阶数	频率/Hz	振型描述	模态阶数	频率/Hz	振型描述
1	27.307	前部扭转	4	41.062	竖向弯曲(前部)
2	32.289	整车扭转——一扭	5	45.447	竖向弯曲——一弯
3	37.537	车身上部侧向弯曲	6	50.005	弯扭混合(顶盖与底板竖向)

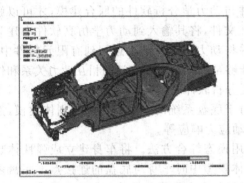

图9.50　前部扭转振型

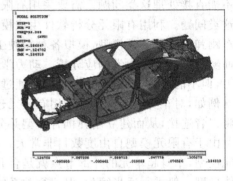

图9.51　整车扭转振型(一扭)

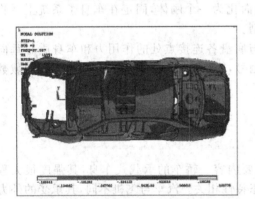

图9.52　车身上部侧向弯曲振型

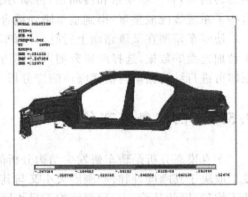

图9.53　竖向弯曲振型(前部)

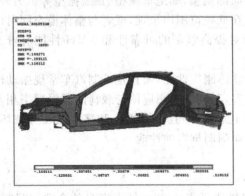

图9.54　竖向弯曲振型(一弯)

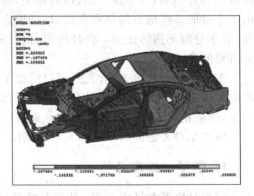

图9.55　弯扭混合振型(顶盖与底板竖向)

2. 模型二模态分析

模型二加装了前后挡风玻璃(参见图9.40),整车扭转和弯曲刚度增大,振型频率改变明显。白车身模态频率及振型描述见表9.23,前四阶振型见图9.56~图9.59。当然挡风玻璃频率改变效应还需要通过试验验证才能做最后判断,此处不作进一步评价。

表 9.23　带前后风窗车身频率及振型描述

模态阶数	频率/Hz	振 型 描 述	模态阶数	频率/Hz	振 型 描 述
1	28.135	前部侧向弯曲	4	45.695	整车弯曲——一弯
2	39.138	竖向弯曲(前部)	5	50.636	整车扭转(前部)
3	41.218	整车扭转——一扭	6	50.889	顶盖与底板竖向

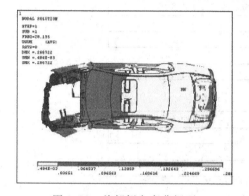

图 9.56　前部侧向弯曲振型

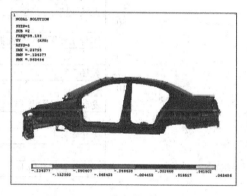

图 9.57　竖向弯曲振型(前部)

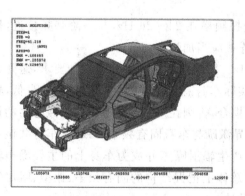

图 9.58　整车扭转振型(一扭)

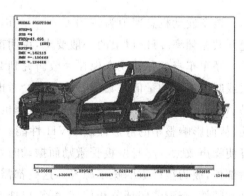

图 9.59　整车弯曲振型(一弯)

一般轿车各部分的激振频率和固有频率分布关系见图9.60。从其关系上看,车身振动频率大致在20~50 Hz,汽车在轮胎上的振动频率及发动机在悬置上的振动频率与车身低阶频率很接近,这也是要提高车身刚度以避免出现低阶频率耦合的道理。为了保证汽车具有良好的平顺性,应使车身共振的行驶速度尽可能远离汽车常用的行驶速度。从车身振动角度看,车身的低阶振型一般是扭转振型或弯曲振型,其前六阶频率全部在20~50 Hz范围。从频率分布上看,模型一一阶扭转振型频率为32 Hz,一阶弯曲振型为45 Hz,两种固有频率错开明显,主要的弯扭模态没有耦合;模型二一阶扭转振型频率为 41 Hz,一阶弯曲振型频率仍为 45 Hz,说明该车白车身整体抗弯性能要大于抗扭性能,其一阶扭转和一阶弯曲频率值与相关车型相比处在合理范畴。但由于车身刚度分布不均,车身前部与车厢部分连接处刚度较弱,表现为车身前部扭转振型、竖向弯曲振型和前部侧向弯曲振型较多,共振频率下降。当车轮不平衡、不平路面等激励的振动频率与车身振动固有频率一致时,就容易产生前车身抖动。

图 9.60　轿车激振频率与固有频率/Hz

该车发动机怠速值为 (750 ± 30) r/min,其激振频率在 24~26 Hz,与一阶基频接近,按避开共振频率 2 Hz 以上的一般要求,说明前部连接应当加强。

轿车车身的弹性模态现在一般研究到 200 Hz。按照汽车结构的动态设计要求,避开共振或减少振动的量值是其重要的内容。考虑到实际车身总成的固有频率要比白车身低,容易引起共振。另外,车身主要的弯扭模态也不能耦合,否则在一定的激励下将导致恶劣的振动,从而影响整车的舒适性及 NVH 性能。当外界激励与车身固有频率一致时,车身共振也可使噪声放大。车身壁板受激励而振动时,往往产生辐射噪声并成为车身上的主要噪声辐射部位,成为很严重的噪声源等。这些都需要从总体上把握结构的固有频率、振型、阻尼等基本特性,查清薄弱环节和传递途径,以便改进设计。

最后指出两点,一是振型需要从不同方向去观察,才能辨识清楚;二是与试验数据比较时,要确保两者的一致性。试验者要参与分析,分析者更要了解试验,共同工作,以确保两组研究问题的一致性。必须注意分析与试验对象在几何特性、材料性能、结构质量、非结构质量、支承方式、测点位置、刚度阻尼、激励(类型、大小、方向、位置)、响应(类型、方向、位置)方面的差异。实际结构往往比有限元模型更加复杂,对于数据比较产生的一些问题需要找出原因,细致分析,才能把握好二者数据的一致性。

9.5.2　车架模态分析

通过车架模态分析,了解改进设计后车架模态频率变化情况,是否符合整车模态频率规划。

根据车架 CAD 数模建立车架有限元模型,如图 9.61 所示,自由模态分析无须施加任何约束,也无须加载,仅考虑结构自重。

图 9.61　车架有限元模型

图 9.62～图 9.64 为车架前三阶振型图。

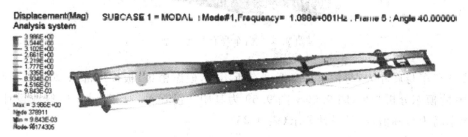

图 9.62　车架一阶扭转模态振型

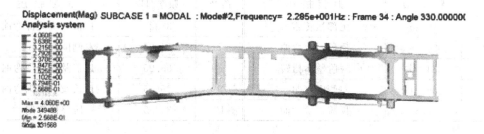

图 9.63　车架一阶侧向弯曲模态振型

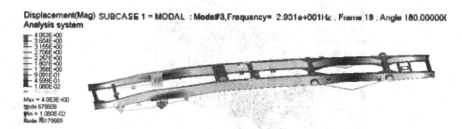

图 9.64　车架一阶竖向弯曲模态振型

改进设计后车架一阶扭转和一阶竖向弯曲模态频率略有下降,但总体模态分布符合预期要求。

9.5.3 商务车车身自由模态分析

针对一款正在研发车型白车身进行模态分析,评价该白车身模态频率及振型分布是否合理,为后续白车身动态设计提供依据。

由 CAD 数模处理并划分网格,车身模型如图 9.65 所示。按照动态设计目标,对车身部分连接、边梁、形状经过几轮反复修改设计,分析其模态参数变化情况。

图 9.65　白车身有限元模型

商务车车身尺寸大,与轿车车身振型有所不同,模态密集,板件局部振型较多。表 9.24为前 10 阶模态分析结果,图 9.66~图 9.69 为其中 4 阶振型图。经过三轮修改设计,车身模型模态高于目标值,满足设计要求(表 9.25)。

表 9.24　白车身模态参数

阶数	频率/Hz	振型描述	阶数	频率/Hz	振型描述
1	19.45	尾部扭转	6	33.20	顶盖二阶局部弯曲
2	20.56	顶盖一阶弯曲	7	34.26	左侧围弯曲
3	24.60	一阶整体扭转	8	35.25	顶盖及右侧围弯曲
4	26.81	左侧围弯曲	9	36.05	顶盖及右侧围弯曲
5	29.38	顶盖二阶弯曲	10	39.55	一阶整体弯曲

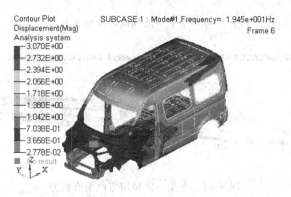

图 9.66　尾部扭转

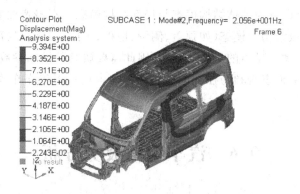

图 9.67　顶盖一阶弯曲

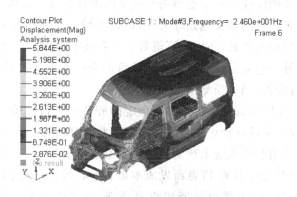

图 9.68　一阶整体扭转

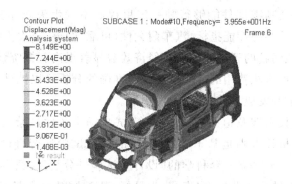

图 9.69　一阶整体弯曲

表 9.25　白车身模态分析结果对比表

振　型	第一轮	第二轮	第三轮	目标值
	频率/Hz	频率/Hz	频率/Hz	频率/Hz
基频	19.28	19.49	19.45	≥19.11
一阶扭转模态	23.98	24.7	24.6	≥24.34
一阶弯曲模态	38.43	39.7	39.55	≥38.78

车身振动模态可以分为整体结构模态与局部结构模态。车身弯曲和扭转模态属车身的整体模态,而车身上板结构的模态(如顶盖、侧围、地板、车门板)则属局部模态。这些板结构局部模态成为车身振动和噪声的主要贡献源,因此需要研究其模态参数,以及由此引起的振动噪声问题,提出局部模态避频与控制策略。相关内容可参考汽车车身振动控制分析类文献资料。

9.6　汽车结构疲劳分析

传统的疲劳分析采用理论与经验公式相结合的方法。但这些从材料、零件或结构的疲劳试验数据中拟合而成的经验公式不能解决复杂结构的疲劳寿命分析。因此常规设计到定型样机疲劳试验需要很长时间来发现设计失误,再修改设计。现代疲劳寿命分析技术以有限元技术和疲劳分析理论为基础,利用计算机数字仿真技术,将汽车结构部件强度寿命由定性设计提高到定量设计。它立足于随机、动态、载荷谱全过程的实时分析,用载荷谱模拟和加载,在计算机上进行分析计算,预测结构寿命。

汽车结构设计中,关键零部件都需要进行预定的疲劳耐久性试验以验证产品的疲劳性能。而试验必须有样品,从设计构思到样品试验所花费的时间可能需要好几个月,而且试验费用成本很高。因此采用有限元法来预测零部件及总成疲劳耐久性,从而减少制造和试验样品的数量,对缩短整个设计周期、降低研发成本是非常显著的。汽车的疲劳耐久性与汽车及其零部件的失效、寿命、安全、维修等密切相关,汽车 90％以上的零部件损坏都属于疲劳损坏,因此仅分析汽车结构的静强度是不够的,还要研究汽车结构在随机载荷作用下的动强度。汽车行业把汽车及其零部件能够行驶一定里程而不发生失效作为其耐久性的评价指标,而且是最基本、最重要的性能指标,汽车耐久性(可靠性)差,将失去信誉,失去市场,失去使用价值,汽车耐久性问题的解决将使企业经济效益显著提高。据统计,提高产品可靠性所得收益是为提高可靠性所花费用的 100 倍之多。准确的分析可以把试验时间压缩到原来的10％、1％,大大降低了开发成本,缩短了开发周期。

汽车耐久性试验技术涉及道路耐久性试验、试验场耐久性试验与实验室耐久性试验。而汽车疲劳耐久性分析技术则是基于 CAE 分析的虚拟试验疲劳寿命分析,包括整车疲劳分析与部件疲劳分析。要建立一套科学的"设计—试验—分析"理念与方法,以道路载荷谱采集与处理为依托,以结构疲劳损伤(寿命)为目标,基于材料的疲劳寿命,根据累积损伤原理,利用统计和优化回归技术,建立不同载荷输入方式下的疲劳耐久性试验之间的当量等效关系,确定耐久性行驶试验规范的开发和道路行驶、台架疲劳耐久试验的加速强化等一系列问题,减少试验场耐久性试验量,加大基于 CAE 的虚拟疲劳寿命分析。

汽车零部件的设计要考虑动载荷的影响,在大多数情况下耐久性试验的准则由交变应力作用下的疲劳损伤来决定。而疲劳源总是从那些应力集中部位的高应力区开始的。因此结构的疲劳强度是由这些危险部位的材料性质决定的。疲劳分析的复杂性在于疲劳的产生及裂缝的扩展受多种因素影响而难以分清,疲劳寿命的估计需要有准确的载荷谱及材料寿命曲线,而且汽车零部件在其寿命期间所受的各种各样的循环载荷本身变化非常大。疲劳寿命预测涉及四个不同的方面：工作载荷谱、材料寿命曲线、应力计算和累积损伤分析。任何一个方面的差错将被放大而导致疲劳寿命估计的很大误差。要进行结构疲劳寿命评估需要借助相关的理论、方法、规范以及材料的数据，这些理论、方法、数据又都是经过大量试验、工程实践总结归纳出来的。

根据疲劳理论，疲劳破坏主要由循环载荷引起。从理论上说，如果汽车的输入载荷相同，那么所引起的疲劳破坏也应该一样。因此，可以在试车场上按一定的比例混合各种路面及各种事件（如开/关门、刹车、转向、加减速等），重现这一载荷输入。这一载荷重现通常可能在较短的时间里完成，因此，可以达到试验加速的目的。

结构疲劳耐久性整体解决方案可以划分为以下几个步骤：

(1) 建立寿命设计目标；

(2) 采集汽车使用环境和试验场载荷数据；

(3) 验证分析处理实测数据；

(4) 获取材料的疲劳寿命性能；

(5) 预估零部件的疲劳寿命；

(6) 台架模拟试验；

(7) 试验场耐久性试验。

涉及的主要研究内容如下所述：

(1) 进行汽车道路载荷采集。道路载荷谱采集是疲劳耐久性设计的基础，为道路模拟试验、多体动力学分析以及疲劳寿命分析提供输入数据。

(2) 进行测试数据处理和疲劳分析，这方面工作涉及道路载荷谱处理分析、台架加速试验谱编制以及从试验测量中直接进行疲劳寿命预测等。

(3) 进行基于有限元法的疲劳寿命计算。

(4) 分析与评价结构疲劳特性，建立疲劳耐久性分析标准等。

疲劳分析基本流程框图见图 9.70。

例如，应用有限元分析方法预测车身疲劳寿命的基本流程为：

(1) 建立车身有限元模型，并进行模型检验；

(2) 进行白车身模态试验，验证模型并获取阻尼值；

(3) 加入发动机、座椅、乘员及其他附属质量，加入悬架与轮胎，建立整备车身模型；

(4) 施加边界条件；

(5) 计算整备车身模型的固有频率与振型；

(6) 扩展模态并计算应力；

(7) 确定激励作用点及方向，输入阻尼参数，输入载荷路谱-频率数据；

(8) 求解速度、位移、应力等动态响应历程；

(9) 输入车身材料疲劳寿命曲线；

(10) 根据疲劳累积损伤理论计算车身危险部位的疲劳寿命，评价该车身结构疲劳特性。

图 9.71 为某车车身疲劳分析结果应力分布图，图 9.72 为整车虚拟试验场分析示意图。

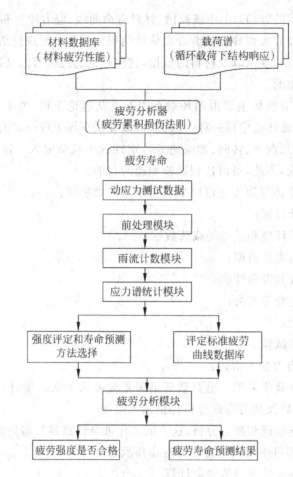

图 9.70　疲劳分析基本流程

图 9.71　车身疲劳分析

图 9.72　整车虚拟试验场分析

现代汽车对结构设计提出了越来越高的要求,汽车产品设计已进入有限寿命设计阶段,这就要求汽车在设计的使用期内,整车和零部件完好,不产生疲劳破坏,而达到使用期后零部件尽可能多地达到损伤,以求产品轻量化,节约材料和节省能源。这就对 CAE 分析提出了使用实际载荷的要求。虚拟试验场技术提出了解决这一问题的一种方案。以整车为分析对象,提供了标准典型的路面模型,如卵石路、扭曲路、搓板路及比利时路等,形成了标准的路面载荷,可以进行车身等部件疲劳寿命分析预测。整车疲劳耐久性分析,需要建立整车模型,包括悬挂、轮胎、路面模型。通过定义前后悬挂与车身的连接关系,实现底盘与车身模型的装配。以实际路面为载荷及边界,即引入路面模型,通过定义整车前进速度和轮胎的旋转速度,利用 LS-DYNA 计算整车疲劳耐久性(图 9.73)。在各种行驶工况下分析车身或底盘部件应力应变时间历程、加速度响应时间历程,了解轮胎等各个位置的受力情况,采用虚拟试验场方法对车身与悬架部件以及焊缝和焊点的疲劳损伤值计算。目前该软件存在的问题是所提供的汽车试验场路面数据库并不适合我国的道路状况,也未能提供国内试验场测试数据的标定验证。

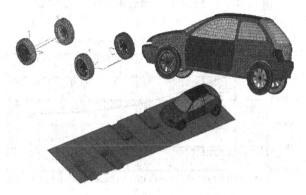

图 9.73　整车疲劳耐久性分析

在整车强度与疲劳耐久性性能分析评价中,需要采用动静结合的分析与评价办法,通过静力学的强度分析,结合多体动力学和疲劳理论的耐久性能分析,多方面对承载部件进行评价,为整车耐久性能预测提供较为准确的评估,并针对失效部位提出有效的解决方案。汽车结构疲劳分析主要考虑重要承载部件,常见分析部件如下:

(1) 车身疲劳强度分析;

(2) 车身焊点疲劳强度分析;

(3) 前、后副车架疲劳强度分析;

(4) 转向节疲劳强度分析;

(5) 摆臂疲劳强度分析;

(6) 开闭件疲劳强度分析。

下述实例为某开发车身疲劳分析概要说明,通过对车身耐久性能进行仿真分析,考察车身钣金件和焊点的疲劳性能,为验证设计方案及后期样车耐久性试验提供技术支持。

车身疲劳仿真需要载荷、材料、模型三方面关键数据与专用分析软件,即车身所受工作载荷谱、车身材料与焊点的 S-N(疲劳寿命)曲线以及车身几何数模。图 9.74 为车身载荷谱加载点和车身后悬纵向臂连接点载荷谱示例(通过试验场测试与多体动力学分析获得)。图 9.75 是车身板件一种低碳钢材料典型疲劳 S-N 曲线,其抗拉强度为 517.5 MPa,疲劳极限为 258.75 MPa。图 9.76 是根据车身几何数模建立的整备车身有限元分析模型,并对模型的质量与质心位置经过校验和修正。

道路载荷谱需要通过试验采集,并经数据处理得到。S-N 曲线就是材料所承受的应力幅水平与该应力幅下发生疲劳破坏时所经历的应力循环次数的关系曲线。S-N 曲线一般

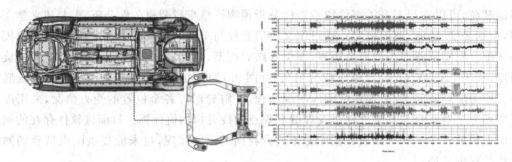

图 9.74　车身载荷谱加载点和车身某点载荷谱

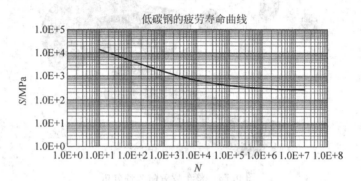

图 9.75　车身材料典型疲劳 S-N 曲线

图 9.76　整备车身有限元分析模型

是使用标准试样进行疲劳试验获得。对于一种材料,根据试验,可得出在各种循环作用次数 N 下的极限应力,以横坐标为作用次数、纵坐标为极限应力,绘成曲线,即得到材料的疲劳曲线,或称为 S-N 曲线。为使用方便,通常在双对数坐标系下绘制 S-N 曲线。在某些情况只对横坐标取对数,也常把 S-N 曲线近似简化成两条直线。

　　载荷工况按照从试验场测试取得的各种路况组合,经过多体动力学分析,输入到车身各连接点,形成加载载荷。表 9.26 为某汽车试验场强化道路路谱采集试验工况说明。采用惯性释放法,计算各通道的静力结果,并验证核实。输入载荷时间历程,完成车身应力时间历程计算。

表 9.26　汽车试验场路谱采集工况

序号	工况	子 路 面		循环次数	试验地点
1	C1	1.1	比利时路	900	某汽车试验场
		1.2	混凝土补丁路		
		1.3	拱形车道		
2	C2	2.1	铁道路口	450	
		2.2	振动路Ⅲ		
		2.3	短波路		
		2.4	路沿冲击路(左右)		
		2.5	30°角路障路		
3	C3	3.1	扭曲路	900	
		3.2	波形路		
4	C4	4.1	振动路Ⅰ	900	
		4.2	混凝土板块冲击路		
		4.3	鱼鳞路		
		4.4	倾斜车道(左右)		
5	C6	6.1	比利时路	900	
		6.2	振动路		
		6.3	长波路段		
6	C7	7.1	绳索路	900	
		7.2	井盖路		
		7.3	锯齿路		
		7.4	正弦坡道路		
		7.5	卵石路		
7	C8	平直沥青路		900	
8	C9	不规则混凝土路		450	

车身部分钣金件疲劳分析结果见图 9.77,部分焊点疲劳分析结果见图 9.78。

由钣金疲劳分析结果可知,最大损伤位置在前减振器塔包位置处,损伤值为 0.079,小于 1,所以车身耐久性能满足要求。

由焊点疲劳分析结果可知,最大损伤焊点位于后横梁与纵梁交接处,损伤值为 1.331,大于 1,所以车身焊点耐久性能未达要求。进一步对该处焊点改进优化,将焊点损伤降为 0.819,达到要求(图 9.79)。

采用基于道路载荷谱的车身疲劳分析可以全面评价车身与焊点等疲劳特性,在此基础上完成疲劳强度设计,保证车身耐久性能。

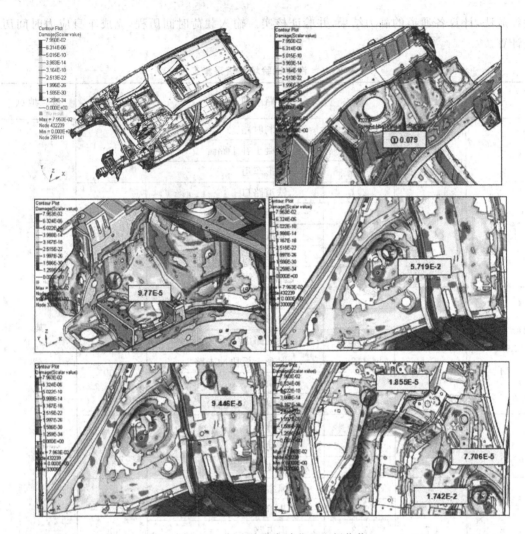

图 9.77　钣金疲劳危险位置和损伤值

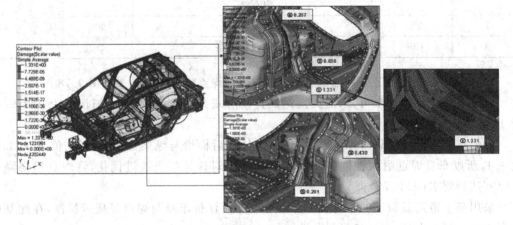

图 9.78　焊点疲劳危险点和损伤值

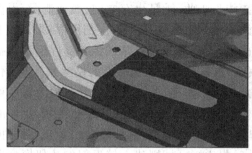

图 9.79 改进焊点后疲劳损伤值

9.7 汽车结构碰撞分析

在汽车被动安全性方面,如何提高车身的抗碰撞能力是汽车被动安全性中需要解决的问题之一。利用有限元法进行汽车碰撞过程的模拟计算,以节省昂贵的实车碰撞试验经费,是国内外汽车公司普遍采用的一种方法。目前已能够应用有限元技术对汽车正面、侧面、后面在各种碰撞情况下的变形和人体在冲撞时的二次碰撞进行分析。汽车碰撞过程涉及材料非线性、结构大变形以及动态接触摩擦等问题,是一个难度较大的工程计算问题。目前模拟分析较常用的软件有 LS-DYNA、PAM-CRASH 等,它们在分析和研究结构动态大变形方面具有较强的功能,特别是在汽车被动安全领域的研究十分成功。

整车建模工作量十分巨大,而且模型最终要经过汽车碰撞试验的检验,但比起整车破坏性碰撞试验来说,其花费还是很低的,而且一个模型可用来进行成百上千次模拟测试。整车碰撞试验只能作为较全面的质量最终检验试验,不能适应开发阶段的需要。相反,利用汽车碰撞有限元法,可以进行整车的碰撞分析;部件或结构的碰撞分析;安全带、安全气囊与假人的碰撞作用分析等。求解的内容可包括车身、车架等的撞击变形及动态响应,人体的碰撞响应等多种未知量。求解的结果可用来评价车辆或部件碰撞安全性能的好坏,对多方案进行比较,以帮助改进汽车结构设计。这样,就可以缩短开发周期,减少碰撞试验次数,降低开发成本。

碰撞模拟的目的在于尽可能真实地模拟汽车碰撞时所发生的一切,包括零部件和装置的压碎、弯曲、扭曲、剪切、拉伸、磨损等情况以及对车内乘客身体的损伤。

汽车碰撞过程的计算机仿真的准确性对工程应用至关重要,而仿真准确性除了与有限元计算方法有关外,还在很大程度上依赖于仿真模型的精度。从 CAD 数据向几何模型转换开始,或者说从建立几何模型开始,模型的质量在很大程度上取决于分析人员的技术。与 CAD 建模不同,有限元计算模型有其特定的要求,这一点本书已多次强调,尤其是汽车碰撞模型更其难度。既要考虑单元划分的质量,还要考虑不同部件之间的连接问题,这些都关系到仿真计算的精度和效率,关系到计算结果的可靠性。譬如车身连接通常采用成千上万个点焊。在碰撞过程中,点焊受损或遭破坏的方式会显著影响到汽车整体结构的碰撞性能,需要有专门的模拟点焊的单元。

汽车结构的设计必须包括耐撞性能的评价和对碰撞能量吸收的控制,汽车结构的碰撞分析与常规汽车结构设计不同。与一般静态有限元分析也不同的是,碰撞分析着重计算结构的变形,关注部件的吸能效果,进而评价碰撞能量吸收、乘员生存空间、燃油泄漏、力传播途径等。图 9.80 和图 9.81 为某型车各部件能量吸收比例与力传递途径计算结果。整个汽车碰撞安全性研究可分为整车碰撞和零部件碰撞,零部件建模是基础。零部件模型包括车身结构零部件、安全保护措施(安全带、安全气囊)以及碰撞分析用假人的模型等。零部件的建模要准确反映结构的几何特征,反映结构的细节(如凹槽、凸起及开口等),因为这些可能会影响碰撞变形模式及载荷传递路径。整车模型要区分碰撞区域和非碰撞区域,重要的结构部件和非重要的部件,可能坍塌的区域和基本上不变形的部件(如发动机等)。对碰撞区域建立较精确的几何模型和细化的网格尺寸,对非碰撞区域则建立较近似的几何模型以及较稀疏的网格尺寸。还要考虑好部件之间的连接,与实际的物理连接(如铆接、焊接、螺栓、

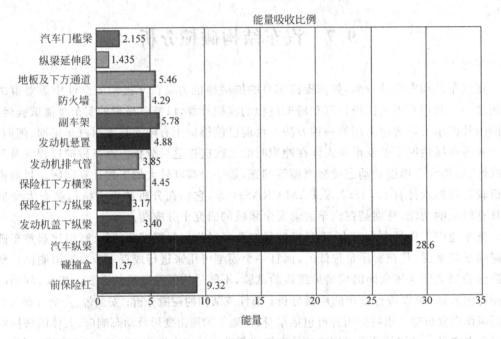

图 9.80　各部件能量吸收比例

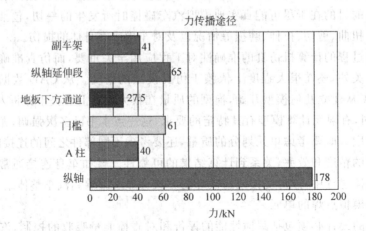

图 9.81　碰撞时力传播途径

铰接等)相对应,有限元模型中采用的部件连接方式一般是节点约束和节点合并。例如,点焊、铆接、螺栓、铰接等可采用两节点之间加一根刚性杆来连接,但刚性杆两端节点的运动要求随不同连接方式有所不同。

　　整车碰撞计算仿真主要包括正碰、侧碰和追尾三种碰撞类型,碰撞分析用单元类型主要有体单元、壳单元、梁单元、杆单元和弹簧单元等。应用最多且最重要的单元类型就是壳单元。壳单元较之于体单元能较好地处理弯曲变形效应,而且大大降低计算所需的时间,并节省内存空间。适用于大变形的壳单元有很多种,各有特性,要针对不同性质的问题正确选用,其他如网格划分、网格密度、单元检查等可参阅第 7、8 两章。最小单元尺寸推荐为 10 mm,碰撞模型节点总数一般为 500000～1000000。碰撞对车辆造成的损伤后果与汽车所吸收的能量有关,影响碰撞载荷的主要因素是车速。碰撞评价标准中采用有效碰撞车速的概念。碰撞计算的目的不是防止车辆损伤而是研究乘员保护,计算中有效碰撞车速不能太低,也不能过高,这是因为现代汽车工业还无法保护高速碰撞时乘员的安全。我国汽车乘员碰撞保护标准中对前屏障碰撞试验规定的车速是 48 km/h。

　　图 9.82～图 9.84 为整车碰撞分析的几个示例。

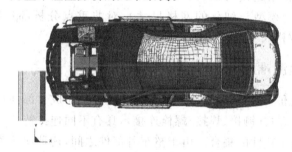

图 9.82　汽车偏置碰撞模型

图 9.83　轻型载货汽车碰撞仿真

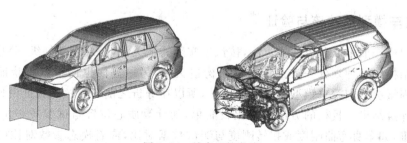

图 9.84　整车碰撞仿真

上述整车疲劳耐久性寿命分析、整车碰撞安全性分析以及整车 NVH 性能仿真等,都需要建立整车模型进行分析计算。随着有限元技术的成熟与发展,分析级别已从零部件、总成向着整车结构特性仿真发展。由于整车特性是影响整车内在质量的关键指标,整车特性一般可以通过整车性能试验获得,这就为整车结构性能分析提供了可以参考的依据。一辆车是由成百上千个零部件组成的,为了整车建模,必须对所有零部件的特性及相互连接关系作出准确的模拟。当然整车结构特性分析不同于零部件分析,远较零部件复杂,其建模与分析的复杂性在于必须对整车结构与特征进行分解与分析,从而保证模型的准确性。其主要特点和要求如下。

1. 整车模型复杂规模大

整车模型涉及零部件及总成数量多,部件之间连接关系复杂。整车模型建立及分析前,一般要建立部件模型并进行分析,并尽量在部件层级上做一些模型验证工作。但整车模型不等于部件模型的叠加,它是由部件的模型通过具有一定刚度的结合面实现连接的。根据分析目的,整车建模可以将模型分为重要部位和非重要部位,对重点关心部位建模要细(精确的几何模型与细化的网格尺寸),对非重点分析部位则适当简化(近似的几何模型与稀疏的网格尺寸)。

2. 整车特性预测难度大

整车是由各总成和众多零部件,通过各种结合面连接而成。部件与部件之间、总成与总成之间采用各种连接方式(铆接、焊接、螺栓连接),具有不同连接特性,因此整车结构性能是各部件特性和结合关系特性的集合。由于整车各部件之间,这种连接关系是非线性的,相应结合部刚度特性对整车特性的影响既不易确定,又难以仿真,使得结构部件之间的连接特性研究至关重要,整车结构分析必须对各部件之间的连接加以准确描述。在第 7 章模型的装配一节中曾讨论了模型的各种连接问题,节点合并与节点约束等方法同样可以用于整车模型的连接处理。所以整车建模除了要建好部件的模型外,还要做好连接特性的研究。

3. 整车特性需要混合仿真

整车特性既要实现功能指标,又要实现性能指标。功能仿真一般是通过动力学仿真实现的,如整车动力性、平顺性、操稳性等。汽车在不同路况下行驶、在不同环境下运行时其整车结构性能等指标不同,因此需要将功能指标与性能指标结合起来混合仿真,采用刚-柔组合模型,联合应用多体动力学与有限元分析,这样才能准确预测整车性能,进行多方案选择及结构的评价,获取最佳设计。

4. 整车模型的校核与验证

整车建模一般采取分级建模方法,按汽车实际构造关系,分成零部件级、分总成级、总成级和整车结构。这种划分一方面符合汽车构造关系,另一方面也便于试验验证各级模型。由于众多因素会影响整车模型建立的准确性,所以在分析之前要校核和验证模型,分析之后要检验与评价结果。校核的方法有时比较简单,如计算质心位置与试验质心位置对比;有时比较困难,如车身弯曲刚度或扭转刚度与测试数据对比,或者模态参数对比(固有频率与振型),都可以作为整车分析前的校核项目。

实际整车建模中还会涉及很多具体细节问题,如悬挂特性、车轮模型等。另外,整车模型的准确性最终取决于计算结果与试验结果的吻合程度,有关验证参数,需要根据分析类型以及研究目的而确定。

9.7.1　整车正面碰撞分析

评定汽车安全性的标准是车内乘员的安全问题,而影响安全性能的关键因素是车辆结构的变形特性。通过碰撞模拟,分析车体变形情况、加速度响应等相关碰撞信息,研究整车的碰撞性能,为汽车结构的耐撞性提供设计依据。

整车碰撞仿真,不但要模拟实车各总成之间的连接,还要包括各个关键的零部件;不但要按照其实际材料特性,即密度、质量、接触、边界条件、初始条件和控制参数设置,还要真实地模拟实车碰撞时的状态。整车模型规模大,需要适当简化。例如,点焊采用 spotsweld,缝焊、二氧化碳气体保护焊(二保焊)、铆接、螺栓连接以及铰接采用刚性连接,但又不考虑这些连接的失效问题(焊点失效可以专门分析)。

根据总布置提供的整车整备质量和质心位置进行适当调整,对质量分布进行控制,使其接近整车实际参数,模型计算质量达到整车整备质量。整车有限元模型如图 9.85 所示,整车有限元模型节点、单元数量及三角形单元比率见表 9.27。一般来说,三角形单元比率超过 10% 会影响分析的精度,所建模型中三角形比率为 5.20,满足分析要求。结合 Hypermesh 等多个前处理建模软件和求解器 LS_DYNA,采用 VPG 软件中的悬架及轮胎有限元模型,并根据实际底盘结构进行调整,修改各关键点的位置参数,得到与实际悬架和轮胎相一致的整车有限元仿真模型。

图 9.85　整车有限元仿真模型

表 9.27　有限元模型基本参数

整备质量/kg	2190
假人质量/kg	220
单元数	2151535
节点数	2230800
三角形比率/%	5.20

在 100% 正面碰撞仿真分析中,根据《C-NCAP 管理规则(2015 年版)》的要求《中国新车评价规程》(CHINA—New Car Assessment Programme),以 50 km/h 速度撞击刚性墙壁,同时对整车模型施加向下的重力加速度 g,如图 9.86 所示。

约束刚性墙全部自由度;对汽车沿 X 轴施加一负向的碰撞速度,大小为 50 km/h;碰撞接触算法采用 LS_DYNA 软件中的自动单面接触算法,碰撞汽车与刚性墙以及各部件相互接触的摩擦系数取为 0.15;碰撞仿真时间为 0.1 s,即 100 ms。

在碰撞过程中,某些部件变形后会碰到其他部件,有些零件变形后会相互挤压到一起,这些相互挤压部分之间会产生力的作用。在有限元分析中通过接触来模拟这种作用力关系。

当车辆发生碰撞时,为保护车内乘员的安全,根据汽车碰撞损伤机理可知碰撞车辆需要具备的基本特性是:

(1) 保证乘员足够的生存空间,乘员舱不应发生过大的变形。

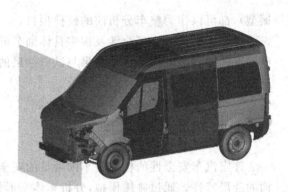

图 9.86   100%正面碰撞模型

(2) 乘员舱以外的车体结构部分应尽可能多地变形,以合理地吸收撞击能量,使得作用于乘员身体上的力和加速度值不超过人体的耐受极限等。

1. 碰撞总体变形

通过模拟碰撞过程中整车的变形可以对整车试验过程中的变形作初步判断。整车 0 ms、20 ms、40 ms、60 ms、80 ms、100 ms 时刻碰撞变形如图 9.87 所示。

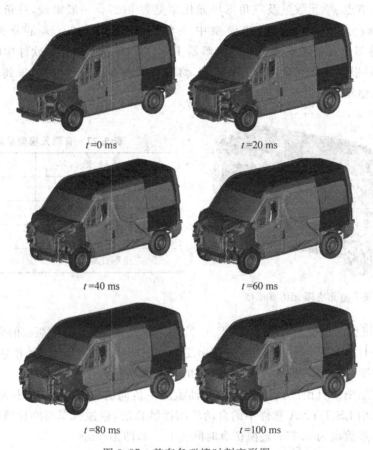

$t=0$ ms $t=20$ ms

$t=40$ ms $t=60$ ms

$t=80$ ms $t=100$ ms

图 9.87   整车各碰撞时刻变形图

2. 碰撞总体能量

碰撞过程中总体能量的变化情况是评价建模是否正确的重要指标,一般通过能量变化曲线来分析判断。能量之间可以相互转化,但总的能量必须保持平衡。系统总能量(total energy)为内能(internal energy)、动能(kinetic energy)、滑移界面能(sliding interface energy)三者之和。滑移界面能是由摩擦和阻尼所引起,剧烈的滑动摩擦会引起大的正值滑移能,模型部件之间的穿透会引起大的负值滑移能。但在碰撞过程中,滑移能应完全转化为动能和应变能,需要控制在很小的值以内。沙漏能(hourglass energy)的产生是一种单元自身存在的数值问题。在非线性动力分析中,采用高斯单点积分单元可以极大地节省运算时间,有利于大变形分析,但单点积分插值计算会得到内能为零的结果(零能模式),零能模式是指有变形但不消耗能量的形态,是一种伪变形模式。由于计算单元对叠的形状像沙漏,所以也称为沙漏模式。由于沙漏模式的存在,使得单元的变形呈现无序的振荡,严重影响仿真计算结果。要限制这种变形模式就得相应消耗一定的能量,也就是沙漏能,如果该比值太大(一般沙漏能应小于总能量的 5%),就可能说明仿真结果无效。仿真模型整车能量的变化曲线如图 9.88 所示。碰撞过程中动能向内能转化,各能量曲线光滑无突变,总能量基本保持不变,动能和内能在碰撞结束后保持稳定,滑移能和沙漏能所占比例较小,由图 9.89 可以看出沙漏能比率小于 2.7%,说明仿真结果有效。

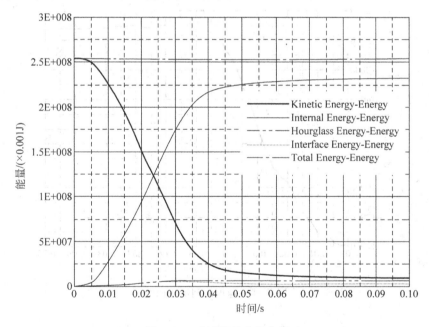

图 9.88　碰撞能量变化曲线

3. 整车速度

速度曲线表示整车碰撞过程中平均速度的变化情况。试验车的初始速度为 50 km/h,即 13889 mm/s,速度响应的仿真结果如图 9.90 所示。

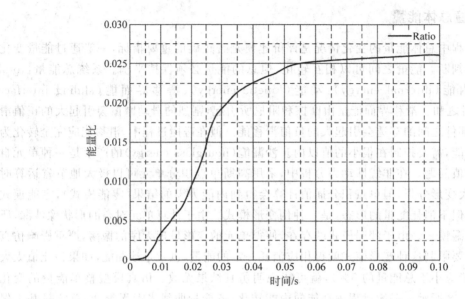

图 9.89　沙漏能与总能比值变化曲线

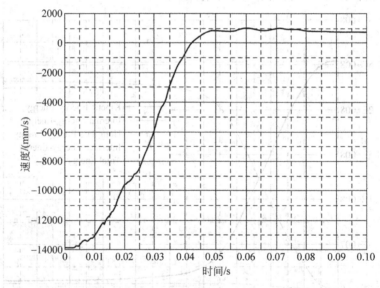

图 9.90　速度时间历程曲线

4. B 柱加速度

　　B 柱加速度是整车碰撞试验过程中的一个重要测试参数,它对假人头部的损伤值(HPC)具有重要的参考作用,间接评判整车的碰撞减速度。左右侧 B 柱加速度曲线如图 9.91 所示,由图可知左侧 B 柱最大加速度为 60.4g,出现在 34 ms;右侧最大加速度为 59.7g,出现在 30 ms。

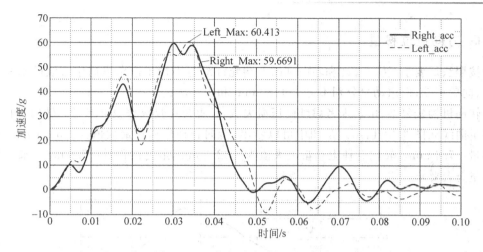

图 9.91　B 柱加速度时间历程曲线

5. 前围板侵入量

在整车碰撞过程中前围板的侵入量会影响转向管柱、仪表板和油门踏板的后移,从而对假人产生伤害。取前围板相对于整车位移作为前围板向后的侵入量,前围板侵入量位移与部分节点位移如图 9.92 和图 9.93 所示。

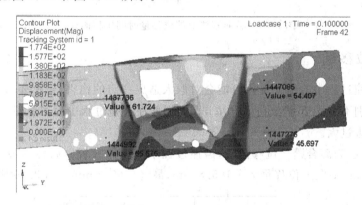

图 9.92　前围板侵入量位移云图(单位: mm)

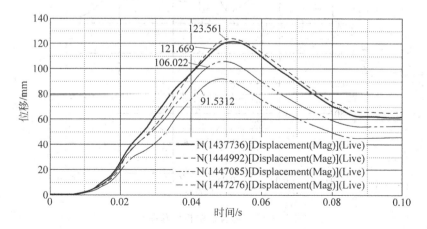

图 9.93　前围板区域节点位移曲线图

6. 方向盘位移量

按照法规要求,转向管柱和转向轴的上端允许沿着平行于汽车纵向中心线的水平方向向上、向后窜动,但窜动量分别不得大于 80 mm 和 100 mm。

转向机构较复杂,由于未考虑轴向压溃失效,计算位移量仅作设计参考。转向管柱上端位移量曲线如图 9.94 所示。从图中可以看出,转向管柱后移量最大值为 -35.1 mm,最终位移量 -7.4 mm。转向管柱上移量最大值为 -32.2 mm,最终位移量 -7.6 mm。转向管柱位移量符合要求。

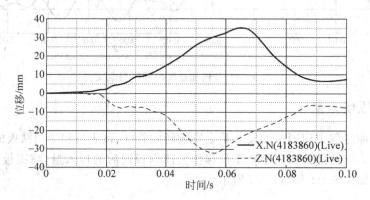

图 9.94　转向管柱上端位移量时间历程曲线

7. 踏板位移量

踏板在碰撞过程中的位置变化可能会对假人造成一定的伤害,根据要求踏板允许向上、向后窜动量分别不得大于 80 mm 和 100 mm。因此在碰撞过程中应尽量避免踏板位移量过大造成假人伤害过大。

图 9.95 所示为离合踏板位移曲线,碰撞过程中离合器踏板向后位移最大 15.6 mm,最终位移量 11.2 mm;向上位移最大 -105.8 mm,最终 -69.8 mm。图 9.96 所示为制动踏板

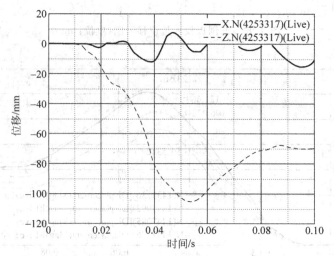

图 9.95　离合器踏板位移曲线

位移曲线,向后位移最大 16.1 mm,最终向后位移 15.3 m;向上位移最大 −101 mm,最终向上位移量为 −68.7 mm。

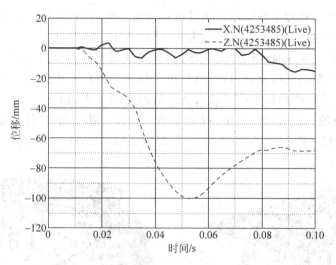

图 9.96　制动器踏板位移曲线

其他还有门框变形等,此处不一一列举。对模拟结果初步评价,汇总如表 9.28 所示。从表中数据可以看出,设计车 B 柱加速度和防火墙 C 区位移量大于法规目标值,相关结构仍有改进设计要求。

表 9.28　碰撞仿真值与目标值对比表

参数指标		设计车	目标值
B 柱加速度	左侧峰值	60.4	<55g
	右侧峰值	59.7	<55g
防火墙侵入量	A 区	121.7	<200 mm
	B 区	106	<200 mm
	C 区	123.6	<100 mm
	D 区	91.5	<100 mm
转向管柱	后移量 X	−7.4	<100 mm
	上移量 Z	−7.6	<80 mm
离合踏板	后移量 X	11.2	<100 mm
	上移量 Z	−69.8	<80 mm
制动踏板	后移量 X	16.1	<100 mm
	上移量 Z	−68.7	<80 mm

9.7.2　驾驶室顶压分析

驾驶室强度要求主要体现在事故中的生存空间。按照欧盟商用车认证要求《ECE29 关于对商用车驾驶室乘员保护方面的车辆认证的统一规定》,以及国家标准《商用车驾驶室乘员保护》(GB 26512—2011)的要求,主要试验包括正面撞击、顶部强度与后围强度三项,需要保证驾驶室具有足够的生存空间。通过仿真验证驾驶室的生存空间,为通过相关法规试验提供依据。试验与仿真都要在驾驶舱内安放用于验证生存空间的人体模型。

驾驶室模型包括白车身、部分车架、车门、玻璃及部分底盘部件(图 9.97),约束前后悬置安装支架及车架断面处所有自由度(图 9.98),仿真分析假人模型与标准规定的假人模型如图 9.99 所示。分析时将假人模型放入变形后的驾驶室中,假人的 H 点与座椅参考点重合,以此评判乘员的生存空间。其中,H 点是指二维或三维人体模型中人体躯干与大腿的连接点,即胯点(Hip-Point),在人体模板中为髋关节。驾驶员及副驾驶员 H 点位置如表 9.29 所示。

图 9.97　顶压有限元模型　　　　　　　　图 9.98　模型约束位置

表 9.29　驾驶员及副驾驶 H 点坐标　　　　　　　　　　　　　mm

位　　　置	X	Y	Z
驾驶员位置	11.0	−487.0	504.0
副驾驶员位置	48.5	523.0	487.5

顶部强度试验要求驾驶室顶部能承受车辆最大前轴荷的静态载荷,最大值为 98 kN,该压力采用适当刚性模块均匀地施加到驾驶室顶盖结构中所有的承载部件上。仿真分析在驾驶室顶部采用一刚性平面沿一Z 向以恒定 1 m/s 速度(准静态)垂直下压,考察生存空间。

驾驶室顶部按前轴荷施压 22.79 kN,座椅处于中间位置时,人体不应与车辆的非弹性部件发生接触,保证生存空间。

在顶压分析过程中,沙漏能要处在控制范围内,整个碰撞过程持续时间为 200 ms。图 9.100 为能量变化曲线图,图 9.101 为顶压刚性平面作用力曲线。由顶压分析可知,该驾驶室顶部可以承受 22.79 kN 的作用力,达到规定作用力的时间为 45 ms。根据法规要求,需要考察 45 ms 时假人在驾驶室内的生存状况。图 9.102 为 45 ms 时乘员空间位置及顶盖变形图,图 9.103 为 45 ms 时刻假人头部距顶盖距离。在驾驶室顶部承受作用力达到要求的 22.79 kN 时,顶部变形量为 45.6 mm,顶盖距离假人头部最小距离为 135.6 mm,驾驶室生存空间满足要求,即该驾驶室顶压满足强度要求。

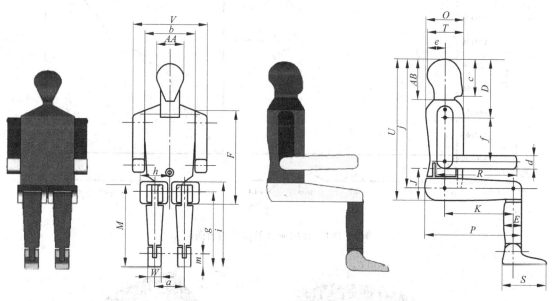

图 9.99 仿真分析假人模型与法规假人模型

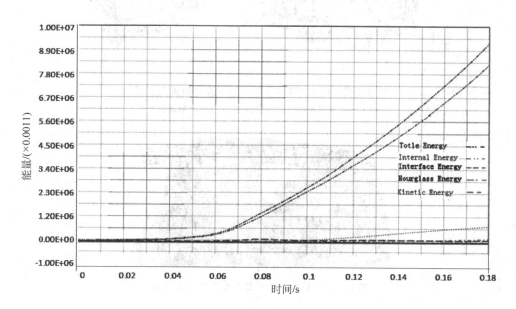

图 9.100 能量变化曲线

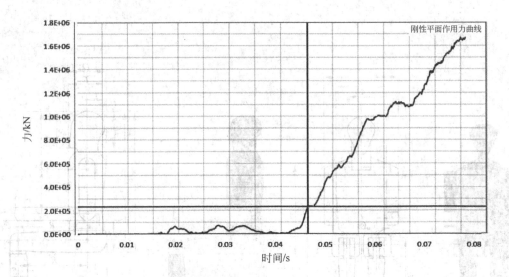

图 9.101　顶压刚性平面作用力曲线

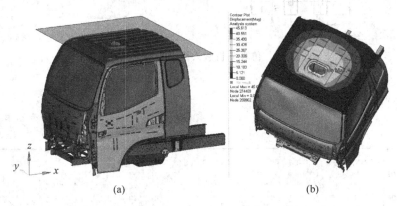

(a)　　　　　　　　　　　　　　　　(b)

图 9.102　45 ms 时刻乘员空间位置及顶盖变形图

(a) 45 ms 时刻乘员空间位置；(b) 45 ms 时刻顶盖变形

图 9.103　45 ms 时刻假人头部距顶盖距离

9.7.3　驾驶室后围挤压分析

后围挤压分析是驾驶室强度分析的组成部分,为通过《ECE29 关于对商用车(驾驶室)乘员保护方面的车辆认证的统一规定》法规提供保障。

驾驶室模型包括白车身、车门、仪表横梁总成、转向机构及部分底盘部件,如图 9.104 所示。

后围强度试验要求驾驶室后围能够承受最大允许装载质量每 1000 kg 施加 1.96 kN 的静载荷。仿真分析用一个刚性平面沿垂直于驾驶室纵向中心轴线方向以恒定 1 m/s 速度(准静态)挤压后围。

按样车满载质量,后围要求能承受 4530 N 以上的载荷,座椅处于中间位置时,人体不与车辆的非弹性部件发生接触,保证生存空间。约束前后悬置安装支架及车架断面处所有自由度(图 9.105)。

图 9.104 后围挤压分析有限元模型

图 9.105 后围挤压分析模型约束位置

如图 9.106 所示,后围挤压分析过程中,沙漏能处在控制范围内,能量传递正常;图 9.107 为后围挤压刚性平面作用力曲线,整个碰撞过程持续时间为 200 ms。

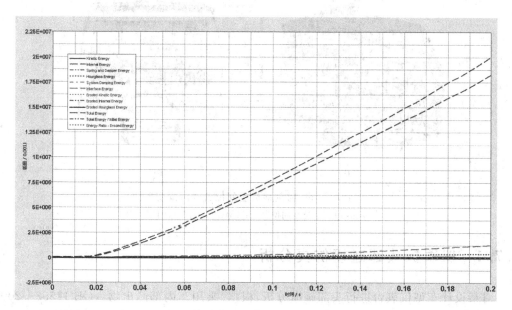

图 9.106 能量变化曲线

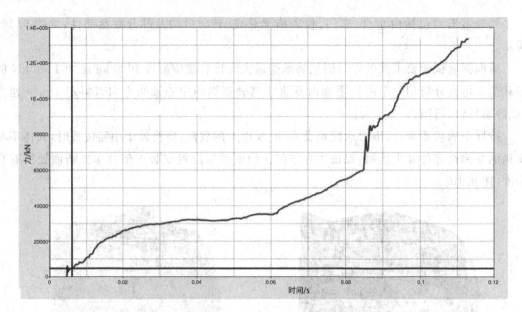

图 9.107　后围挤压刚性平面作用力曲线

由以上后围挤压分析可知,该驾驶室后围可以承受 4530 N 的作用力,达到该作用力的时间为 7 ms。根据法规要求,驾驶室后围要求在承受一定载荷的同时能够保证驾驶室 7 ms 时刻的生存空间,因此需要考察该时刻假人在驾驶室内的状况。

7 ms 时刻乘员空间位置及后围变形见图 9.108,在驾驶室后围承受作用力达到 4530 N 时刻,后围板变形非常小,基本无侵入现象,驾驶室生存空间满足要求。

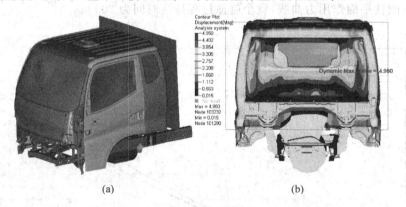

(a)　　　　　　　　　　　(b)

图 9.108　7 ms 时刻乘员空间位置及后围变形图
(a) 7 ms 时刻乘员空间位置图；(b) 7 ms 时刻后围变形图

9.7.4　仪表板头部碰撞仿真分析

对某设计车型仪表台进行头部碰撞分析,根据《乘用车内部凸出物》(GB 11552—2009)要求,锤头以 24 km/h 的速度撞击仪表台,法规要求撞击过程中锤头的减速度超过 80g 的持续时间不能超过 3 ms。仿真分析说明设计是否符合要求,形成评价意见,确定最终方案。

采用 Hypermesh 和 LS_DYNA 对仪表板进行头部碰撞建模和仿真分析,采用瞬态显示算法。建立球头(头部)模型与仪表板模型,确定头部碰撞区域,定义工况,选取撞击点、撞击方向(与撞击面法向垂直)、定义接触等。仪表盘模型采用板壳单元,头部碰撞区主要指主副驾驶员头部可能碰撞区域,在仪表板头部碰撞基准区内选择几个最危险的点作为撞击点。通过更改接触、摩擦、材料等关键参数设置,不断调试来提高模拟精度。图 9.109 为仪表板模型。

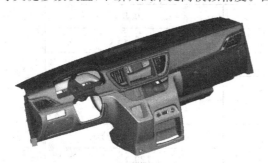

图 9.109　仪表板有限元模型

对加载装置施加初始速度 $v=24$ km/h,加载持续时间为 0.05 s。对仪表板连接处进行全约束,边界条件如图 9.110 所示。

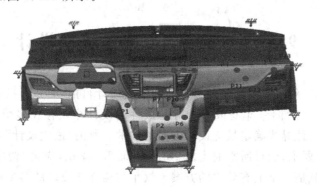

图 9.110　仪表板头部碰撞边界约束

通过验证模型,评价锤头加速度分析结果,形成 3 ms 合成加速度及碰撞动画等。图 9.111 为 P1 点撞击加速度曲线,表 9.30 列出了部分撞击点 3 ms 加速度。根据各点加速度数值,判断其是否小于目标值。仿真表明各加载位置 3 ms 加速度均小于目标值 64g,严格符合法规要求。

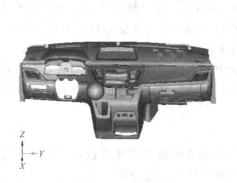
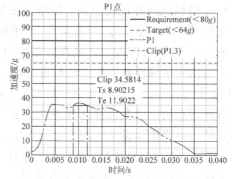

图 9.111　仪表板 P1 点撞击加速度曲线

表 9.30   仪表板部分撞击点加速度

撞击点	3 ms 加速度/g	目标值
P1	34.6	
P2	50.8	
P3	46.7	
P4	37.7	
P5	45.7	$\leqslant 64g$
P6	50.3	
P7	58.4	
P8	29.8	
P9	29.4	
P10	14.1	

9.8   汽车结构有限元优化设计

有限元分析结果仅仅指出给定的设计是否满足设计目标,而并不指示如何去改进设计。在实际汽车设计中,零部件、车身或车架等总成件的设计往往存在多个可供选择的设计方案,优化设计就是一种寻找确定最优设计方案的技术。所谓"最优设计",指的是一种方案可以满足所有的设计要求,而且所需的支出(如质量,面积,体积,应力,费用等)最小。也就是说,最优设计方案就是一个最有效率的方案。汽车结构优化设计的参量可以是多方面的,譬如尺寸(厚度)、形状(过渡圆角)、支承位置、自然频率及材料特性等。但是采用传统的方法,许多结构的优化设计并不容易实现。原因之一就是优化模型中的目标函数或约束变量不能写成设计变量的数学显式,因而难以进行每次迭代中的函数运算。由于有限元法能够计算复杂结构在各种工况下的应力分布、位移分布及固有频率等性能,因此将有限元法与优化方法相结合,便能解决许多工程实际问题。这种方法的特点是,用一定优化算法控制整个优化迭代过程的进行,而用有限元法完成每次迭代中的强度、刚度和动态性能的计算。通用有限元软件中一般提供两种优化方法:零阶方法和一阶方法,这两种方法可以处理绝大多数的工程优化问题。其中零阶方法(直接法)使用所有因变量(状态变量和目标函数)的逼近。该方法是通用的方法,可以有效地处理大多数的工程问题。一阶方法(间接法)使用偏导数,即使用因变量的一阶偏导数。此方法精度较高,尤其是在因变量变化很大,设计空间也相对较大时,但是费时较多。优化设计是一系列的分析—评估—修正的循环过程,这一循环过程重复进行直到所有的设计参量都达到要求为止。

以下简单说明优化设计中的一些基本定义。

(1) 设计变量:为自变量,通过改变设计变量的数值来实现优化设计。每个设计变量都有上下限,它定义了设计变量的变化范围。例如梁结构优化设计问题,设计变量可取为梁的宽度和高度。另外,优化程序中对设计变量数目有一定限制。

（2）状态变量:是因变量,为设计变量的函数,是约束设计的数值。状态变量可能会有上下限,也可能只有单方面的限制,即只有上限或只有下限。譬如梁结构问题中,有两个状态变量:应力和位移。同样,优化程序中对状态变量数目也有一定限制。

（3）目标函数:是设计变量的函数,即要尽量减小的数值。如梁的质量可取为目标函数。优化程序中,可以设定单目标函数或多目标函数,有的程序只能设定一个目标函数。

设计变量、状态变量与目标函数构成为优化变量,这些变量需要通过参数化定义来指定。

上述优化变量参数与非优化变量的参数组成了一个设计序列。一个合理的设计要满足所有给定的约束条件（设计变量的约束和状态变量的约束）,如果其中任一约束条件不能满足,则设计就不是合理的。而最优设计是既满足所有约束条件又能得到最小目标函数值的设计。由于优化设计问题涉及诸多参量,一般采用参数化建模（优化变量为参数）和批处理方式。该参数化模型定义了设计变量、状态变量与目标函数,相应形成优化循环文件,执行分析过程。优化计算采用循环处理的方法,一次循环指一个分析周期,而优化迭代是产生新的设计序列的一次或多次分析循环。一般来说,一次迭代等同于一次循环,但对于一阶方法,一次迭代代表多次循环。实际优化计算中往往要执行多次优化计算并分析才可能找到所需的优化结果,这可以通过采用不同优化工具、不同循环控制等方法。

理解计算机程序的算法总是很有用的。由于各种优化技术采用不同算法,在程序执行过程中其循环迭代与逼近方法都有所不同。如零阶方法涉及目标函数和状态变量的逼近方法,由约束优化问题转换为非约束优化问题、收敛性检查以及逼近处理的技巧等。一阶方法通过对目标函数添加罚函数将问题转换为非约束优化问题。与零阶方法不同的是,一阶方法将真实的有限元结果最小化,而不是对逼近数值进行操作。一阶方法使用因变量对设计变量的偏导数。在每次迭代中,梯度计算（用最大斜度法或共轭方向法）确定搜索方向,并用线性搜索法对非约束问题进行最小化。因此,每次迭代都有一系列的子迭代（其中包括搜索方向和梯度计算）组成,这就使得一次优化迭代有多次分析循环。其他还有随机搜索法、等步长搜索法、乘子计算法和最优梯度法等,更多的细节可参见相关文献及软件帮助文件。

优化设计基本步骤汇总如下:

（1）参数化建立模型（设计变量为参数）并求解;

（2）提取并指定状态变量和目标函数,建立与分析变量相对应的参数;

（3）声明优化变量,选择优化方法,指定优化循环控制方式,进行优化分析;

（4）参数化提取结果（状态变量和目标函数为参数）及数据后处理。

有限元优化设计的一般过程如图 9.112 所示。

文献检索表明汽车结构零部件设计中已经进行了大量的优化分析及轻量化设计。结构优化设计本身并没有什么理论和技术障碍,关键问题是如何与汽车设计其他性能指标协调,恰当地应用到整车设计中去,从而做到整车结构性能的最优。

事实上,改进设计才是有限元方法在产品开发中的价值体现,要实现这一点则需要通过结构优化技术。

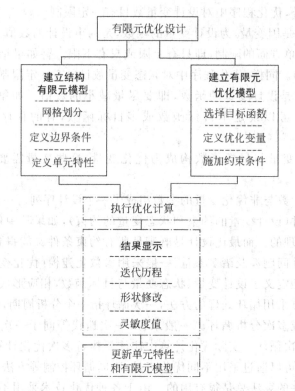

图 9.112　优化分析设计流程

　　正如概论所言,结构优化方法已经成功应用于产品的概念设计,在产品设计早期提出创新设计方案,避免设计后期的反复修改,其巨大的技术优势改变了设计流程,使有限元方法不再仅仅表现为产品设计方案的校核,而是实现汽车产品创新设计的有力工具。

　　目前,优化设计方法在汽车设计中的成功应用体现在以下几个方面:

　　(1) 拓扑优化:是一种在给定的设计空间内优化材料布局的方法。在产品开发过程早期,通过确定设计空间、设计目标、设计约束和制造工艺约束,采用优化求解器生成最佳的材料布局,为设计人员提供关键的概念设计方案。

　　(2) 形状优化:是一种对结构形状进行优化的方法,即优化给定几何特性结构的形状。例如,可以通过修改结构的外形降低关键区域局部应力,得到全新的产品性能。

　　(3) 尺寸优化:是一种参数优化方法。例如,材料参数、截面尺寸和板梁厚度等,设计参数即为优化对象。尺寸优化的应用相对简单也最为普遍。

　　(4) 形貌优化:是一种形状最佳化的方法,即在板形结构中寻找最优的加强筋的布局,用于设计薄壁结构中加强筋布局与参数。与拓扑优化不同的是,形貌优化不删除材料,而是在可设计区域中根据节点的扰动生成加强筋。其方法与拓扑优化类似,所不同的是拓扑优化用单元密度变量,形貌优化用形状变量。

　　当前,优化设计方法仍处在发展中,新的方法不断涌现,基于 Kriging 模型的结构优化、基于神经网络和遗传算法的结构优化、基于变分技术的多目标优化等,在汽车产品优化中都得到了广泛应用,使设计人员能够实现从多目标优化设计中选择相对优化的可行设计方案。

9.8.1 白车身灵敏度分析

9.5 节讨论了白车身模态分析问题,车身结构低阶弹性模态不仅反映了汽车车身的整体刚度性能,也是控制汽车常规振动的关键指标。为了提高关注模态的模态刚度,需要找出影响低阶关注模态的灵敏零件,通过合理修改关键零件的结构形式与尺寸,提高车身整体抗弯或抗扭刚度等措施来改进车身模态。车身结构分析中的灵敏度分析就是分析车身结构性能参数的变化对车身结构设计参数变化的敏感程度,主要有白车身扭转刚度和弯曲刚度灵敏度分析、车身模态频率灵敏度分析等。

如白车身扭转刚度灵敏度分析,选取车身板厚为设计变量,以反映扭转刚度的扭转角为目标函数进行灵敏度分析,计算关键点的挠度对车身主要构件板厚的灵敏度。或者以车身弯曲刚度为性能指标,用车身板厚为结构参数,研究白车身静态弯曲挠度关于板厚的灵敏度,获得车身修改的最佳位置。表 9.31 为某车扭转刚度灵敏度分析统计结果。由灵敏度分析可以得出 A 柱、前地板、中地板、后地板、门槛梁与前轮罩等构成了车身基本抗扭转承载区,这些构件的加强对提高车身扭转刚度十分有效。

表 9.31 扭转挠度灵敏构件

序号	零部件名称	初始厚度/mm	扭转挠度灵敏度
1	侧围外板	0.8	0.8925
2	左、右后侧围内板	0.8	0.5145
3	中地板	0.8	0.8133
4	左门槛前内板	1.5	0.6654
5	前地板	0.8	0.7346
6	中央通道加强板	1	0.2355
7	顶盖	0.8	0.6857
8	后地板	0.8	0.5688
9	右后纵梁	1.2	0.1465
10	左后纵梁内加强板	2	0.2289
11	中地板横梁	1	0.4377
12	B柱加强板	1.2	−0.3385
13	后挡板	0.8	0.1553
14	前地板横梁	1	0.4726
15	左前纵梁外板	1.5	0.2134
16	A柱加强板	1.2	−0.5927
17	A柱内板	1	0.6834
18	前围外板	1	0.4693
19	右前轮罩	1.75	0.7498

　　取 9.5 节车身一阶扭转和一阶弯曲模态频率值为目标函数,以构成空间基本闭合的梁类构件和板类内外覆盖件的厚度参数为设计变量,对车身进行模态频率灵敏度分析。分析结果如表 9.32 所示。将其绘制成柱状图(图 9.113 和图 9.114),对车身一阶扭转和一阶弯曲模态频率影响灵敏的部件容易辨别,提高相关模态频率所需修改的部件也就十分清楚了。

表 9.32　关于车身一阶扭转与一阶弯曲模态频率的灵敏构件

序号	设计变量构件名称	初始厚度/mm	抗扭灵敏度/(Hz/m)	抗弯灵敏度/(Hz/m)
1	侧围外板	0.8	6608	4963
2	左、右后侧围内板	0.8	3808	1160
3	中地板	0.8	2436	3613
4	后围板外板	0.8	1795	865.1
5	右门槛后内板	1	1750	2172
6	左门槛前内板	1.5	1557	1868
7	后轮罩	0.8	1231	2585
8	后悬架托架	1.5	1369	2010
9	前地板	0.8	1515	294.8
10	前地板左加强梁	0.8	1552	1629
11	中央通道加强板	1	1532	407.6
12	前地板横梁	1	1589	1666
13	后地板	0.8	1535	1456
14	左后纵梁	1.2	1460	2121
15	右后纵梁	1.2	1466	2123
16	左后纵梁内加强板	2	1487	1782
17	右后纵梁内加强板	2	1494	1789
18	中地板横梁	1	1538	2055
19	B柱内板	0.8	289.2	1751
20	B柱加强板	1.2	282.1	1214
21	行李厢隔板	0.8	37.31	−352.5
22	左前轮罩	1.75	149.2	35.37
23	右前轮罩	1.75	−121.8	26.27
24	后风窗下横梁	0.8	33.01	−163.4
25	顶盖	0.8	−1553	−34.16
26	左前纵梁外板	1.5	−37.96	4.9
27	左前纵梁内板	1.5	−39.2	78.5

续表

序号	设计变量构件名称	初始厚度/mm	抗扭灵敏度/(Hz/m)	抗弯灵敏度/(Hz/m)
28	A 柱上加强板	1.2	27.13	386.9
29	A 柱下加强板	1.2	219.4	753.5
30	A 柱上内板	1	68.26	407.7
31	前围上盖板	0.8	−30.51	−112.8
32	前围外板	1	44.85	19.95
33	后挡板	0.8	195.2	19.31
34	后侧围内板加强板	1.2	728.4	217.9

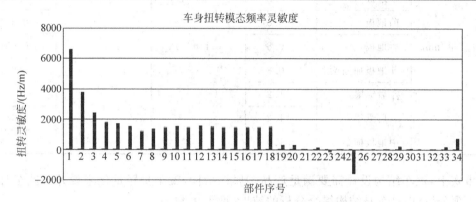

图 9.113　车身各部件一阶扭转模态频率灵敏度

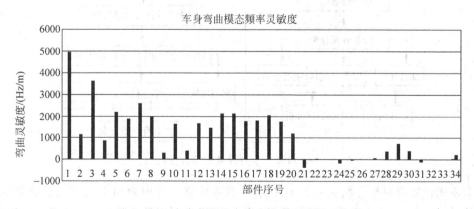

图 9.114　车身各部件一阶弯曲模态频率灵敏度

9.8.2　白车身轻量化设计

以灵敏度分析为基础对白车身进行优化设计分析。白车身优化目标有多种选择,如取车身总质量最轻,或者以提高低阶模态频率为目标等。取前述对一阶扭转和弯曲频率灵敏度较大的构件为设计变量,以车身质量最轻为目标进行优化分析,某型车身优化分析结果见表9.33。

表9.33　车身优化分析

优化变量	项　目	初　值	最小允许值	最大允许值	优化结果
目标函数/kg	质量	294.33			279.74
状态变量/Hz	一阶扭转频率	29.907	28	32	29.006
	一阶弯曲频率	41.162	40	43	41.391
设计变量/mm	侧围外板	0.8			0.65947
	后轮罩	0.8			0.65132
	中地板	0.8			0.65926
	前地板	0.8			0.66406
	后地板	0.8	1.0655	1.4	0.6514
	前地板加强梁	0.8			0.65168
	左后纵梁	1.2			1.0651
	右后纵梁	1.2			1.0655
	中地板横梁	1.0			0.85915

事实上,汽车结构设计需要满足产品多属性指标,就车身轻量化来说并非就车身结构优化一项分析,而是车身结构综合分析的结果(见图9.115)。

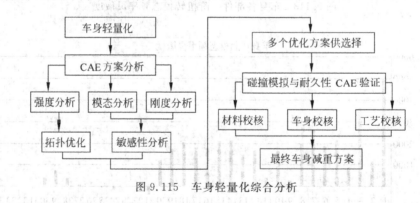

图9.115　车身轻量化综合分析

上述优化数据对车身结构设计有一定的参考价值。考虑到加工工艺及材料规格的限制,实际构件厚度往往需要取整等处理,以此为基础,就可以调整构件尺寸参数,实施结构合理化设计,达到减轻车身质量、提高车身刚度的目标。更重要的是掌握了车身结构设计的关键因素,积累了车身设计经验。由此可见,优化分析,尤其在车身开发的早期阶段应当尽可能包含多的设计变量并对多个指标进行优化,通过综合分析比较,达到车身设计的最佳,实现驱动并引领设计的目标。

思　考　题

9-1　如何建立汽车结构设计准则？如何认识所提出的汽车结构设计目标？

9-2　客车或货车结构分析中,边界条件如何处理？常见载荷如何处理？

9-3　轿车白车身板壳单元质量检查项目有哪些？一般检查标准是什么？

9-4　如何处理结构分析中的应力集中问题？

9-5　为什么汽车结构分析中比较强调刚度分析？

9-6　如何认识与理解汽车振动分析中模态频率规划问题？

9-7　试列举汽车结构疲劳分析的基本流程,并查阅资料了解如何进行疲劳载荷谱的数据处理。

9-8　车身刚度与模态灵敏度分析有什么意义？

9-9　查阅资料了解汽车结构轻量化设计的现状与意义。

9-10　如何理解并领会在有限元法学习中所提出的"精确建模、准确加载、正确约束、明确评价"的思想？

参 考 文 献

[1] 杨桂通. 弹性力学[M]. 北京：高等教育出版社，1998.

[2] 徐芝纶. 弹性力学[M]. 北京：人民教育出版社，1980.

[3] 殷有泉. 固体力学非线性有限元引论[M]. 北京：北京大学出版社，清华大学出版社，1987.

[4] M. M. 凯墨尔，等. 现代汽车结构分析[M]. 陈砺志，译. 北京：人民交通出版社，1987.

[5] 杨庆生. 现代计算固体力学[M]. 北京：科学出版社，2007.

[6] 曾攀. 有限元分析及应用[M]. 北京：清华大学出版社，2004.

[7] 卡德斯图赛. 有限元法手册[M]. 诸德超，傅子智，译. 北京：科学出版社，1996.

[8] 刘惟信. 汽车设计[M]. 北京：清华大学出版社，2001.

[9] 陈家瑞. 汽车构造[M]. 3版. 北京：人民交通出版社，1995.

[10] 谷正气. 轿车车身[M]. 北京：人民交通出版社，2002.

[11] 高云凯. 汽车车身结构分析[M]. 北京：北京理工大学出版社，2006.

[12] 朱崇武，等. 汽车设计手册[M]. 长春汽车研究所，1998.

[13] 黄金陵. 汽车车身设计[M]. 北京：机械工业出版社，2007.

[14] 金先龙，李渊印. 结构动力学并行计算方法及应用[M]. 北京：国防工业出版社，2008.

[15] 谭继锦. 汽车有限元法[M]. 北京：人民交通出版社，2005.

[16] 谭继锦，张代胜. 某型大客车车身骨架轻量化设计[J]. 汽车工程，2006，28(4)：394-397，389.

[17] 丁渭平. 汽车 CAE 技术[M]. 成都：西南交通大学出版社，2010.

[18] L MORELLO，L R ROSSINI. The Automotive Body[M]. New York，Springer，2011.

[19] S AHMAD，CF YEONG，ELM SU，et al. Improvement of Automated Guided Vehicle Design Using Finite Element Analysis[J]. Applied Mechanics & Materials，2014，607：317-320.

[20] D BARTON，J FIELDHOUSE. Automotive Chassis Engineering[M]. New York，Springer，2018.

[21] 谭继锦，张代胜. 汽车结构有限元分析[M]. 北京：清华大学出版社，2009.